*Madelaine Chaproll*

„La Sylphide"

Band 4

Impressum:

Erste überarbeitete Ausgabe
© 2018, Madelaine Chaproll

Cover und Satz: Halldor Eigenverlag, Russell
Cover Bild: Privatgemälde

ISBN:1717217125
ISBN:9781717217127

# Inhaltsverzeichnis

Kapitel 13 ..................................................................5
Kapitel 14 ..............................................................140

# Kapitel 13

Nachdem Bruno und Esther das Datum ihrer Verlobung endgültig festgelegt hatten, luden sie ihre Familien zu Weihnachten zur offiziellen Feier ein. Mit großer Freude hatten diese die Nachricht von Esthers Verlobung zur Kenntnis genommen. Weil Esther nicht mehr in ihrer Wohnung wohnte, konnten ihre Eltern und Tante Sarah dort wohnen und sie beschlossen hin zu fahren und das Fest mit kurzen Ferien zu verbinden. Phillip sollte nach Ferienbeginn allein mit dem Flugzeug nachkommen. Besonders für Tante Sarah war Rom ein Traumziel gewesen und die Aussicht, die Feiertage dort zu verbringen, stimmte sie fast euphorisch.

„Hör mal, Leah", sagte sie am Telefon ihrer Schwester, „diese Reise macht mich so kribblig, als ob ich ein Backfisch wäre." Als Kunsthistorikerin hatte sie immer schon von einer Italienreise geträumt, doch stets war etwas dazwischen gekommen. Sie war sogar auf Dan und Leah neidisch gewesen, als diese einmal für ein paar Tage nach Verona geflogen waren, um „Nabucco" zu sehen. Sie seien egoistische Snobs, die sich ihrer armen Verwandten in Israel schämten. Diese jedoch, an die Aggressivität ihrer Reaktionen gewöhnt, verziehen ihr auch diesmal ihre ungerechten Anschuldigungen und versöhnten sie schließlich mit einer Einladung zu den Salzburger Festspielen. Die unverhoffte Verlobung ihrer Nichte war für Sarah wie ein unerwartetes Geschenk. Sie flog als erste nach Rom, und ihre Tochter sollte nachkommen.

Es dauerte nur ein paar Tage, bis Bruno sich mit Esthers Familie angefreundet hatte und mit ihnen wie mit nahen Verwandten umgehen konnte. Vom ersten Augenblick an hatte es weder Fremdeln noch Distanzen gegeben. Interessant war, dass Bruno sich mehr zur Tante Sarah hingezogen fühlte als zu Leah, von der ihn noch eine gewisse Scheu fernhielt. Ein Grund war, dass er – ihm selbst unbewusst – fortwährend

Mutter und Tochter verglich. Beide waren schön, doch auf ganz verschiedene Art. Trotzdem suchte und fand er immer neue Ähnlichkeiten, ohne sich festlegen zu können, welche ihm frappierender schien. Es war augenscheinlich, dass Esthers Mutter alle die Menschen, denen sie begegnete, faszinierte, doch Bruno bewunderte mehr die Souveränität und Gleichgültigkeit, mit der sie diese Reaktionen wahrnahm. Als Mann verstand er die leidenschaftliche Liebe Dans für seine Frau und er ertappte sich bei dem Gedanken, was er wohl in ein paar Jahren für Esther empfinden würde. Wahrscheinlich war das beiden, Mutter und Tochter, gegeben: Wer in ihre Netze geriet, den besaßen sie bis ans Lebensende, oder er ging daran zu Grunde. Ihm war klar, dass ihre extreme Weiblichkeit und Feinfühligkeit angeboren und nicht anerzogen war. „Der ewige Traum des Mannes, eine Wilis, eine Gioconda, Anna Karenina oder, warum nicht, eine Sylphide zu erobern und sie aber trotzdem nie besitzen zu können. Ihr Besitz müsste jeden Tag neu erkämpft werden, denn Frauen wie sie können nie jemandem ganz angehören". Das ging ihm durch den Kopf, als er eines Morgens sah, wie sich Mutter und Tochter auf der Terrasse flüsternd unterhielten. Unerwartet eifersüchtig erinnerte er Leah – etwas unfreundlich – daran, dass es höchste Zeit wäre, zum Flughafen zu fahren. Esther wandte sich ihm zu, erstaunt über sein Dazwischenfahren, versuchte zu verstehen und schenkte ihm ein süßes Lächeln voller Liebe. Brunos Seele wurde augenblicklich von einer unsäglichen Wärme überflutet und nur schwer hielt er sich zurück, sie an sich zu reißen und zu küssen.

Zum tausendsten Mal hatte er in den letzten Tagen den Entschluss bereut, die Hochzeit erst im Juni festgelegt zu haben. Nur wenn Esther seine Frau vor dem Gesetz war, nur dann würde er vielleicht Ruhe finden. Mit niemandem konnte er über seine währende Panik, Esther zu verlieren, sprechen. Dass Dan, ihr Stiefvater, diese Qual auch mitgemacht hatte, konnte er nicht ahnen. Dessen inzestuöse Liebe zu vielen in der Familie war auch, nachdem er Leah geheiratet hatte, nicht geringer geworden. Vor ihr hatte ihn keine Frau so fasziniert. Als sie ihn gleich nach dem Krieg abwies, nahm er besiegt ihren Entschluss hin, überzeugt, dass er bis ans Lebensende ledig bleiben würde. Nach dem Grauen der Vergewaltigung und der Tragödie, durch die Leah ihren Mann und ihr Kind verloren hatte, hatte er jahrelang nicht mehr gewagt, sich ihr zu nähern.

Er hatte schließlich auch verstanden, dass Leah selbst ihre Ehe nur als eine Möglichkeit angesehen hatte, um zu einem sozialen Status zu gelangen und mehr nicht. Erst die Geburt Philipps hatte sie wirklich als Gatten zusammengebracht. Seit der in ihr Leben getreten war, schien seine Frau die Familie als solche wiederentdeckt zu haben. Sie liebte den kleinen Philipp grenzenlos. Nachdem Esther wiedergefunden war, hatte sich ihr Verhalten ihm als Mann gegenüber radikal geändert; zum ersten Mal hatte sie ihm gezeigt, dass sie in ihm den gewünschten und geliebten Partner gefunden hatte. Und trotzdem fühlte Dan, dass seine schöne Frau ihm nie in dem Maße angehören würde, wie ihre Tochter ihre Seele ganz ausfüllte oder wie sie ihren Abgott Philipp liebte. Diskret beobachtete er Bruno und bemerkte leicht mitleidig dessen Seelenkampf, seine wunderschöne zukünftige Frau täglich aufs Neue erobern zu müssen. In diesem Sinne glichen sich Mutter und Tochter wie zwei Wassertropfen. Beide schienen leidenschaftlich in ihrer Liebe, doch irgendwo in den Tiefen ihrer Seele gehörten sie niemandem an. In diese Tiefen zu blicken war keinem vergönnt, war doch deren Abgrund die ewige Tragik der unwirklichen Giaconden und Sylphiden.

An jenem Morgen beschlossen Bruno und Leah, mit Dan und Philipp Cora vom Flughafen abzuholen. Das lenkte auch Dan von der Melancholie seiner traurigen Reflexionen ab. Wenigstens wusste er nun, dass er in dem zukünftigen Mann seiner Stieftochter einen Verbündeten hatte, der den gleich Kampf wie er auszutragen hatte.

Esther ahnte, dass die anderen eine Überraschung planten, sie hätten sie sonst kaum zu Hause allein mit Tante Sarah gelassen. Eigentlich war es das erste Mal seit ihrem Wiederfinden, dass sie sich nur zu zweit gegenübersaßen. Anders als in Israel, wo sie, wenn sie auf Cora gewartet hatte, zusammen etwas besichtigten oder etwas zu erledigen hatten. Das ganze Haus gehörte nun ihnen allein, sie konnten sich austauschen und sprechen, worüber ihnen gerade einfiel. Wie Leah richtig bemerkt hatte, harmonierten die beiden Frauen miteinander. Vielleicht war zwischen Bruno und Sarah deshalb vom ersten Augenblick an eine spirituelle Freundschaft entstanden, wie es die selten zwischen Menschen aus verschiedenen Enden der Welt, verschiedenen Alters und Geschlechts gibt. Eine kurze Zeit glaubte Dan, dass diese Beziehung gesellschaftlichhöflicher Natur sei, dass ihre Gespräche hauptsächlich dem Zweck dienten, eine angenehme Atmosphäre zu schaffen. Doch dann bemerkte er, dass diese spontan, aus dem Inneren herauskamen und beide zu komplizierten Analysen der antiken Geschichte führte. Gespannt verfolgte Esther diese Diskussionen, ein wenig stolz auf ihre gebildete Tante. Obwohl zum ersten Mal in Rom, schien diese die Stadt viel besser zu kennen als sie selbst. Wie immer öffnete die Tante, wenn sie sich in einem geschlossenen Raum befand, die Tür ganz und zündete sich mit Rauchern typischen Gebärden eine Zigarette an. Esther beobachtete sie wohlwollend, war aber in Gedanken bei der Rhetorik. Das war das Thema des Gesprächs am Vorabend zwischen Sarah und Bruno gewesen. Sie hatte sich nicht daran beteiligt, aus Angst, ungebildet zu erscheinen, doch jetzt griff sie erneut und ohne Hemmungen das Thema auf.

„Vor Jahren wollte ich Jura studieren, das ist mir gestern wieder eingefallen. Unser Lateiner hat uns das eingetrichtert, dass ein Rechtssystem ohne Rhetorik gleich Null sei. Gestern habe ich mich ehrlich gefragt, wie viele meiner Kollegen ihn wirklich verstanden haben, wenn er darauf bestand, dass wir einen Text korrekt vorlasen."

Aus den Rauchschwaden hervor antwortete Sarah: „Sei sicher, Esther, ganz wenige. Eher gar keiner. Theatralische Clownereien sind bei Jugendlichen wie eine Epidemie."

„Lach mich nicht aus, aber ich bin überzeugt, dass die Maestra sich ganz sicher war, dass die Musikalität jeder Sprache von einer korrekteren Rhetorik abhängt", konterte die Nichte.

„Das weiß ich auch", pflichtete die Tante ihr bei. Sie drückte die Zigarette aus, schloss die Tür und setzte ihre Gedanken fort, während sie zum Kachelofen ging um sich aufzuwärmen. „Die wenigsten Rumänen heutzutage denken noch daran, dass ihre Sprache – korrekt ausgesprochen – in ihrer Melodie unwahrscheinlich schön ist. In diesem Sinne gilt das vielleicht nur noch für die Franzosen, die sich die Musikalität ihrer Sprache bewahrt haben."

Das ermunterte Esther zu erzählen, wie hässlich sie das in Deutschland von einigen Rumänen auf der Straße gesprochene Rumänisch empfunden habe. „Ehrlich, das klang hölzern", empörte sie sich.

Tante Sarah hatte es sich inzwischen in einem Sessel bequem gemacht. „Sag mal, Esther, hast du schon von der römischen Tafel mit den zwölf Gesetzen gehört?"

Unsicher verneinte Esther die unerwartete Frage.

„Meine Liebe, Moses Gesetztafeln waren im Altertum nicht die einzigen in ihrer Art. Natürlich schützten die 12 Gesetze der römischen Gesetzestafel die Privilegien der Patrizier, sie räumten aber auch den Plebejern außergewöhnliche Rechte ein, die ihnen den sozialen Aufstieg ermöglichten. Du sagtest, du hättest Jura studiert. Somit weißt du, dass die jahrhundertelange Kraft des römischen Rechts die rechtliche Toleranz war, die sich eben auf diese Gesetztafel stützt. Amerika hat dies übernommen und es scheint, dass es da auch ein Erfolg war. Jedes Erstarren einer sozialen Schicht in der Zeit erstickt die Kreativität und Intelligenz einer Gesellschaft."

„Das hat mir Bruno auch erklärt", erwiderte Esther. Die englische Monarchie habe auch viel von den Römern übernommen, auch wenn viele Staatsstrukturen jahrhundertelang unverändert blieben." Sie war ihm innerlich sehr dankbar für seine Erklärungen. Bis dahin hatte sie nie

Geschichte, Religion und soziale Entwicklung so selbstverständlich miteinander verbunden. Trotzdem war es ihr neu, dass das Vetorecht des Sicherheitsrates der Vereinten Nationen römischen Ursprungs ist. „Von diesem Recht", erklärte ihr die Tante, „machten die Volkstribunen Gebrauch, wenn sie den Staatsapparat blockieren wollten. Heute wird das auch mit ‚Widerstandsrecht' übersetzt. Mit diesem Vetorecht haben die Römer jahrhundertelang die Staatsmacht gezähmt, wenn diese unrechtmäßig zu agieren drohte. Und noch was: In so einem Fall wurde die Macht eines Diktators auf maximal sechs Monate heruntergesetzt. In Rumänien hätte sich Ceausescu wahrscheinlich früher oder später zum Augustus erklärt."

Bewundernd erzählte Esther, dass sie erst vor Kurzem von den römischen Aquädukten gehört habe.

„Ich bin überzeugt, dass es in unserem Land auch heutzutage Städte gibt, die kein Kanalisationssystem haben."

„Ja, das römische Phänomen ist einzig in der Geschichte der Menschheit."

„Das griechische aber auch", bemerkte Esther unschuldig. Dann ergänzte sie das Gesagte mit dem, was sie von Bruno über Babylon erfahren hatte.

„Du hast recht" – die Tante widersprach nicht. „Ich beziehe mich jetzt aber nur auf die Griechen und Römer. Die einen waren einzig im geistigen Sinn, die anderen in der Praxis. Zwei Kulturen, die ein Geheimnis der Geschichte bleiben werden. Du kennst inzwischen Rom wie deine Hosentasche. Da hast du auch erfahren, dass allein Augustus während seiner Herrschaft über siebenhundert Brunnen und hundertfünfzig Springbrunnen bauen ließ. Noch in Rumänien habe ich über das siebte Aquädukt gelesen, das Travestere überquert. Damals schien mir das unglaublich. Eine Wasserleitung vor 2000 Jahren! Genau so sensationell erscheint mir der Kampf mit dem Wasser im Amphitheater auf der damaligen Piazza Navona. Das muss ich mir unbedingt ansehen."

Esther versprach es ihr in Bälde. Sie bewunderte Tante Sarah, die Straßen, Plätze, Brunnen mit einer Sicherheit aufzählte, als sei sie in Rom geboren.

„Bei diesen Kämpfen mit dem Wasser brachte man Wasser aus Alsietina", erzählte die Tante weiter. „Ich finde es interessant, dass ein Volksfest wie der Kampf mit dem Wasser von der Zivilisation eines Volkes erzählt. Hättest du geglaubt, dass die Kultur eines Volkes sich in seinen Festen widerspiegelt?"

Esther nickte, sie hat das auch schon öfter gedacht. „Meine Reise nach Rom habe ich nur dem Mann meiner Träume zu verdanken. Sie brachte mir auch eine große geistige Bereicherung, die anderen in einem ganzen Leben kaum zuteilwird. Diese Stadt wurde zu meinem Geschichtsbuch. So war zum Beispiel Nero für mich bis dann nur ein Wahnsinniger, der seine Stadt anzünden ließ. Hier habe ich aber so viel über ihn erfahren, dass seine Verrücktheit mir fast schön erscheint. Es ist grotesk, aber ich hätte mir für Ceausescu auch so eine Verrücktheit gewünscht. Er wird aber leider nie feste Aquädukte bauen und wird nie die elenden Plattenbauten anzünden lassen, um den Städten ihre frühere Eleganz wiederzugeben."

Bewundernd blickte die Tante ihre Nichte an. „Ich weiß nicht warum, aber wenn ich dich so reden höre, bin ich ganz gerührt. Es ist absurd, dass das gerade mir passiert. Vielleicht weil du mich manchmal unwahrscheinlich stark an meinen Vater erinnerst. Du wirst sagen, ihr seid ja nicht blutsverwandt, aber trotzdem gleichst du ihm im Wesen ungemein."

„Werden die Menschen nicht in Charaktergruppen eingeteilt?", fragte die Nichte lächelnd. „Mama zum Beispiel sieht in mir eine starke Ähnlichkeit mit meiner Urgroßmutter väterlicherseits. Einmal hat sie mir gesagt, dass nur die Willensstärke, die ich von der geerbt habe, mich so weit gebracht hat, wie ich heute bin. Darum glaube ich daran, dass wir nach Wesen und Charakter einem bestimmten Menschentyp angehören."

Belustigt und etwas nachdenklich kam die Antwort. „Das kann sein. Das kann durchaus sein. Im Grunde wollte ich sagen, dass die Ähnlichkeit zwischen dir und meinem Vater eher geistiger Natur ist. Er hatte keinen festen Charakter, der Arme". Traurigkeit schwang in ihrer Stimme.

„Apropos Aquädukte", griff Esther schnell wieder den Faden auf. „Bruno hat mir erzählt, dass das Netz von Wasserleitungen Roms vor 2000 Jahren über 400 km lang war. Stell dir das mal vor! Und noch was. Weißt du woraus die Wasserleitungen gemacht waren? Aus Blei! – Mein Gott, das fand ich wirklich sensationell."

„Aber du weißt, dass diese inzwischen verboten sind?", fragte die Tante.

„Natürlich weiß ich das. Als Bruno mir das erzählte, habe ich ihn das Gleiche gefragt. Seine Erwiderung darauf hat mich eines Besseren gelehrt. Bruno glaubt, dass nur das saubere Trinkwasser den Römern die nötige Hygiene sicherte, die jahrhundertelang keine Seuchen aufkommen ließ. Anderswo forderten diese Millionen von Menschenleben. Die Pest, der Typhus und andere Epidemien, die ärmere Gemeinschaften fast ausrotteten, entstanden vor allem wegen mangelnder Hygiene. Hätte ich die Wahl zwischen Wasser mit ein wenig Blei und Wasser durch Fäkalien, Haushaltsabfällen, Kadavern und wer weiß was für Parasiten Wasser verseucht – ich würde ersteres trinken.

„In dem, was du sagst, steckt viel Wahrheit", gab ihr die Tante Recht. „Leider – und das sage ich, weil in unserm Land die Kanalisation noch katastrophal ist, werden die Trink und Mineralwasserquellen nicht auch als Erziehungsfaktor genutzt. Es ist eine Binsenwahrheit, dass ein sauberer Wasserstrahl die Luft erfrischt, darum wäre es nötig, in Städten und überhaupt an allen Straßenkreuzungen Springbrunnen zu bauen. Leider aber ist die Liebe zur Natur angeboren oder nicht und kann schwerlich anerzogen werden."

„Apropos Rom", knüpfte sie wieder an das Thema an. „Bruno hat mir gesagt, wie sehr du den Kaiser Hadrian bewunderst."

„Oh, hat er das? Eigentlich stimmt das nicht so ganz, denn bis ich nach Rom kam, hatte ich keine Ahnung von seiner Existenz. Erst das Mausoleum vom Engelstor und der Pantheon machten mich auf ihn aufmerksam. Ich merkte, dass nur ein musisch begabter Mensch solche architektonischen Meisterwerke hinterlassen konnte."

„Ich verstehe, was du sagen willst, Esther; ich habe ihn aber aus einem anderen Grund erwähnt. Der Kaiser Hadrian hat unter Trajan gegen die Daker gekämpft. Er stammte aus Andalusien, geprägt hat ihn aber die griechische Kultur und Athen hat er sehr geliebt. Für uns Juden hat dieser Kaiser eine ganz besondere Bedeutung, weil er unsere Geschichte entscheidend beeinflusst hat. Seine Legionen richteten unter der Bevölkerung Jerusalems ein grausames Blutbad an. Die Wenigen, die dem Massaker entkamen, flohen in Exil. Unser Nationalheld Bar Kochba starb in der Verteidigung der Stadt. Nachdem der Tempel Jahwes geschleift worden war, ließ Hadrian sich an dessen Stelle ein Denkmal setzen. Den paar übriggebliebenen Juden wurde verboten auf dem Berg zu wohnen, wo einst ihr heiliger Tempel gestanden hatte."

Erschüttert sagte sie das.

„Ich höre das zum ersten Mal", flüsterte Esther, „und ich weiß nicht, warum ich Rom und Hadrian mit den Dakern, den Juden, mit Rumänen, mit mir, verbinde."

„Schon in Israel hatte ich dir gesagt, dass ich keinen römischen Kaiser wegen seiner Gräueltaten hassen kann. Ich bewundere nur die architektonischen Kostbarkeiten, die er der Nachwelt hinterlassen hat. Bruno spricht vom TivoliPalast als von einer baulichen Phantasie. Als Tourist kann ich Hadrian nach 2000 Jahren seine geschichtliche Vergangenheit nicht vorwerfen. Uns erscheinen seine Spuren eher monumental."

Man hörte die Außentür und Sarah beeilte sich sie zu öffnen. Cora trat ein, die Wangen rot vor Kälte oder vor

Erregung. Esther umarmte sie freudig. „Langsam, langsam, sammelt sich die ganze Familie." Leider fehlt die arme Mecky, dachte sie mit einem Anflug von Trauer.

Cora gelang es ihr begeistert zuzuflüstern: „Er ist umwerfend. Ein echter Lord. Ehrlich!"
Das erheiterte Esther sehr, denn für sie war Bruno zur Selbstverständlichkeit eines zweiten Ichs geworden. Dankbar lächelte sie die Kusine an. Ihr Blick glitt über alle, die in Salon versammelt waren, und sie fragte sich, welchen Eindruck ihre Familie wohl auf die Eltern und den Bruder Brunos machen würde. Natürlich würden die diese nicht zurückweisen – dafür waren sie viel zu gut erzogen. Sie würden keine Abneigung offen zeigen. Sie tröstete sich damit, dass Reichtum anderer für ihre Familie nie ein Grund zu Komplexen gewesen war. Für sie war das auch nie ein Thema gewesen. Sie liebte Bruno, nicht den Sohn eines Millionärs, sondern den Arzt aus einem Krankenhaus in Rom.

Sie schüttelte die Gedanken ab und bat alle zu Tisch. Das Essen wurde zu einer lockeren, gemütlichen Familienfeier. Die sorglosen, freien Diskussionen verbanden bald alle und gaben ihnen das Gefühl einer tiefen Gemeinschaft.

Bruno hatte die unbekannten Anverwandten schnell als seine Familienangehörigen akzeptieren können. Erleichtert stellte er das fest. Eigentlich waren die Juden nicht so laut, wie er immer geglaubt hatte. Hin und wieder streifte sein Blick Esthers Mutter. Wie jeder, der sie zum ersten Mal sah, war auch er von ihrer madonnenhaften Schönheit beeindruckt. Ihm war auch der verliebte Blick des Ehemannes nicht entgangen. Nun verstand er, warum der Vater Esthers Selbstmord begangen hatte. Eine Frau von solch reiner und doch erotischer Schönheit muss wie eine Droge wirken, dachte der Arzt in ihm.

Esther schien glücklicherweise den Eindruck, den sie und ihre Mutter auf alle machten, nicht zu bemerken. Ihre spartanische Denkart hatte ihr nie erlaubt, ihre Schönheit als Waffe einzusetzen. Ihre Mutter hingegen schien ihr Aussehen ganz bewusst als sichere Falle zu gebrauchen. Es war erstaunlich, wie verschieden Mutter und Tochter diesbezüglich waren. Natürlich hatte Leah Bruno vom ersten Augenblick an bezaubert, aber er hatte auch gleich verstanden, dass ihr Erfolg nur dem Einsatz ihrer Weiblichkeit zu verdanken war. Ihr sehr gekonntes Kokettieren ging aber an ihm vorbei. Zu sehr war seine Seele von der Liebe zu seiner künftigen Frau erfüllt. Er war fest überzeugt, dass außer Esther jede andere Frau gegen den madonnenschönen Zauber der Schwiegermutter *in spe* verloren hätte. Und doch konnte er Leah nicht leichtfertig finden. Jeder Blick, jede Geste verriet die tiefe, aufrichtige Liebe der Mutter. Für ihre Tochter hätte Leah sich sogar verkauft – davon war Bruno überzeugt.

Bei Tisch unterhielt sich die Madonna Leah ruhig mit allen, wusste sie doch jetzt die Zukunft ihrer Tochter gesichert. Nur die arme Tante Sarah stellte erschrocken fest, wie viel sie selbst von ihrer Mutter geerbt hatte. All das, was sie einst an der zu beanstanden hatte, entdeckte sie nun an sich selbst. Sie war auf ihren dominanten Charakter immer stolz gewesen, auch wenn er ihr in ihrer kurzen Ehe nur geschadet hatte. Ihr sensibler, feinfühliger Gatte hatte die Härte ihres Charakters nicht ertragen können. Am Ende hatte sie sich zufriedengegeben, ihn während seiner Krankheit pflegen zu können. Sie wusste, dass Frauen wie sie bei Männern kaum Liebe erwecken konnten – ganz anders als ihre Mutter oder Schwester. Es kränkte sie, dass ihre eigene Tochter recht spärliche weibliche Reize aufwies, während sie zur Überzeugung gelangt war, dass der größte Reichtum einer Frau doch die Schönheit sei. Esther erschien ihr dagegen wie eine Märchenfee, schön, frisch und zerbrechlich. Seit sie die am Flughafen in Tel Aviv gesehen hatte, wusste sie, dass das die Tochter gewesen wäre, die sie sich immer gewünscht hatte. Sie hatte sogar ihre Schwester für das Kind beneidet. Ihr schien, dass Leah immer alles in den Schoß gefallen war, während sie sich alles schwer erarbeiten musste, um sich dann mit Rang zwei zu begnügen.

Nicht genug, dass Cora nicht besonders schön war, sie schien auch nicht allzu intelligent zu sein. Bislang hatte sie sich immer mit wenig zufriedengegeben, war in Schulleistungen mittelmäßig gewesen und dann hatte sie auch einen Mann geheiratet, der in ihren Mutteraugen ein Halbanalphabet war. Esther strahlte nach außen, verfügte aber auch über eine unsagbare innere Tiefe. Das hatte auch ihren zukünftigen Mann beeindruckt, sonst wäre der nicht so gefangen von ihr. Alles an ihm verriet die Kraft der Liebe, die ihn vor seiner Braut in die Knie zwang. Doch auch für die Tante Sarah bedeutete die Nichte mehr – musste sie sich gestehen.

Das verursachte ihr ständige Gewissensbisse Cora gegenüber. Aber sie hatte keine Kraft mehr, über die hinweg zu kommen. Nur Dan fühlte sich erleichtert. Seine Stieftochter hatte einen ebenbürtigen Mann gefunden – Leah konnte nun beruhigt sein. Die vielen langen Jahre, in denen er von der Existenz Esthers nichts gewusst hatte, hatten ihn erschöpft. Auch die leidenschaftliche Liebe zu Leah hatte ihn an den Rand seiner Kräfte gebracht. Nun aber bestand alle Hoffnung, dass seine Frau nur noch ihm gehören würde – nur noch ihm – und ihren gemeinsamen Sohn. Nie hatte sie, seitdem sie zusammen waren, Anlass zur Klage gegeben, aber er spürte, dass Leah ihm nie ganz gehört hatte. Auch an diesem Morgen war ein Teil ihrer Seele außerhalb ihrer Zweisamkeit, und das machte ihn unzufrieden. Glückserfüllt hatte er sie erst erlebt, als sie ihre Tochter zu Hause, in ihrem Salon hatte. Damals hatte er für Stunden sogar an ihrer Liebe zu Philipp gezweifelt. Dann aber hatte er erkannt, dass sie ihre Tochter auf eine ganz andere Art liebte als ihren Sohn. Den inneren Zwist hatte natürlich Esther gelöst, die den Bruder sofort ins Herz geschlossen und es ihm auch gezeigt hatte. Dans Angst vor der lang verschollenen Tochter war ganz schnell verflogen. Esther hatte nur Freude und Sonne in sein Leben gebracht. Ihre Ehe versprach nun die Familie noch enger aneinander zu binden.

Mitternacht war schon längst vorüber, als man sich entschloss auseinander zu gehen. In dem großen, sonst unbewohnten Haus herrschte nun eine fröhliche Familienatmosphäre.

Im Bett flüsterte Bruno seiner Liebsten zu: „Bald werden hier zwei feindliche Lager sein – ein jüdisches und ein katholisches. Wette, wer siegt?

Ihre Antwort war etwas schroff: „Der Geschichte nach haben die Juden einen neuen Staat gegründet und den Katholiken ist das Überleben gelungen. Ich wette: eins zu eins."

„Ganz deiner Meinung", murmelte Bruno schlaftrunken und schlief sofort ein.

Am nächsten Morgen gleich nach dem Frühstück verkündete Esther, dass sie mit Cora in die Stadt gehen möchte. Im Gegensatz zu ihrer Tante liebte sie ihre die Kusine aufrichtig. Sie hatte diese sogar beglückwünscht, als sie mit dem „Afrikaner" zusammengezogen war.

„Nur so wirst du die mütterliche Tyrannei los", sagte sie damals – und behielt Recht. Der Strenge der Mutter entronnen, war Cora von da an ein freier Mensch. Sie achtete die Mutter auch weiterhin, nur duldete sie deren oft bösartige Zurechtweisungen nicht mehr. Auch war diese nie gekommen, um ihr Enkelkind, den kleinen Ariel zu sehen. Einmal hatte sie ihn sogar einen Mulatten genannt, was Cora tief gekränkt hatte. Seither waren ihre Beziehungen ganz erkaltet. Die Herzlosigkeit ihrer Tante hatte Esther auch schockiert und quasi als Strafe hatte sie gleich darauf Cora samt Mann und Kind zu sich nach Deutschland eingeladen. Eigentlich wusste sie, dass Tante Sarah ihr Benehmen einmal leidtun würde. Oft fragte sie sich, wie ein so außergewöhnlich intelligenter und gebildeter Mensch so engstirnig sein kann. Sie wusste allerdings nicht, dass diese unter der unglaublichen Ähnlichkeit mit der Großmutter immer mehr litt. Ihre Mutter hingegen – von allen geliebt und bewundert – war viel toleranter. Sie hatte Coras Mann kennen gelernt und sich auch sofort in den kleinen Ariel verliebt, der die süßen Züge von kleinen Kindern aufwies, die zwei Rassen angehörten. Die arme Sarah ahnte nichts von der Solidarität der Familie mit Cora. Um erneuten Ausfällen ihrerseits vorzubeugen, hatte man beschlossen, sie es nicht wissen zu lassen. Sie musste selbst darauf kommen, dass sie kein Recht hatte, über das Glück ihrer Tochter zu bestimmen. Die Kälte zwischen Mutter und Tochter war auch Bruno aufgefallen, doch war er aus Zeitgründen der Sache nicht näher nachgegangen. Ihm genügte es, dass Esther und ihre Kusine gut miteinander auskamen.

Die beiden beschlossen Philipp mitzunehmen. Er war sehr gewachsen und doch zeigten seine Züge noch die feminine Weichheit der Kinder. Seine Schwester fand ihn ungewöhnlich schön, hoffte aber, dass er mit der Zeit ein männlicheres Aussehen bekommen würde. Obwohl das strenge Internat leben ihn ein wenig hätte stählen sollen, war er immer noch zart und feinfühlig geblieben. Um ihn etwas abzuhärten, nahm ihn Dan ins Schwimmen mit. Er liebte feminine Züge bei Männern nicht. Das war der Grund, weshalb er alles daransetzte, aus seinem Sohn einen „Mann" zu machen. Er, aber auch Leah, hatten eine Weile den Verdacht gehabt, ihr Kind sei homosexuell veranlagt, doch bald erwiesen sich ihre Befürchtungen als unbegründet. Philipp war ein ganz normaler Teenager, ganz ohne Auffälligkeiten. Seine Entwicklung hätte jedes andere Elternpaar entzückt. Musik war seine Leidenschaft, und in den Ferien pflegte er für einen Jungen ganz ungewohnte Beschäftigungen: Er las viel, machte sich Notizen, übte täglich Klavier, interessierte sich für andere Länder und Völker und, was Esther erstaunte – für Rumänien.

Bruno hatte ihn vom ersten Augenblick an ins Herz geschlossen. Mit Respekt bemerkte er, dass der kleine Bruder Esthers mehrere Sprachen beherrschte. Auch war ihm dessen Interesse für die Bibliothek im Salon aufgefallen. Zwei wunderschöne Geschwister, stellte er fest, als er die beiden nebeneinander sah. Ein warmes Gefühl von Liebe überflutete ihn, als er sah, wie sorgfältig Esther Philipps Aussehen kontrollierte. Als sie weggegangen waren, blieb es im Salon eine Weile still. Brunos Lachen unterbrach das.

„Ja, was machen die Senioren nun? Gönnen wir uns einen Kaffee oder hat jemand Lust, etwas zu trinken?"
Weil niemand Wein oder ein anderes alkoholisches Getränk wollte, blieben sie alle beim Kaffee. Leah begab sich schnell in die Küche, um ihn vorzubereiten. Ohne viel Mühe hatte sie sich schnell in Brunos Küche zurechtgefunden. Als sie mit dem Tablett zurück in den Salon kam, unterhielt sich Bruno mit Dan über Musik und überraschte den mit seinem Sachverständnis.

„Apropos Musik", sagte er, „ich bemerke, das Esther immer wieder auf Michelangelo und auf Beethoven zurückkommt. Sie findet Parallelen zwischen den beiden. Was meinst du dazu?"

Dan zeigte sich ein bisschen verunsichert. „Um ehrlich zu sein, glaube ich, dass ich sie auf den Gedanken gebracht habe. Nach dem Gespräch mit ihr habe ich selbst auch andere Verbindungen gefunden. Es ist vielleicht an Haaren herbeigezogen, aber meiner Meinung nach gibt es überraschend viele Ähnlichkeiten zwischen den beiden." Er nahm Leah das Tablett ab und half ihr die Tassen auszuteilen.

„Wobei die Musikalität Michelangelos nicht unbedingt eine Gemeinsamkeit ist", bemerkte Leah ironisch.

„Ausgezeichnet, Leah!", rief Dan aus. „Es ist ja gut, dass du und wir alle seine Epigonen stets etwas an dem armen Michelangelo auszusetzen haben. Seine Musikalität! Hätte er in Beethoven Zeit gelebt, hätten ihn vielleicht die musikalischen Töne mehr berührt." Dan wandte sich sichtlich verärgert an Bruno:

„Beide waren genial – der eine auf dem Gebiet der bildenden Kunst, der andere als Musiker." Er lächelte wieder. „Diese Parallele muss jedem einleuchten. Esther hat aber noch viele, andere Parallelen gefunden, zum Beispiel die Komplexe, die beide hatten. Michelangelo hatte keine sozialen Komplexe, dafür körperliche. Die müssen in Betracht gezogen werden, weil sie seine Kreativität beeinflussen. Sein Genius äußert sich in der Faszination für

Proportion, in der Ästhetik, Harmonie und der Proportion des menschlichen Körpers. Das wird in all seinen Werken – in den Standbildern, in den Bildern, in der Architektur augenscheinlich. Zweihundert Jahre später erlebt das Genie Beethoven eine ähnliche körperliche Tragödie. Mit achtundzwanzig verliert der Meister sein Gehör. Kein gewöhnlicher Sterblicher kann das Ausmaß dieser – ja Katastrophe – ermessen, für jemand, dem es gegeben ist, die Musik der Natur zu perfekten musikalischen Werken zu verbinden. Natürlich hatte Beethoven auch soziale Komplexe. Die sozialen Barrieren waren in seiner Zeit fast unüberwindlich. Zum Glück konnte er die dank seiner Intelligenz und Genialität ignorieren und ertragen. Im Rahmen des Möglichen, selbstverständlich. Die Hässlichkeit Michelangelos und die Taubheit Beethovens machten beide zu Einzelgängern. Das hat Esther sehr gut erkannt. Ich ging dann weiter und verglich das Liebesleben der beiden. Leicht kann die sexuelle Abstinenz Michelangelos als Homosexualität interpretiert werden. Aber das Argument hinkt – denn dann müsste man das auch bei Gandhi vermuten, der sich seit jungen Jahren in sexueller Abstinenz übte, obwohl er schon mit fünfzehn Jahren verheiratet war. Es ist zur Mode geworden, alle Besonderheiten großer Männer auf deren Sexualität zurückzuführen. Die Einfachheit solcher Erklärungen erleichtert uns vielleicht das Verstehen, widerspiegelt aber kaum die Wahrheit. Persönlichkeiten wie Michelangelo und Beethoven streben nach absoluten Idealen, die man landläufig in der Liebe sucht. Doch bei einem Genie hat auch das Liebesempfinden andere Dimensionen. Bekanntlich gibt es zur Befriedigung sexueller Instinkte ganz viele körperliche Masturbationsformen. Doch seelische Liebe kann durch körperliche Befriedigung nicht erfüllt werden. Wieder muss ich Esther Recht geben: Genies wie Michelangelo und Beethoven können das Liebeserleben mit ihrer Schöpfung befriedigen. In solchen Momenten allerhöchster Katharsis und seelischer Euphorie entlädt sich diese wie glühende Lava. Oder, wie wir es empfinden, als unsterblich. Wir müssten uns, wie auch bei den beiden, immer wieder fragen, wie oft wir in dieser menschlichen Welt dem Absoluten begegnen."

„Da muss ich Dan Recht geben", entgegnete Sarah. Heute gibt es eine Menge schablonenhafter Biografien großer Geister, die vom sexuellen Trieb ausgehen. Das geistige und seelische Erleben wird fast ignoriert."

„Und das weist Esther zurück", pflichte ihr Dan bei. „Dass Beethoven und Michelangelo als schweigsam, unfreundlich, einsam dargestellt werden, empfindet sie als Blasphemie, als Entweihung von allgemein anerkannten Gottheiten.

„Wie würde Esther sie charakterisieren?", fragte Bruno.

„Ich glaube, sie findet sie menschlich, sensibel, warm, gründlich, abgründig – überhaupt nicht vulgär. Ich denke, so würde sie sie bewerten." Nach kurzem Nachdenken fügte er hinzu: „Ich leite die Sensibilität Michelangelos aus seiner Liebe zu Tieren ab. Sein religiöses Empfinden aus dem Gesichtsausdruck seiner Bilder. Beethovens Überempfindlichkeit geht aus allen seinen Werken hervor. Seine ‚Eroica' ist ein Manifest für Emanzipation und soziale Gerechtigkeit. Er, wie auch Michelangelo, hat in fast ärmlichen Verhältnissen gelebt, ihnen beiden waren Vulgarität, laute, leichtsinnige, weinselige Feste unangenehm. Sie hätten beide ihrem Verdienst nach in Reichtum leben können. Trotzdem hortete einer sein Geld und lebte wie ein Asket, während der andere sein Geld an alle, die es gebrauchen konnten, verschwendete. Ich meine damit, dass beide dem Geld keine besondere Rolle in ihrem Leben einräumten, sie brauchten es nur, um sich zu behaupten und um keine Kompromisse in ihrer Arbeit zu machen. Beide blieben ihrer Arbeit, ihrem Stil und ihrem inneren Schöpfungstrieb treu. Esther hat das richtig erkannt. Man kann sogar eine Parallele zwischen der Liebe Michelangelos zu Vittoria Colonna und der unsterblichen Liebe Beethovens ziehen. Aus seinen Briefen, die in Böhmen gefunden wurden, könnten Ähnlichkeiten zwischen Josephine Brunswick und Vittoria gefunden werden. Beide waren adlig, gebildet, sensibel und feinfühlig, hatten die tragische Aura der vom Schicksal geopferten Jungfrauen. Beide wären, jede auf ihrer Art, eine Iphigenie ihrer Zeit. Wer wen geopfert hat, ist Sache der Interpretation. Sicher ist, dass beide Künstler ihre ‚Iphigenien' durch ihre Werke unsterblich gemacht haben."

„Wusstet ihr, dass Michelangelo den Auftrag zur Vollendung des Peterdomes im Todesjahr der Vittoria Colonna bekommen hat?", fiel Bruno ein.

„Ein erneuter Beweis, dass sie ihre Iphigenien geopfert haben. Beethoven hat seinerseits im Todesjahr der Josephine Brunswick seine AsDurSonate geschrieben. Nicht umsonst wurden später seine CMollund die AsDurSonate ‚Requiem für Josephine' genannt. Nach Josephines Tod hat Beethoven kein Lied mehr komponiert."

Das Gespräch wurde vom Öffnen der Haustür unterbrochen. Man einigte sich schnell darauf, Esther nichts von der Diskussion um die Parallele zwischen den beiden Genies wissen zu lassen. Man hatte ja über ihre intimsten Gedanken gesprochen. Die drei Ankömmlinge erzählten ganz begeistert von ihrem Spaziergang durch den Vatikan. Besonders Cora überbot sich an Superlativen und beachtete die Kälte, mit der ihre Mutter ihr zuhörte, gar nicht. Sie fühlte sich hier, bei den anderen, geborgen. Beim Mittagessen wurde mehr über Rom und seine Geschichte gesprochen. Tante Sarah fragte ganz aufgeregt mal nach dem, mal nach jenem und erstaunte Bruno immer aufs Neue mit ihrem Wissen. Ihre fast kindliche Begeisterung verriet, dass hier ein langgehegter Traum in Erfüllung gegangen war. Sie war da, wo sie sich immer hin gewünscht hatte. Endlich hatte sie Caput Mundi erreicht.

„Ich kann kaum erwarten auch die Sopra Minerva zu sehen", sagte sie, während sie eine Tasse Tee vor dem Fenster trank.

Leah, die sich einigermaßen in Rom auskannte, antwortete: „Das kann ich verstehen, von dort ist es ganz nahe zum Museum Capitolini."

Aus einem Lehnstuhl, in dem sie es sich bequem gemacht hatte, fragte Esther amüsiert: „Und was gibt es schon so Großartiges im Capitolini zu sehen? In Rom gibt es auf Schritt und Tritt ein Museum, und alle sind unwahrscheinlich interessant". Die Mutter schien den leisen Spott nicht zu bemerken und erklärte unschuldig: „Mein Liebling, Sarahs größtes Interesse galt immer schon der Antike. Das Capitolini soll eine der interessanten Sammlungen aus dem Altertum besitzen. Habe ich Recht?", wandte sie sich an ihre Schwester.

„Du hast Recht", antwortete diese, „das weiß inzwischen auch Esther. Zwei Geschichten des Altertums, die eine die Wiederholung der ersten – aber eigentlich die gleiche Geschichte."

„Jawohl – mit mehr oder weniger Zusätzen" – fügte Dan lächelnd hinzu.

„Richtig" – Tante Sarah ließ sich nicht aus der Ruhe bringen, „ein paar Schritte vorwärts und mehrere zurück. So heißt die Gleichung der Akkumulation und des Verlustes, du kennst die doch."

Ruhig zitierte Dan: „Ich weiß, dass nichts verloren geht, nichts hinzukommt, sondern dass alles sich nur verändert."

Sarah konterte: „Deine Gleichung gilt für die Materie mein Lieber; wir aber sprechen vom Geist."

Lachend verkündete Dan: „Sarahs Pessimismus ist die wie Osteoporose bei Frauen nach der Menopause – unheilbar."

„Und der Optimismus mancher gleicht der glückseligen Senilität der Narren", gab Sarah ruhig zurück.

Ein wenig geniert versuchte Leah ihrem zukünftigen Schwiegersohn zu erklären: „Bruno, nimm sie nicht ernst. Man muss sich an das Geplänkel zwischen den beiden gewöhnen."

„Mir gefällt, was pikant ist – umso mehr intelligente Auseinandersetzungen", beruhigte sie dieser.

„Na so was! Dass ich das noch erlebe, dass man mir ein Kompliment für meine Intelligenz macht! Bis jetzt war ich immer nur die Böse." Tante Sarah verbeugte sich theatralisch vor Bruno.

Esther, die eigentlich den Sarkasmus der Tante liebte, kam ihr auch zu Hilfe: „Bruno hat dir ein ganz ehrliches Kompliment gemacht. Ich bin überzeugt, dass er, wie auch ich, dir und Dan stundenlang zuhören könnte, wenn ihr euch streitet. Ich möchte manchmal Notizen davonmachen."

Ohne darauf einzugehen, fragte Tante Sarah plötzlich: „Erinnerst du dich noch, was ich dir gesagt habe, als du zum ersten Mal nach Israel kamst?"

Die Nichte nickte, sah aber den Zusammenhang zu dem eben Gesagten nicht.

„Siehst du", fuhr die Tante fort, „damals habe ich gut vorausgefühlt. Deine hier anwesende Mutter machte sich besonders in der letzten Zeit unheimlich viele Sorgen um deine Zukunft. Du seiest zu einsam, fändest keinen gesellschaftlichen Anschluss, hättest keinen Freund und dergleichen mehr."

„Sarah, hör auf!", fiel die Mutter erschrocken ein. „Tut mir leid, Leah", war die Antwort, „aber diesmal werde ich zu Ende reden. Esther soll erfahren, dass du mich mit deinen Ängsten richtig belästigt hast. Und warum erzähle ich das? Weil ich dein Wesen, Esther, besser erkannt habe als sie. Bei jedem Anruf habe ich versucht, deine Mutter zu beruhigen, dass du deinen Weg sehr wohl kennst und verfolgst. Ich habe ihr gesagt, dass sie sich nie um dich sorgen müsste, weil du fest auf deinen Füßen stehst. Deine Maestra hat dir so viel Lebenskraft vermittelt, dass du durch Feuer gehen könntest. Habe ich dir doch gesagt, oder?", wandte sie sich wieder an ihre Schwester.

„Ja, das hast du immer wieder", murmelte die Mutter beschämt. „Bruno, es tut mir leid, diese Intimitäten waren eigentlich nicht für deine Ohren bestimmt." Fast wäre sie in Tränen ausgebrochen.

„Was ist dabei peinlich, Leah?", versuchte Bruno sie zu beruhigen. „Ich finde alles, was Sarah sagt, hochinteressant, glaub es mir. Und was sie behauptet, ist menschlich normal.

Natürlich hast du dir als Mutter Sorgen um die Zukunft deiner Kinder gemacht, umso mehr eure Familiengeschichte so ungewöhnlich ist. Um ehrlich zu sein, anfangs schien mir Esthers Verhalten auch etwas sonderbar. Doch ihre Lebensgeschichte erklärt viele ihrer Eigenheiten. Ich war nie geschockt oder überrascht. Im Gegenteil, sie fasziniert mich. Sie besitzt etwas, was ich bei einer Frau immer schon gesucht habe. Ich kenne viele Menschen, aber Esther ist einzigartig. Und wäre es nur das – für mich wäre es viel. Ich glaube, ich bin ein sehr glücklicher Mensch, Leah. Sarah hat Esther richtig erkannt. Esther hat mir erzählt, was diese ihr in Israel auf den ersten Blick gesagt hat, und ich musste bedingungslos zustimmen. Ihre Aura verbreitet Ruhe und Harmonie. Wenn sie bei mir bleibt, verspreche ich, das ich nie jemandem erlauben werde, sie zu missbrauchen."

Väterlich küsste er seine Verlobte auf die Stirn.

Dieser war das Gespräch peinlich. Der letzte Satz hatte sie auch erschreckt. „Wieso zweifelst du daran, dass ich bei dir bleibe? Trage ich nicht deinen Ring?"

„Da ist ja bloß ein Verlobungsring. Erst wenn du den Ehering trägst, werde ich sicher sein, dass du mir wirklich und auf immer gehörst. Bis dahin kannst du mir immer noch davonlaufen", neckte sie Bruno.

„Also – ich glaube, wir wechseln das Thema", sagte Esther nun entschlossen. „Es stört mich, über solche Dinge zu sprechen. Letztendlich werde ich glauben, ich sei zwei Wesen – ein unwirkliches, perfektes und ein leibliches, unvollkommenes. Nicht wahr, Dan?"

Dan beeilte sich seiner Stieftochter beizustehen, umso mehr auch ihm das Gespräch peinlich wurde.

„Ganz deiner Meinung, Esther. Eigentlich habe ich die ganze Zeit an die Obelisken gedacht. Was sollten diese darstellen, Sarah? Das wollte ich dich immer schon fragen, aber es gab immer andere Sachen zu besprechen."

Tante Sarah hatte den Mund voll Kuchen, doch beeilte sie sich zu antworten.

„Soviel ich weiß, gab es schon vor 1500 v. Chr. Obelisken in Ägypten. Sie wurden normalerweise vor Tempeln aufgestellt. Man weiß, dass sie aus Granit, daher sehr schwer waren. Gott weiß, wie die Römer sie von da bis hertransportiert haben."

„Es ist aber höchst interessant, wie diese von ägyptischen Symbolen zu Symbolen der Römer wurden", unterbrach sie Dan.

„Die Erklärung ist sehr einfach", mischte sich nun Bruno ins Gespräch. „Sie faszinierten Augustus, als der Ägypten erobert hatte. Aus Bewunderung ließ er einen nach Alexandria bringen und dort zum Andenken an Markus Antonius aufstellen."

„Glaubst du, dass Obelisken Symbole im Sonnenkult sind?", fragte Sarah.

„In Heliopolis, wo die meisten zu finden waren, gehörten sie zum Sonnenkult. Die Römer haben sie den Ägyptern genommen und fertigten bald Imitationen an wie zum Beispiel die aus der Zeit Domitians.

„Ist der Obelisk aus der Piazza del Popoli eine Kopie oder ein Original?", wollte Esther wissen.

„Der und der aus der Piazza Monte Citorio sind Originale. Der Kaiser Constantin wollte den Obelisk vor dem Lateran nach Konstantinopel bringen lassen. Dieser stammt aus der Zeit des Pharaos Thut Amosis IV. Nach dem Tod des Kaisers wurde er nach Rom gebracht."

„Und der auf dem Sankt PetrusPlatz?", fragte Dan.

„Ursprünglich ließ ihn Domitian im Zirkus von Nero aufstellen. Später wurde er da aufgestellt, wo er heute steht. Domitian ließ auch die Obelisken aus der Piazza Navona vor der heutigen Kirche der Heiligen Maria Maggiore aufstellen und vor dem Palast Quirinal.

Neugierig fragte Leah:

„Ich frage mich, was Dan an den Obelisken so interessiert."

„Nicht ihr künstlerischer Wert, sondern ihr Symbolgehalt interessiert mich", erklärte dieser. „Jedes Mal, wenn ich in

Rom war und sie sah, habe ich mich gefragt, was sie wohl darstellen. Überall stößt man auf sie: am Pantheon, an der Spanischen Treppe, in der Piazza Navona, und sie sind keine Triumphbögen, keine historischen Säulen, keine Denkmäler. Mir war ihr Sinn nicht klar. Jetzt habe ich wenigstens erfahren, dass die Römer sie den Ägyptern entwendeten und dass die Christen sie von den Römern übernommen haben. Wir bewundern sie heute als Werke der Antike. Wenn ich jetzt an ihnen vorbeigehe, kenne ich wenigstens ihre Geschichte", schloss er lächelnd.

„Typisch Dan!", sagte seine Frau. „Von allen Dingen, denen er begegnet, muss er die Geschichte kennen."

„Und was ist schlecht daran?", verteidigte sich Dan. „Sind nicht die Neugierigen die Intelligentesten und Stärksten?

„Die Stärksten fürchten sich am meisten", erinnerte ihn Leah.

„Allerdings nur wenn sie an der Macht sind. Nur dann wähnen sie sich Göttern gleich und stellen fest, dass ihre Macht doch winzig ist. Ich bin glücklicherweise ein starker Mensch ohne Macht. Besser gesagt, ein Starker, der vor seiner Frau schwach ist."

Taktvoll unterbrach Bruno die Stille nach dieser Aussage: „Wie ist das, Sarah, die zweitausend Jahre alte Geschichte der Juden wurde doch von den Römern bestimmt?"

„Das ist auch meine Meinung, aber kein Historiker sagt es. In Büchern und in der von den Medien beeinflussten Geschichtsschreibung wird von Christus erzählt, von den jüdischen Pharisäern und den römischen Soldaten, die den Gottessohn ans Kreuz geschlagen haben. Der jüdische König Hyrkanus II. war aber schon 61 vor Chr. der Macht des Pompeius untertan. Cassius Dio berichtet von dem Untergang Jerusalems, und wie der heilige Tempel der Juden geschleift wurde. Er erzählt von dem tiefen Glauben der Juden, der sie zum Widerstand gegen die Römer beflügelte. Hätten die Römer nicht den Einfall gehabt, den Tempel an einem Sabbat anzugreifen, hätten sie ihn nicht so schnell erobert. Für gläubige Juden war und ist es die schlimmste Entweihung, wenn ein Ungläubiger dieses Heiligtum betritt. Wie bekannt, wurden nach der Eroberung Jerusalems die meisten Juden versklavt und nach Rom verschleppt. In der römischen Diaspora haben sie sich sofort zu Gemeinschaften zusammengeschlossen."

„Das heißt, sie haben so eine Art Resistance im Exil gebildet", korrigierte Dan.

„Genau. Noch zweihundert Jahre nach der Zerstörung Jerusalems herrschte zwischen Juden und Römern nur Hass und Blut. Allein Caesar war etwas toleranter."

„Caesar und Napoleon", setzte Esther dazu.

„Meine Liebe, zur Zeit Napoleons waren die Juden in allen Ländern, wo sie sich niedergelassen hatte, unerwünscht. Aber aus ihrem eigenen Land hatten sie die Römer vertrieben. Mark Antonius setzte der rein jüdischen Hasmonean Dynastie ein Ende. Dann wurde Herodes von den Römern eingesetzt.

„War Herodes denn kein Jude?", fragte Esther.

„Nein, nicht im Geringsten! Sein Vater war ein Grieche arabischen Ursprungs, dem es gelungen war, in die Gunst der Römer zu gelangen. Zufällig fällt die Geburt Jesu in die Zeit des Herodes. Der herrschte auch noch unter Octavianus Augustus und der anerkannte Herodes' Testament, in dem er dessen Thron seinen Söhnen vererbte."

„Meines Wissens nach ließ Herodes einen neuen Heiligen Tempel bauen", sagte Bruno.

„Ja, das hat er, aber die Juden haben ihn doch nie ganz akzeptiert. Das beweist auch der Aufstand gegen seinen Sohn Archaelaos. Das war der Anlass für Augustus, Judäa an Syrien anzuschließen. Danach begann die Zeit der Statthalter."

„Und Pontius Pilatus", fragte Esther naiv.

„Der war der fünfte", antwortete die Tante prompt.

„Sarah, welcher römische Kaiser war der schlimmste für die Juden?

„Ich glaube Tiberius, der Stiefsohn des Augustus. Seine Mutter, Livia, war ursprünglich mit Nero verheiratet gewesen. Doch als sie im sechsten Monat schwanger war, trennte sie sich von Nero und heiratete Augustus. Unter diesem Sohn von Livia und Nero fanden die schlimmsten Judenverfolgungen in Rom statt. Zu jener Zeit bildeten sich daher die ersten radikalen Geheimgruppierungen, von denen eine die der Zeloten war."

„Anders gesagt, seit der Zeit sind die Juden Spezialisten für Geheimorganisationen", bemerkte Bruno mit feiner Ironie.

„Was blieb ihnen auch anders übrig – wenn ein Wahnsinniger wie Caligula mitten in ihrem Heiligen Tempel sein Standbild aufstellen ließ?

Bruno lenkte ein. „Welches war aber die schwerste Zeit für die Juden in Rom?"

„Ich glaube die der Statthalter. Überall, wo es um Geld und Steuern geht, gibt und gab es Korruption und Verschwendung. Daher ermordeten jüdische Fanatiker, wie die Sikaner und die Messerstecher, sogar Juden, die für die Römer arbeiteten."

„So wie die Palästinenser heute", unterbrach sie Dan.

„So ungefähr", gab ihm Sarah Recht und fuhr fort: „Tatsache ist, dass der Prokurator Florus ungeheure Summen vom Heiligen Tempel einforderte – die die Juden unmöglich aufbringen konnten. Von Fanatikern angestachelt, erhoben sich die Juden erneut gegen die Römer. Das war zur Zeit Neros, dem Vater des zukünftigen Kaisers Tiberius. Dieser bevollmächtigte Vespasianus, den Aufstand zu unterdrücken. Nero starb noch zur Zeit der Revolte, so dass sich Vespasianus gleich nach seiner Ankunft in Rom zum Kaiser krönen ließ."

„Im Forum Romanum auf dem Bogen des Titus kann man seinen Triumphzug sehen", sagte Bruno.

„Ich weiß und ich freue mich ungemein auf den Besuch des Forum Romanum." Sarah war ganz aufgeräumt. „Die Geschichte berichtet, dass nach dem Blutbad in Jerusalem Titus tausend Juden gefangen genommen und in Ketten zum Triumphmarsch nach Rom gebracht hatte."

„Fällt die Schlacht von Masada in diese Zeit?", fragte Esther.

„Masada war im Jahr 7173 nach Chr. Es waren die Zeloten, die sich den Römern entgegengestellt hatten. Dann haben sie sich – da ihnen keine Chance mehr blieb gegenseitig getötet, bis zum letzten Mann."

Esther ließ nicht locker: „Wann ist Jerusalem endgültig untergegangen?"

Mit gerunzelter Stirn antwortete Tante Sarah. „Unter Traian gab es noch einen Aufstand der Juden, aber auch der wurde unterdrückt. Als Hadrian an die Macht kam, verbot er den Juden das Beschneiden und gab Jerusalem einen neuen Namen, Aelia Capitolina. Die große Revolte der Juden fand von 132135 statt. Davon habe ich neulich gesprochen. Sie wurde von Bar Kochba angeführt. Das machte ihn für die Juden zu einem Nationalhelden, fast zu einem Messias. Er starb nach langen Widerstandskämpfen in der Festung Bethar. Unvorstellbar, dass in diesem Aufstand über fünfhunderttausend Juden den Tod fanden."

„Eins verstehe ich aber doch nicht", sagte Bruno. „Die Römer waren anderen Völkern gegenüber relativ tolerant. Was hat sie an den Juden so gestört, dass die niedergemetzelt wurden?"

„Ihr Jahwe war heilig, also stand er über dem Kaiser. Dann war noch die Beschneidung der Jungen am 8. Lebenstag – ein religiöses Zeremoniell, das die Römer sehr störte."

„Man sagt aber, das Herodes die Religionsfreiheit für sie erwirkt hätte", wusste Bruno.

„Das hat er – da ist nicht zu leugnen, aber er war kein Jude", kam die Antwort.

„Was waren die Pharisäer?", fragte nun Esther.

„Das waren orthodoxe Gläubige. Sie befolgten das Gesetz Moses buchstabengetreu. Die Sadduzäer waren da toleranter – sie waren auch offener anderen Religionen gegenüber."

„Für mich sind die Kibbuze total unverständlich. Ganz begriffen habe ich sie nicht", sagte Esther.

„Weißt du, schon zur Zeit der Römer gab es die Essener, eine Art asketische Mönche, die in einer Gemeinschaft ähnlich einem Kibbuz lebten, wie du sie in Israel gesehen hast. Nur eben nicht so ansehnlich. Die Essener lebten in quasi kommunistischen Kommunen. Vielleicht waren sie ein Vorbild für Marx, kann sein", bemerkte sie ironisch. Es gab keine Ehen, alles wurde gemeinsam gemacht: Arbeit, Sabbatessen..."

„Ich habe nie gewagt, die Frage zu stellen", meinte Esther schüchtern, „aber erklärt mit bitte, welches ist der wahre Zusammenhang zwischen Jesus und den Juden?"

„Außer der Tatsache, dass er ein Jude war, hat er mit seinem Volk nichts gemeinsam.", war die schroffe Antwort.

„Ja gut – aber wie war er anders?", ließ Esther nicht locker.

„Also – dass das Reich Gottes eines Tages kommen wird. Dass du deinen Feind lieben sollst, wie dich selbst, dass Gott seinen Sohn zur Sühne für die Sünde opfert. Die Religion von Jesus war immer schon für die Armen und Hilflosen."

„Und was ist schlecht dabei? Ich finde so eine Religion human, weil nichts schöner an einem Menschen ist, als seinen Mitmenschen zu helfen", erwiderte Esther leidenschaftlich.

„Ja, aber man soll sich bei der Hilfe anderer nicht verausgaben und selbst hilflos werden", gab die Tante zurück.

„Wer Hilflosen hilft, hat ein Plus an Energie, ich glaube das meinte Esther", verteidigte Bruno die Aussage seiner Braut.

„Die Inquisition ist das beste Beispiel dafür, wie dieses Plus an Energie für inhumane Zwecke missbraucht wurde", widersprach Sarah.

„Das klingt, als ob die Inquisition Christus in Person gewesen wäre", konterte Bruno. „Die Pharisäer beschuldigten ihn als Werkzeug der Römer. Seine Rebellion gegen Korruption und Habgier wurde von den Kirchenfürsten als Profanierung des jüdischen Glaubens angesehen. Ist hier nicht eine Diskrepanz zwischen der orthodoxen und der moralischen Religion? Was sagte Jesus vor dem höchsten jüdischen Gericht? Gebt dem Kaiser, was des Kaisers ist, und Gott, was Gottes ist."

„Was willst du damit sagen? Ich verstehe dich nicht", fragte Sarah ehrlich verunsichert.

„Ich meine, Jesus, der Jude, hat gegen den Unglauben seines Volkes rebelliert. In seinen Augen war der Kaiser eine weltliche Macht, die respektiert werden müsste, über der aber steht die Autorität Gottes, die die Juden mit Füßen traten."

„Wer spricht jetzt, Bruno? Der Katholik oder der Freidenker?" Die Frage stellte Sarah mehr sich selbst.

„Sarah, bitte", flüsterte ihre Schwester erschreckt.

„Keine Sorge, Leah", beruhigte sie Bruno. „Ich verspreche, dass wir uns nicht mit Pistolen duellieren werden."

„Wobei Wörter mehr verletzen können als Waffen." Sarah wurde die Diskussion peinlich. Bruno lenkte ein:

„Also, ich werde keinem wehtun. Was ich eben sagte, ist frei von jedem religiösen oder nationalen Vorurteil. So sehr du dich auch als Jüdin fühlst, kannst du doch nicht sagen, Jesus sei ein Zufall der Geschichte. Dass seine Lehre sich so schnell verbreiten konnte, ist ein Zeichen, dass irgendetwas beim jüdischen Glauben nicht in Ordnung war. Die römische Macht war sowieso schon von Machtmissbrauch und Korruption untergraben. Das verneint kein Historiker. Die Rebellion eines Juden gegen die eigene Religion und nachher die wachsende Anzahl seiner Anhänger zeigen, dass das ‚koscher' der jüdischen Religion nicht mehr so ganz ‚koscher' war."

Jetzt mischte sich auch Dan ein. Fast entschuldigend sagte er: „Religiösen Disputen mit Christen bin ich immer aus dem Weg gegangen, Sarah sucht sie – egal wo sie ist."

„Ich fürchte irgendwie solche Diskussionen", pflichtete ihm Leah bei.

„Was ist so schlecht daran, dass Tante Sarah immer auf dieses Thema zurückkommt?", frage Esther erstaunt. „Bruno und ich haben viel über die christliche Religion gesprochen. Was ist falsch, wenn man auch über das Judentum spricht? Ich glaube, Bruno hat das allergrößte Interesse daran. Erstens weil er katholisch ist und zweitens als Historiker und Philosoph."

Damit wollte Esther nicht unbedingt ihrer Tante beipflichten. Ihre Absicht war, keine Barriere zwischen ihren Eltern und Bruno aufkommen zu lassen. Der verstand ihre Absicht und erklärte seine Argumente: „Esther hat recht, Leah. Ich glaube, es ist ehrlicher, alle Probleme frei zu diskutieren. Ich glaube, es ist dem Judentum nicht gedient, wenn man darüber einen ‚TabuVorhang' zieht, umso mehr heutzutage die Vermischung von Völkern und Rassen Normalität ist. Ich habe aber den Eindruck, dass ihr immer noch an das ‚auserwählte Volk' glaubt. Bedenkt, dass die Juden heute ihren eigenen Nationalstaat haben. Als die von Gott ‚auserwählten Juden' ins Heilige Land zurückkamen, haben sie die Unschuld der Opfer ohne eigenes Land verloren. Israel hat inzwischen, wie jeder andere Staat eine Geschichte voller Missstände. So sehe ich das."

Sarah lächelte amüsiert. Sie teilte vollkommen Brunos Ansicht. „Wenigstens dir kann meine Familie kein Schweigen auferlegen, wenn es um das Problem der Juden geht. Egal worum es geht, um Palästinenser, Araber oder Deutsche, gleich fürchten die beiden, es könnte ein verbaler Konflikt entstehen. Mir gefällt, wie du über den besonderen Untergang unserer Nation denkst. Die Israelis sind inzwischen eine von tausenden Nationen in der Welt, mit eigener Flagge, Hymne, einer großartigen Geschichte – aber auch mit Blut und Schuld, wie alle anderen auch."

Cora, die bisher schweigend zugehört hatte, fragte nun plötzlich, ohne Zusammenhang:

„Wieso sind die Griechen orthodox, wie die Slawen oder die Rumänen?"

Ihre Mutter sah sie entgeistert an. Bruno aber versuchte geduldig ihr das zu erklären: „Das ist ganz einfach. Überall, in Ägypten Syrien, Judäa war die beherrschende Sprache, die sogar dem Aramäischen Konkurrenz machte, das AltGriechisch. Der ganze Osten des Römischen Reiches sprach Griechisch. Das war ein Grund, warum sich die neue Lehre im Römischen Reich so schnell verbreiten konnte. Aramäisch wurde nur von einem kleinen Prozentsatz der Bevölkerung gesprochen. Weißt du, was ‚Evangelium' heißt?"

Cora hatte noch nie darüber nachgedacht.

„Griechisch heißt Evangelium ‚Bericht', ‚Brief'."

„Und was für eine Rolle hatten die Apostel Jesu?", fragte Cora.

„Die, die du wahrscheinlich kennst: die Lehre Jeus weiter zu verbreiten", kam die Antwort.

„Glaubst du, dass auch richtige Juden diese Lehre annahmen? Entschuldige, wenn ich etwas Dummes frage, aber ich habe von der Geschichte und Religion keine Ahnung", fragte Cora ein wenig verschämt.

„Mein Gott, Cora", unterbrach sie wütend ihre Mutter. „Ich habe nie geglaubt, dass du so ignorant sein könntest. Naiv, wie ich bin, habe ich mich sowieso schon gefragt, worüber du überhaupt mit deinem Luca sprichst."

„Mama, bitte!" Verzweifelt versuchte die Tochter sie zu bremsen.

„Tante Sarah, du bist ungerecht!", Esther stellte sich vor ihre Kusine. „Frag mal Bruno, wieviel ich von Religionen wusste, als wir uns kennen lernten. Natürlich hatte ich wie jedermann von Jesus, von Gott gehört, oder vielleicht auch von anderen Religionen. Bruno hat alle Religionen vereint – könnte man sagen. Ihm verdanke ich, dass ich einen Überblick über die Mechanismen der Weltgeschichte habe."

Auch Dan mischte sich ein, sichtlich geschockt von dem Ausbruch seiner Schwägerin. Immer noch überzeugt, dass Sarah ihre Tochter sehr liebte, überlegte er, ob sich ihre Beziehungen verschlechtert hätten und Sarah deswegen nicht mit zum Flughafen mitgekommen war.

„Sarah, ich gebe Esther Recht. Du kannst von Cora nicht Religionskenntnisse verlangen, wenn du sie als Atheistin erzogen hast."

Doch damit fachte er das Feuer nur noch mehr an.

„Atheistin ist eins, und Ignoranz ist etwas Anderes", fauchte Sarah zurück. „Mit minimaler Phantasie und Denkvermögen kann man sich vorstellen, dass die zu Jesus bekehrten Juden dessen Lehre im ganzen Römischen Reich verbreiteten. Das klassische Beispiel ist Paulus. Er stammte aus Tarsos, aus einer streng jüdischen Familie. Und doch nimmt er die griechischrömische Religion an."

„Seltsam, Paulus habe ich nie als Juden angesehen", spann Dan den Gedanken weiter.

„Und was für ein Jude!", fuhr Sarah fort. „Ihm verdanken die Christen, dass es keine Beschneidung gibt und dass sie nicht koscher essen müssen. Da staunt ihr? Was?" Jetzt konnte sie wieder spotten.

„*Touche*, Sarah!". Bruno war sichtlich erleichtert, dass das Gespräch wieder friedlich wurde. „Wir verzeihen dir auch die Beleidigung Coras. Was meint die verehrte Assistenz, bestrafen oder verzeihen?"

Leah musste aber schnell noch sticheln: „Ich kann nichts dafür, dass ich Mutters Schoßkind war, Sarah dafür ihre Reinkarnation."

„So nun doch nicht!" Jetzt war Sarah beleidigt. „Von Worten bis zur Tat ist ein langer Weg, meine Liebe."

„Einverstanden!" setzte Esther den Schlusspunkt.

Sarah schluckte den Ärger hinunter und setzte dann ruhig das begonnene Gespräch fort. „Apropos Paulus – Wisst ihr, was ihm die Christen noch zu verdanken haben? Die Eschatologie. Nach Jesu Tod erwartete die jüdische Gemeinde das Ende der Welt."

„Wieso? Waren alle Juden Christen geworden?", fragte Cora naiv.

„Ich spreche nur von denen, die die neue Lehre angenommen hatten." Sarahs Stimme war kalt.

„Paulus predigte seinen Anhängern, dass nur die Anhänger Jesu in das himmlische Paradies eingehen werden."

„Er allen voran", spottete Dan.

„*Bien sur, mon cher*", gab die Schwägerin zurück. Der Jude Paulus soll einen Heiden in den heiligen Tempel gebracht und den somit entehrt haben. Der Hohe Rat der Juden beschloss deshalb im Jahr 56 n. Chr. ihn zu verhaften und dem Richter vorzuführen. Paradox ist in der Geschichte der Christen, und dahin wollte ich kommen, dass Paulus von römischen Garden vor der Steinigung bewahrt wurde. Es stellte sich heraus – und das beweist auch die heutige Geschichtsschreibung, dass die christliche Lehre, die sowohl den Juden als auch den Römern Unglück brachte, jüdische Grundlagen hat – die von den Römern verteidigt wurden. Der Jude Paulus wurde christlicher Märtyrer, weil er von den Römern verteidigt wurde. Die Römer nahmen den Juden ihr Land – aber ein einziger Jude eröffnete ihnen durch seinen Geist und seinen Glauben ein ganzes Imperium."

Den ganzen Abend hatte Sarah doziert und war sichtlich erschöpft. Trotzdem fuhr sie nach einer kurzen Pause fort: „Das Christentum hat ein seltsames Paradoxon. Die ersten Christengemeinden gab es in den Gebieten, wo heute der fanatische Islam herrscht: in Palästina, Syrien, Ägypten. Von dort aus verbreitete es sich rasch nach Griechenland."

„Natürlich entstanden die ersten Gemeinden in der Gegend, wo Jesus gelebt hatte", sagte Bruno. „Dessen Lehre wandte sich ja hauptsächlich an die Bedürftigen, die Sklaven, an die große arme Mehrheit. Die nüchternen Römer schätzten Luxus und Genuss mehr als geistige Werte. Als die neue Lehre auch von römischen Legionären, von Staatsbeamten und von anderen Bevölkerungsschichten angenommen wurde, verbreitete sie ich ganz schnell über Italien, Frankreich, Karthago, Spanien und dann über ganz Europa. Natürlich versuchten Nero oder Diocletian diesen Vormarsch mit brutalen Methoden zu stoppen – aber, wie bekannt, ist ihnen das nicht gelungen. Die gesetzliche Freiheit der christlichen Lehre aber wurde erst im 4. Jahrhundert durch das ToleranzEdikt Konstantins des Großen garantiert."

Sarah ergänzte: „Der Kaiser mischte sich sogar in die Belange der neuen Religion."

Dan fügte hinzu: „Das führte zu dem Verschwinden der Grenzen zwischen Religion und Staat."

„Das stimmt", bestätigte Bruno. „Bis zum Christentum gab es keine schwerwiegenden Religionskonflikte".

„Das hieße, dass das Christentum von vornherein intolerant war?", fragte Esther.

„Ganz gewiss", beteuerte ihre Tante. „Bis dahin gab es zwischen Staat und Religion ein friedliches Nebeneinander."

Bruno erklärte, das das darauf zurückzuführen sei, dass die Religionsträger Staatsbeamte waren und der höchste religiöse Prälat der Kaiser: „Es ist bewundernswert, dass die Römer jede Religion tolerierten, solange die auch ihre Götter anerkannte."

„Wahrscheinlich übernahmen die Christen die Intoleranz von uns Juden", sagte Sarah und blickte in die Flammen des Kamins. „Bis heute wird in Israel Religionstreue der Staatstreue gleichgesetzt."

„Das kann sein", erwiderte Dan. „Tatsche ist, dass es unserer Religion zu verdanken ist, dass wir in das Land unserer Väter zurückkehren durften. Das Christentum begünstigte den Zerfall eines Weltreiches und das Verschwinden des römischen Volkes des Altertums."

Bruno gab zu, dass es stimmte, dass ihre Religionstreue den Juden das Überleben als Nation gesichert und ihnen ihr Land zurückgegeben hatte. Aber diese Rolle hatte dann das Christentum übernommen. Es wurde zu einer Macht, die nicht zu übersehen war. – Die Folge war die Entstehung vieler neuer Nationen und Nationalstaaten. Die Römer, geblendet von der Glorie ihrer Geschichte und übersättigt vom Luxus, hatten den Fehler begangen, dem Christentum Wachstum zuzugestehen. Dadurch wurde das Reich, dessen Untergang schon zu Jesu Zeiten abzusehen war, noch mehr untergraben."

„Aber war es nicht grotesk, dass alles, was wir den Christen in die Schuhe geschoben hatten wie Kindesmord, Rituale mit unschuldigem Blut, Inzest, Zauber, von den Christen wiederum gegen uns verwendet wurde?", fragte Sarah.

„Die Liste der menschlichen Grotesken ist unendlich, meine Liebe", meinte Bruno lächelnd. „Jesus rebellierte mit seinen Thesen im Grunde genommen gegen die eigene Religion. Die Römer nahmen diese neue Religion gelassen zur Kenntnis. Die Juden aber, die in Jesus und seinen Anhängern Verrätern sahen, verbreiteten allerlei schwerwiegende Gerüchte über sie. Es war natürlich, dass die Christen, als sie an die Macht gekommen waren, den Spieß gegen die Juden umkehrten."

Dan zog einen einfachen Schluss: „Die Römer beschuldigten die Juden, sie seien Christen; die Juden beschuldigten die Christen der Götterlästerung und die Christen, als sie zum Zuge kamen, verfolgten die Juden, weil diese ihren Messias gekreuzigt hatten."

„Warum fürchteten eigentlich die Römer die Christen so sehr?", fragte Esther.

Tante Sarah erklärte ihr: „Der Christengott war für sie inakzeptabel. Bis dahin war der römische Kaiser Herr und Gott in einer Person. Wie hätten Nero oder Domitian einen Nebenherrscher dulden können?"

Nun wagte Esther eine Frage, die sie schon lange beschäftigt hatte: „Warum begraben die Christen ihre Toten in den Kathedralen?"

Mit sanfter Stimme erklärte ihr ihre Mutter, dass das schon die Etrusker getan hätten, lange vor den Christen. „Die Katakomben waren ursprünglich ein Zufluchtsort sowohl für die Juden als auch für die Christen", ergänzte Dan. „Sie waren sichere Verstecke. Nicht zufällig hat die Kirche sie später für sich beansprucht und sie zu ewigen Ruhestätten ihrer Märtyrer erklärt. Wie du weißt, wurden über vielen Katakomben Basiliken errichtet. Jede Religion hat ihre heiligen Pilgerstätten. Für die Christen waren es eben die Katakomben."

„Was hat wohl den Kaiser Konstantin bewogen, sich zum Christentum zu bekehren?" Esther hatte immer noch Fragen.

„IN HOC SIGNO VINCES – das heißt, mit diesem Zeichen wirst du siegen. Das Zeichen meinte damals das Kreuz. Vor der Schlacht gegen Maxentius auf dem Ponto Milvio soll sich Konstantin bekreuzigt haben – sagt die Legende. Tatsache ist, dass während seiner Regierungszeit das Christentum zur Staatsreligion wurde. Seine Berater und Unterstützer waren christliche Bischöfe. Sie überzeugten ihn, das ToleranzEdikt von Milano zu erlassen. Selber ließ er sich erst kurz vor dem Tode taufen."

Die Gesellschaft war vorn Brunos Erklärungen und seinem Wissen tief beeindruckt. Seit er mit Esther zusammen war, hatte er viel Freude daran, ihr die Geschichte der Stadt, die seine zweite Heimat geworden war, zu erklären.

Bei Tisch bat der die andern sich allein ein Programm zu machen, weil er vor dem Urlaub noch einiges im Krankenhaus zu erledigen hatte.

Esther ergriff auch sogleich die Initiative. Am nächsten Tag beim Morgenkaffe schlug sie vor: „Also, ich sage, die Synagoge ist einen Besuch wert."

„Wir waren schon zweimal da" – wandte ihre Mutter ein. „Aber vielleicht würde das Sarah interessieren."

Diese meinte lustlos: „Ich gehe nicht hin. Ich möchte Rom sehen und nicht auf den Spuren der Juden wandeln."

„Da bist du aber auf dem Holzweg", neckte sie Dan. „Überall wirst du auf sie stoßen, ob du willst oder nicht."

„Also, es gibt noch viel zu sehen, wir müssen uns nicht wegen der Synagoge streiten", lenkte Esther ein. „Ich gebe Tante Sarah Recht. Wie wäre es, wenn wir den Mercato di Porta Portese, den größten Flohmarkt Roms besuchten?"

„Hör ich gut, Leah?", rief Sarah aus. „Ein Flohmarkt! Der Tag ist gerettet! Mir war heute sowieso nicht nach Kulturprogramm."

„Es wird euch bestimmt nicht leidtun", versicherte Esther. „Ich war mit Bruno zweimal dort und fand es großartig. Du findest die unglaublichsten Sachen. Bruno sagt zwar, dass die meisten Sachen gestohlen sind – aber das soll uns nicht stören."

Auf dem Weg zur Küche sagte sie: „Stellt euch vor, letztes Mal habe ich ein Tafelservice Albert Royal für einen Appel und ein Ei erstanden. Der Verkäufer wusste bestimmt nicht, was er verkauft."

Tante Sarah musterte beiläufig das Service, drängte aber zum Aufbruch.

„Bald wird es Abend und neblig, wir müssen das Tageslicht ausnutzen, um überhaupt etwas zu sehen." Sie war schon angezogen und eilte zur Ausgangstür.

Im Wagen meinte Dan unwillig: „Wieder neue Sachen! Das Haus platzt bald aus allen Nähten. Für mich brauche ich nichts als Bücher und Musik."

„Na, na, na, mein Lieber", konterte Leah. „Für unser Bett habe ich mir in Amsterdam die Füße wund gelaufen. Du vergisst, dass du überall, wo du bist, in die Galerien rennst. Demnächst können wir im Keller ein Museum für moderne Kunst eröffnen."

Dan tat zerknirscht. Er gab zu, dass er fast überall Kunstgegenstände kaufe.

Sarah fuhr mit Cora und Philipp hinter Dan Esthers MiniMorris. Der Wagen war neu, Bruno hatte ihn kurz vor dem Besuch der Eltern für Esther gekauft, um ihr mehr Selbständigkeit zu geben. Diese hatte sich ganz schnell an den doch aggressiven Verkehr auf Roms Straßen gewöhnt. Für die Dauer des Besuchs hatte sie beschlossen, ihnen den Wagen in der Via Aurelia zu überlassen. Obwohl es nicht weit bis in die Stadt war und die Haltestelle der öffentlichen Verkehrsmittel vor dem Haus waren, fanden sie es ganz gut, auch einen Wagen zur Verfügung zu haben.

Cora und Philipp wohnten bei Bruno, somit hatten die Eltern und Sarah das kleine elegante Appartement für sich.

Esther stellte belustigt fest, dass Dans Widerspenstigkeit abnahm, wenn seine Schwägerin nicht in der Nähe war. Sie schlug ihm vor, etwas Anderes zu besichtigen, solange der Rest der Gesellschaft „Flöhe kaufe", und freute sich diebisch, als er den Vorschlag sofort zurückwies und Leah zweideutig lächelte.

„Zum Abaschluss habe ich für Tante Sarah noch eine Überraschung", sagte sie. „Ihr kennt die Patisserie am Forno del Ghetto, oder?" Als die Eltern bejahten, fuhr sie fort: „Ich höre sie schon lamentieren: Immer musst du mich letztendlich in irgendein Ghetto schleppen. Die Arme fühlt sich in jedem Museum und jeder Synagoge in Europa angegriffen, als ob sie überall im Namen der jüdischen Geschichte Tränen vergießen müsste. In Dachau hat sie es nicht ausgehalten und wir mussten auf dem halben Weg umkehren."

„Übrigens, wusstest du, dass Goethes Sohn auf dem Testaccio begraben ist?", fragte ihre Mutter.

„Bruno hat mir das Grab gezeigt, als ich Goethes „Italienische Reise" las. Stellt euch aber bitte die Reaktion von Tante Sarah vor, wenn wir ihr vorschlagen würden, bei dem Nebel auch noch Gräber zu besuchen. Ich bin froh, dass ich mit dem Flohmarktbesuch ins Schwarze getroffen habe. Seit Cora da ist, hat Tante Sarah nur noch schlechte Laune."

„Sag ihr um Gottes Willen, dass der Name Forno del Ghetto gar nichts mit einem jüdischen Ghetto zu tun hat", warnte Dan. „Sie glaubt sonst, wir bringen sie zu wer weiß welchem jüdischen Elend."

„Also, übertreibt mal nicht", verteidigte Leah ihre Schwester. „Soviel weiß sie auch, dass es seit dem neunzehnten Jahrhundert kein jüdisches Ghetto mehr gibt."

Sie waren auf einem Parkplatz angekommen und suchten eine freie Parklücke. Der Flohmarktbesuch wurde dann zu einem Erfolg. Mit Schätzen beladen ging es anschließend zuerst zu Bruno, um dem die Beute zu zeigen. Der Tag fand ein fröhliches Ende und man beschloss morgen das Forum

Romanum zu besichtigen. Bruno bot sich als Fremdenführer an.

Am nächsten Morgen versetzte die Sonne alle in beste Laune. Sogar die wetterfühlige Tante Sarah war aufgeräumter als sonst. Ein Traum wurde für sie wahr: Sie besuchte das Forum mit ihrer Familie und hatte den besten Fremdenführer, den sie sich wünschen konnte. Gleich am Eingang sagte Bruno, sie sollten sich das Forum als Herz des Römischen Reiches vorstellen, genau wie die Verwaltungszentren moderner Städte.

„Wie groß ist seine Fläche?", fragte Esther.

„Ungefähr sechshunderttausend Quadratmeter", sagte Bruno und zeigte ringsum. „Wir sind von da, von der Via die Fiori Imperiali gekommen. Rechts seht ihr die Trajanssäule und links das Capitol."

„Sind das Capitol und das Zentrum der Stadt nicht Gegensätze?", versuchte Esther mit einem Gespräch die LehrerSchüler Pose der Gesellschaft aufzulockern, die sie ungemein belustigte. Mit einem verständnisvollen Blick gab ihr Bruno recht: „Wir befinden uns doch, gedanklich, im Jahr 600 v. Chr. Damals beschloss Tarquinius diesen Platz zu sanieren und die Cloaca Maxima zu schließen. Auf diesem Platz gab es damals Verkaufshallen, Tempel, Redetribünen, Märkte, Büros für Rechtsanwälte und Notare, aber auch Triumphbögen."

„Unglaublich!", rief Cora beeindruckt aus. „Und doch wahr", erklärte Bruno. Nur für uns ist es schwer vorstellbar. Heute, nach zweitausend Jahren, entdeckt man römische Supermärkte! Wer vermutet hier auf diesem Platz römische Geschäftskomplexe? Wir brüsten uns mit einer modernen Zivilisation, doch ist die nur eine Kopie der antiken."

„Ich habe irgendwo gelesen, dass dieser Platz einst *Campo vaccino* hieß", sagte Cora.

„Das stimmt", antwortete Bruno. „Der Einfall der Barbaren brachte der römischen Zivilisation das Ende. Natürlich wurde auch in Rom alles zerstört oder geraubt. Das Forum blieb auch nicht verschont. Mit der Zeit wurde der

Platz Hutweide für die Kühe, deshalb *Campo vaccino*. Erst im 19. Jahrhundert startete Carlo Fea im Auftrag des Vatikans hier archäologische Ausgrabungen."

„Das Gebäude hinter uns, ist das das CapitolinMuseum?", fragte Tante Sarah.

„Genau", bejahte Bruno. „Links von dem Ponticus del Divi Consenti, wo wir uns jetzt befinden, stand einst der Tempel des Vespasians und der Concordia Tempel. Laut Varro gab es auf diesem Platz sechs vergoldete Statuen von römischen Gottheiten. Wir haben leider nicht die Zeit sie zu beschreiben. Rechts von den Tempeln zwischen dem Bogen des Septimius Severus und Rostra ist der sogenannte Umbilicus Urbis."

„Also der Nabel der Stadt", übersetzte Tante Sarah und lokalisierte alles auf der Karte, die sie mitgebracht hatte.

„Der Bogen des Septimius Sever blieb glücklicherweise erhalten", setzte Bruno seine Erklärungen fort. „So kann man sich in etwa vorstellen, was die Römer unter dem Nabel der Welt verstanden."

„Was heißt Rostra?", fragte Cora.

„Rednertribüne", erklärte ihr Dan. „Vielleicht wisst ihr, dass neben diese von Cäsar errichtete Rostra im 5. Jahrhundert die berühmte Tafel mit den 12 Gesetzen gestellt wurde."

„Klingt wie Moses Gesetztafel", murmelte Cora.

„Mit dem einzigen Unterschied, dass die römische Gesetztafel der Grundstein für die westliche Gesetzgebung war, sowohl im Zivil als auch im Strafrecht", ergänzte Bruno lächelnd.

„Beachtet man die historische Periode, ist dies Forum nur zum Teil römisch", wusste Sarah.

„Wenn du an Papst Bonifatius IV denkst, kann man behaupten, es sei christlich", antwortete Bruno. „Ich nehme an, du beziehst dich auf die Inschrift auf der Säule des Phokas."

„Ja, die Information habe ich in einem Reiseführer gefunden. Dabei ist mir aufgefallen, wie eng die römische

Zivilisation und das aufsteigende Christentum miteinander verflochten sind."

„Bonifatius hat nichts Anderes getan, als sich bei dem Despoten Phokas revanchiert, welcher der Kirche das Pantheon geschenkt hatte", sagte Bruno und ging in Richtung Vestalinnentempel. Auf dem Weg erzählte er über Lacus Curtius mit seinen drei symbolischen Bäumen – dem Olivenbaum, dem Weinstock und dem Feigenbaum. Bei dem runden Platz, wo einst der Tempel der Vestalinnen stand, erklärte er, dass die Vestalinnen ähnlich der christlichen Nonnen für die Römer der Inbegriff der jungfräulichen Reinheit waren. Nur in einer extremen Form.

Das sagte Bruno mehr für Philipp und Cora, die es nicht wissen konnten. „Sie gingen mit sechs Jahren in den Tempel ein, das war dazumal etwas ganz Normales. Sie durften den Tempel nie verlassen Die damalige Zeit mit allem Anzeichen von Dekadenz brauchte wenigstens etwas Heiliges und Reines. Den Vestalinnen gab ihr extrem strenger enthaltsamer Lebenswandel absolute Autorität. Darum wurden ihnen die Testamente und das ewigheilige Feuer anvertraut."

Philipp erkundigte sich, ob das Feuer unentwegt brenne, und Bruno erklärte ihm den römischen Religionsritus. Das römische Jahr begann am 1. März. Das heilige Feuer erlosch und wurde erneut vom Pontifex Maximus angezündet. Er war der einzige Mann, dem der Zugang zum Tempel erlaubt war.

„Was wurde aus den Vestalinnen beim Vormarsch des Christentums?", fragte Sarah. Sie hatte gut erkannt, dass viele römische Bräuche in das Christentum eingeflossen waren. Jahrhundertelang musste das Christentum gegen die vielen römischen Gottheiten kämpfen, bis sie aus dem Volksbewusstsein verschwanden. Die Römer hatten die Feinde außerhalb ihrer Grenzen bekämpft. Das geduldete Christentum entwickelte sich mehr und mehr zum internen Feind und nahm überhand.

Als Ende des 4. Jh. die letzte Vestalin den Tempel verlassen musste, hatten die Römer alle ihre Gottheiten aufgegeben. Jesus, der gekreuzigte Jude, ersetzte mit der Zeit die abertausend römischen Gottheiten und sein Stellvertreter auf Erden wurde zum Pontifex. Bruno erzählte das wie eine Sage, damit Philip und Cora das Wichtigste aus der Geschichte des Forums behalten können. Esther hatte Auf Brunos Empfehlung die Biografien der römischen Kaiser von Sueton gelesen. Zufällig hatte er am Morgen gehört, wie sie dieses Buch ihrem Stiefvater als Lektüre für Philipp empfohlen hatte. Dass die sich so liebevoll um ihren Bruder kümmerte, hatte ihn angesteckt.

„Hier beim Forum wurde Cäsar ermordet", erzählte er weiter. „Im Forum war die ganze römische Geschichte in Kurzform aufgeführt, auf einer minimal kleinen Fläche. Jedes Kind, so wie du, konnte sich ohne Schwierigkeit aus den Ruinen und den baulichen Restbeständen über das soziale Leben der Römer, über ihre Religion, Justiz die Biografien und Legenden ihrer Kaiser informieren.

„Hat die Kirche überhaupt etwas von diesem Umbilicus übernommen?", fragte Sarah.

„Die Curie war zum Beispiel vom VII. bis XX. Jahrhundert die Kirche des heiligen Adriano, so wie auch der Tempel des Antonius Pius zur Kirche des Heiligen Lorenzo von Miranda wurde", sagte Bruno und zeigte ihnen die Sacra Via, die sich zu Römerzeiten zwischen Gebäuden, Instituten und Tempeln schlängelte. „Diese Straße entlang zogen die Siegeszüge unter dem Triumphbogen beginnend, bis zum Capitol auf dem Monte Capitolino."

„Weißt du, was für die Christen am Forum wichtig war?", fragte er Sarah. „Die Basilica Maxentius. Nach dem Sieg des Kaisers Konstantin über Maxentius beim Pons Milvius, ließ er die von seinem Gegner angefangene Basilika fertig bauen. Leider sind heute nur noch ein paar Reste von den Statuen des Kaisers erhalten. Man kann sie im Palazzo dei conservatori sehen."

„Kennt jemand von Euch die Geschichte von der Statue des Marc Aurel?", fragte Esther lachend. „Außer Bruno natürlich."

Weil alle verneinten, erzählte sie, dass sie und Bruno an einem schönen, sonnigen Tag von der Trajanssäule zum Palazzo dei conservatori gegangen waren. Auf dem Weg hatte Bruno über die Geschichte dieser Säule erzählt: In der Annahme, dass sie den Kaiser Konstantin darstellt, hatte Papst Paul II veranlasst, dass sie zum Palast Lateran vor dem Palazzo dei conservatori gebracht wurde. Später stellte sich heraus, dass es eine Statue von Marc Aurel war."

Leah, die bisher schweigsam zugehört hatte, konnte es sich nicht verkneifen ihre Schwester vor dem Bogen des Titus zu warnen, weil sie da wieder auf ein Zeugnis jüdischer Geschichte stoßen würden. Sarah antwortete etwas in Iwrit und entfernte sich mit saurer Miene. Den benannten Bogen hatte in Wahrheit Domitian für seinen Bruder Titus errichten lassen. Sarah kannte nur allzu gut die Niederlage der Juden unter Titus im Jahr 71 n. Chr., kannte aber auch die Geschichte des Reliefs. Die Darstellung der Zerstörung und Beraubung des Tempels war eine Herausforderung für alle Juden. Jahrhunderte lang verboten die Rabbiner das Relief anzuschauen, weil sogar die Menora und die rituellen Trompeten darauf zu erkennen sind. Esther tat ihre beleidigte Tante leid und sie bat ihre Mutter den Fehler wieder gut zu machen. Ihr war es vor dem sehr toleranten Bruno peinlich, dass sich die eigene Familie auf Kosten ihrer Religion Späßchen erlaubten

Beim Kolosseum angekommen, waren alle reichlich erschöpft. Die Tante konnte kaum noch japsen. „In meiner Phantasie war es soo riesig! Allmächtiger, hilf mir zu einem warmen Raum, wo ich ein Glas Wein trinken kann und dann schlafen ... schlafen, bis morgen, bis in alle Ewigkeit, egal." Mit Müh und Not schleppte sie sich bis zum Wagen.

Nach diesem Ausflug zum Kolosseum musste sie zwei Tage das Bett hüten. Esther blieb gern bei ihr, während die anderen mit Bruno Rom besichtigten, insbesondere aber die Geschäfte. Natürlich, so erfuhr sie später, hatten Dan, Philipp und Bruno keine Galerie ausgelassen, Um Philipp zu ermuntern, zeigten sie ihm dann auch die wilden Katzen zwischen den Ruinen. Alle anderen waren zu müde, um auch noch hin mitzukommen. Bruno versicherte, dass die Katzen zwar wild seien, aber durchaus zur Stadt gehörten. Unzählige Katzenliebhaber würden sie täglich füttern. Man nannte sie *gattara* oder *gattaro*. Sie beobachteten ein kleines schwarzes Kätzchen mit weißem Schneeuzchen, das hinter seiner Mutter herlief, die selbstsicher auf eine Bushaltestelle zuging.. Die ganze Area sacra del lago argentina war das Reich der wilden Katzen.

Dann lud Bruno die Gesellschaft in eine kleine Taverne Romolo, irgendwo auf der Via di Porta ein. Sie aßen ein Kalbschnitzel und erholten sich ein wenig. Leah und Cora wollten noch in Geschäfte gehen, die anderen wanderten langsam heimwärts.

Zu Hause hatten Sarah und Esther ein paar schön Stunden zusammen verbracht. Esther liebte diese Momente und wunderte sich immer wieder, wie warmherzig und lieb ihre so bärbeißige Tante sein konnte.

„Seit ich das Forum gesehen habe, lässt mich der Gedanke an Mussolini nicht mehr los", sagte die Tante. „Was für ein Wahnsinn, eine in Jahrhunderten aufgebaute und in Jahrtausenden untergegangene Glorie wieder aufbauen zu wollen."

„Was heißt eigentlich das Wort Faschismus?", fragte Esther.

„Es kommt aus dem Lateinischen *fasces*. So nannte sich im Altertum eine Gruppe Staatsbeamte."

„War das eine politische Gruppe?", fragte Esther weiter.

„Jede republikanische Gruppe ist politisch", war die Antwort. „Die Fasces waren keine irrationalen Extremisten. Sie pflegten vielmehr eine sehr enge Annuität, sprich Kollegialität."

Esther war der Begriff Annuität unbekannt, und die Tante erklärte ihr: „Der Begriff kommt aus dem Rechtswesen und heißt zeitbegrenzte Magistratur. Nach dem Krieg habe ich mich mit der NaziIdeologie befasst und bin so auf die Fasces des antiken Roms gestoßen. Den Vorkriegsfaschisten gaben die antiken Fasces eigentlich nur den Namen. Sie selbst pflegten gründlich und ehrlich eine Reihe humaner Werte."

„Welche denn?"

„Glaube, Gehorsam, Fleiß, Ordnung, Disziplin, Ökonomie. Das kennzeichnete ihre Ideologie. Es sind Werte, die man landläufig den Deutschen zuordnet. Der deutsche Faschismus gründete sich auf ihre Pflege. Du musst allerdings wissen, dass die traditionellen deutschen Werte allerdings so manipuliert wurden, als könnten sie von der minderwertigen jüdischen Rasse zerstört werden."

„Interessant, ich habe die Italiener nie als Krieger angesehen", meinte Esther.

„Das ist kein Wunder, meine Liebe", antwortete die Tante. „Man hat diesbezüglich eine falsche Vorstellung – vielleicht auch durch die Filme oder wegen der Mafia. Die Italiener pflegen jedenfalls die gleichen Werte wie die Deutschen, die Franzosen oder die Engländer."

Für Esther war es ein Ding der Unmöglichkeit sich vorzustellen, wie sich Nationen mit einer so langen Zivilisationsgeschichte von zwei Diktatoren bis zur Irrationalität blenden ließen. Die Erklärung der Tante, dass sich die militärische Macht mit der zivilen vereint hatte, genüge ihr nicht.

Sarah versuchte ihr zu erklären. „In seiner Paranoia wähnte sich Mussolini ein Nachfolger von Cäsar."

„Wie die römischen Kaiser nach dem Zusammenbruch des Reiches."

„Leider aber war *il duce* nicht so realistisch wie diese", setzte die Tante fort. „Betrachten wir bloß die von den Faschisten übernommenen römischen Symbole. Der Adler auf ihrem Emblem bedeutete für sie die Wiedervereinigung der Tribunen der Miliz. Ganz zu schweigen von der Maskerade mit den Zenturionen auf dem Marsfeld. Oder die Taufe der Kriegsschiffe auf den Namen römischer Generäle. Du siehst, dass Mussolinis Italien genauso römisch war wie die Republik Napoleons."

„Das habe ich nun gar nicht verstanden", sagte Esther.

„Es war überhaupt nichts Originelles dabei. Das wollte ich sagen", versuchte die Tante ihr zu erklären. „Die Römer übernahmen alles von den Griechen, doch gelang es ihnen, eine eigene Identität zu finden. Sie haben die griechische Kultur übernommen, aber weiterentwickelt, ihr einen neuen Stempel aufgedrückt. Aus der Predigt, *predicare*, dem Pathos, entwickelte sich die römische Rhetorik. Das Pathos blieb griechisch. Die Redekunst und Technik der römischen Tribunen war nur dem Namen nach Rhetorik, denn diese basierte auf dem Pathos der griechischen Kultur. Das nennt man Renaissance einer Kultur aus einer vorausgegangenen alten. Bei Mussolini war das anders. Der legte sich am Abend ruhig schlafen und erwachte als Reinkarnation von Cäsar. So ungefähr war sein Wahn."

Das entlockte der Nichte ein Lächeln. „Was ist deine Meinung von der Rhetorik Hitlers?", fragte sie. „Pfui Teufel!", sagte die Tante angeekelt. „Das war doch keine Rhetorik. Genau wie die der rumänischen Popen oder die vielen heutigen Politiker. Der arme Begriff Rhetorik wird heute gedankenlos missbraucht. In dem Sinne, dass jedem idiotischen, leeren Palaver Pathos zugeschrieben wird."

„Anders gesagt, die Politiker sind blöd", bohrte Esther amüsiert weiter.

„Ob blöd oder gescheit, ist das wichtig?", entfuhr es der Tante. „Wer in seinen Reden dem Volk das Unmögliche verspricht, nur um seine Macht zu festigen, kann nichts anders als ein Lügner bezeichnet werden. Solche Leute sehen nur den eigenen Vorteil."

„Betrachtest du auch die westlichen Demokratien kritisch?", wollte Esther wissen.

Verärgert fragte die Tante, wer das noch tue. „Natürlich Bruno, wer anders?", und fuhr betont gelangweilt fort. „Die Machtgier ist ein Teil der menschlichen Natur. Da hat sich in zweitausend Jahren nichts geändert. Der Unterschied ist vielleicht, dass der schwache und träge Beamte von heute sich hinter einer Mauer von Gesetzen verschanzt, die ihn schützen. Zum Glück aber können alle Gesetze wie mit einem Schwamm von einer Volksrevolte weggewischt werden."

„Gibt es eine geschichtliche Persönlichkeit, die du rückhaltlos bewunderst?" Esther war ernst geworden.

Nach kurzem Nachdenken meinte die Tante: „Ich glaube Gandhi."

Auf die neugierige Frage, warum gerade der, antwortete sie ruhig, dass Gandhi als gewöhnlicher Sterblicher ein ganzes Imperium gestürzt hatte, nur durch die Kraft seines Geistes. „Wahrscheinlich weil ihm der stärkste Geist gegeben war, den ein Mensch je besessen hat. Keinem Menschen außer ihm ist es gelungen, die menschliche Justiz in perfekte Balance zu bringen. Seine geistige Stärke war die für eine gerechte Justiz notwendige Autorität. Nicht eine Toga oder ein Talar, sondern der Geist eines Gandhi. Heute ist das Gleichgewicht der Justiz gestört. Sie sichert ihre Autorität durch Gesetze, aber das Volk ignoriert und verachtet diese. Wenn ich die westliche Zivilisation kritisch sehe, dann auch wegen ihrer korrupten Justiz mit gestörtem Gleichgewicht. Ein Barbar kennt und respektiert kein Gesetz. Leider verliert in der heutigen Zivilisation das Gesetz immer mehr an Autorität. Das hat zur Folge, dass die Menschen nicht mehr dazu erzogen werden, das Gesetz und das Recht zu achten, sondern sie akzeptieren die Ungerechtigkeit im Namen des Gesetzes. So barbarisiert sich langsam die Zivilisation."

Erschüttert murmelte Esther: „Ein gestörtes Gleichgewicht…" Das Zusammensein mit Sarah wurde ihr immer wertvoller. Auch hatte sie die Sympathie Brunos für die spitzzüngige Tante bemerkt. Beiden war die freie Art, ihre Gedanken auszusprechen eigen. Beide waren intelligent, ohne Komplexe, gewohnt zu bestimmen. Durch ihre hohe Bildung waren beide für sie geistige Autoritäten. Das galt auch für ihren Stiefvater. Doch der wurde in seinen Aussagen leider stets von ihrer Mutter unterbrochen, so dass ein fließendes Gespräch mit ihm fast nicht möglich war. Manchmal tat er ihr leid, umso mehr sein Beruf eine feste Persönlichkeit und Meinung gefordert hatte.

Die Zeit mit ihrer Familie war wie im Flug vergangen. Nun erwarteten alle voller Unruhe die Ankunft von Brunos Eltern. Entgegen ihrer Natur wuselte Esther ziellos herum und übermittelte ihre Erregung auch den anderen – außer Bruno und Philipp. Zum Flughafen begleitete nur sie Bruno. Beim Weggehen flüsterte sie noch schnell ihrer Kusine zu: „Bete für mich, Coralein. Der Empfang der hohen Dame ist für mit wie ein Gang zum Galgen."

Für die aufmunternde Antwort nahm sie sich keine Zeit und eilte hastig zum Wagen. „Ja, ja", meinte Sarah, das ist Esthers Lebensprüfung." Sie sprach aus, was alle dachten, nur Dan versuchte, sie zu beruhigen: „Bruno ist ein gesetzter Mann und er lebt von seinem Arzteinkommen."

„Aber natürlich", gab Sarah sarkastisch zurück. "Er lebt von dem Taschengeld, das er im Krankenhaus verdient. Das sieht man an seinem Millionenhaus voll mit Wertsachen. Die Bank Monti bezahlt das Gröbste, das finde ich richtig. Es muss ja nicht jeder einen Beruf ausüben, der ihm gerade das Überleben sichert. Um seiner Berufung nachgehen zu können, sind garantierte Finanzen besser."

„Ist das eine Attacke auf oder ein Kompliment für Bruno?", fragte Leah.

„Weder, noch, meine Liebste", war der kurze Bescheid. „Ich wollte nur klarstellen, dass Herr Doktor nicht ganz so unabhängig von seinem Clan ist. Wenn die beschließen, dass sie mit uns jüdischen Mischlingen nichts zu tun haben wollen, müssen wir wohl oder übel verschwinden. Das erfahren wir, wenn sie hier sind. Also Geduld, liebe Leute, wir können nur hoffen, dass Esther Gnade vor ihren Augen findet. Bis dahin haben alle Diskussionen keinen Sinn. Ich gehe jetzt erst mal eine rauchen."

„Wir werden deinem wertvollen Beispiel genauestens folgen, und uns in Schweigen hüllen", erwiderte Dan ungehalten.

„Also ich verspreche ab jetzt streng den Mund zu halten", sagte Sarah und verschwand auf die Terrasse. Cora und Philipp schauten ihr verständnislos und erschreckt nach.

Philipp liebte Bruno und war im Innersten überzeugt, dass der und seine Schwester zusammenbleiben würden. Und er hatte Recht. Die Eltern Brunos, kaum ein paar Minuten im Haus, verbreiteten Ruhe und Freude.

„Wie der Sohn, so die Eltern", stellte Sarah gleich bei der Begrüßung erleichtert fest. Frau Monti sah wie eine typische Engländerin aus: hoch, schlank, blond und gepflegt. Aus ihren großen blauen Augen strahlte Wärme und Güte. Ihr Sohn half ihr aus dem eleganten Pelzmantel. Das einfache Kleid aus weichem Jersey unterstrich die Grazie ihres schlanken Körpers. Leah bewunderte die dichten, gesunden goldblonden Haare, die in einem eleganten Dutt zusammengehalten waren, der die schöne Symmetrie ihrer Züge noch mehr unterstrich. Etwas an ihr erinnerte sie an den Großvater von Esthers Vater. Nur das im Gegensatz zu dessen strengem Blick dieser weich und verständnisvoll war.

„Diese Frau hat nie menschliche Schlechtigkeit erfahren, darum kann sie in ihrem Alter noch so unvoreingenommen Güte ausstrahlen", fuhr es Leah durch den Kopf. So in Gedanken bemerke sie kaum, dass die Frau sie mit dem gleichen Interesse betrachtete. Die vornehme Frau Monti konnte sich glücklich schätzen, nur die Sonnenseiten des Lebens zu kennen, aber naiv war sie nicht. Natürlich hatte die Familie der Erwählten ihres Sohnes etwas Exotisches, aber diese Art Exotik hatte sie immer angezogen. Esther hatte sie mit ihrer frischen Art auf den ersten Blick erobert. Und so ging es ihr mit dieser Familie. Auch ihr Mann hatte auf diese ganz normal reagiert. Der gut gebaute, hohe Mann dem man seine italienischen Wurzeln noch ansah, hatte von Anfang an vorbehaltslos alle Anwesenden in sein Herz geschlossen.

Ohne Umstände informierte er alle, zuerst auf Englisch, dann auf Deutsch, dass ihr Sohn Kevin mit seiner Frau direkt nach London geflogen war, um ihre beiden Kinder von dort abzuholen. Fröhlich umarmte er Philipp und versicherte ihm, dass er sich mit den Kindern sehr gut verstehen werde, denn seine Enkelkinder seien in allen Beziehungen in Ordnung.

Die Contis zogen sich in ihr Zimmer zurück um sich umzuziehen und auszupacken. Im Salon war gleich die Panik vor deren Ankunft verflogen. Bruno hatte ihre Aufregung und Ängstlichkeit gar nicht bemerkt. Er war immer überzeugt gewesen, dass die Eltern seine Wahl gutheißen und die Familie seiner zukünftigen Frau annehmen würden. Weil er sie vorbehaltlos akzeptierte, schien es ihm unmöglich, dass seine Familie das nicht tun würde. Im Gegensatz, er war im Inneren überzeugt, dass diese Exoten seinen Eltern viel mehr gefallen würden als die versnobte Verwandtschaft seiner Exfrau.

Beim Mittagessen fielen auch die letzten seelischen Barrieren.

Nach ein paar Tagen traf Brunos Bruder mit seiner Familie ein. Das vervollständigte, was sie in kurzer Zeit alle werden sollten – eine einzige Familie. Weil niemand mit einem so angenehmen und intimen Zusammensein gerechnet hatte, vergingen die gemeinsamen Tage wie im Flug in Harmonie und guter Laune. Die unerwartete Heirat Brunos wurde gerne angenommen. Brunos Aufgabe war nun das Fest vorzubereiten, dass er sich Esther zuliebe rauschend und großartig vorstellte.

Der Zufall wollte es, dass dieser Wunsch ganz von allein erfüllt wurde. Ohne dass er einen Finger gerührt hätte, wurde Bruno die Frage nach dem ‚wo?' von anders jemand gelöst. Er musste jetzt nur noch Esther für die ungewöhnliche Chance gewinnen, die ihnen in den Schoß gefallen war, als er seine Arbeit im Krankenhaus wiederaufgenommen hatte.

„Rate, was ich beschlossen habe, meine Prinzessin", begrüßte er sie eines Morgens, kaum dass sie die Augen aufgeschlagen hatte. Noch schlaftrunken versuchte sie das Rätsel zu lösen, wusste aber gleichzeitig, wenn Bruno etwas sagte, war es gut überlegt.

„Keine Ahnung, mein Liebling, ich werde sowieso damit einverstanden sein müssen…", neckte sie ihn und kuschelte sich verschlafen in die Kissen.

„Wieso müssen?", tat Bruno beleidigt. „Bin ich so ein Despot, mein Goldschatz?". Er war ganz theatralisch. Belustigt antwortete Esther im gleichen Ton: „Um Gottes willen, nein, mein Geliebter. Wahrscheinlich handelt es sich um die religiöse Zeremonie unserer Hochzeit – und davon weiß ich bis dato noch nichts. Aber, du bist mein Herr und Gebieter..., so steht es in der Bibel." Verschmitzt senkte sie untertänig die Augen.

Doch Bruno verbesserte sich ernsthaft: „Du bist meine Herrin, ich bin dein Herr, aber nicht dein Gebieter." Dann aber fuhr er in scherzhaftem Ton fort.

„Bei der Organisation lässt du mir also absolut freie Hand, ja?"

„Wenn das so ist, habe ich es einfach", antwortete Esther lächelnd.

„Also dann, meine Prinzessin, habe ich beschlossen, wir feiern die Hochzeit in einem Schloss." Er hatte das schnell gesagt, als fürchtete er stottern zu müssen.

„Wo? In einem Schloss? In was für einem Schloss?"

Erleichtert, die Nachricht gut angebracht zu haben, antwortete er: „Ganz einfach, meine Liebe, in einem Schloss."

Ihre Antwort klang ein wenig enttäuscht: „Oh Gott, Bruno, das klingt so, als ob Kinder sich eine Hochzeit wie im Märchen wünschen... Oder schlimmer – so wie heutzutage die Neureichen." Sie schien gar nicht begeistert. Bruno nahm daran keinen Anstoß und erklärte ihr ruhig: „Hast du mir nicht erzählt, dass das im Waisenhaus dein Traum war? Siehst du, manchmal können auch Kinderträume wahr werden. Und was die Neureichen betrifft – irgendwie sind wir auch welche, egal wo wir die Hochzeit machen." Seine leichte Ironie begegnete ihrem abwehrenden Gesichtsausdruck. Ganz ernsthaft entgegnete Esther: „Also, um ehrlich zu sein, ich habe nie von einer Hochzeit in einem Schloss geträumt. Mein Traum war gewiss der, allen Mauern zu entfliehen. Und immer habe ich im Leben versucht, durch eigene Kraft vorwärts zu kommen. Ich habe mich auch in meinen verwegensten Phantasien nie hineingesteigert, eine Braut in einem Schloss zu sein."

Bruno hatte diese Antwort erwartet. Darum fuhr er gut gelaunt fort: „Ob es uns passt oder nicht, unsere Vorfahren waren Plebejer, meine mehr. Aber beide können wir das nicht verneinen."

Jetzt fühlte sich Esther angegriffen. „Ich habe meine Herkunft nie verleugnet. Aber, um dich zu zitieren, alle Vorfahren von Adligen mit einem langen Schwanz von Titeln waren meist Bauern, Räuber, Banditen oder Plebejer, wie du sie nennst, gewesen. Ich weiß ganz gewiss, dass meine Vorfahren freie Leute waren, die ehrlich gearbeitet und sich aristokratischen Gehabe nie gebeugt haben."

Jetzt merkte Bruno, dass sie seine Bemerkung beleidigt hatte. Er musste das schnellstens wieder gut machen, sonst konnte er, wie er Esther inzwischen kannte, die Hochzeit im Schloss vergessen. Er musste Esther mit logischen Argumenten umstimmen. Die Sache war die gewesen. Er hatte einen guten Freund aus adliger Familie, dem unter anderen ein Schloss in einer Burganlage aus dem Anfang des XV. Jahrhunderts gehörte. Wenn nur die Zeit erlaubte, war er und seine Familie in dem Schloss – außer wenn die Kinder in einem Internat in Genf waren, wo er selbst arbeitete. Was sein Beruf war, wusste Bruno nicht ganz genau, irgendetwas mit Menschenrechten bei der UNO. Kennengelernt hatten sie sich in England, als sie an ihren Dissertationen arbeiteten. Der Freund promovierte im internationalen Recht und schlug getreu der Familientradition die diplomatische Laufbahn ein. Sie hatten sich aus den Augen verloren, bis der ihn eines Tages in der Klinik aufsuchte. Sein jüngster Sohn hatte einen angeborenen Herzfehler und musste dringend operiert werden. Bruno erinnerte sich genau an die Aufregung jener Tage. Ohne viel zu fragen, hatte ihm dieser das Leben seines Kindes, das an einem Seidenfaden hing, in die Hand gegeben. Richtig aggressiv war er gewesen, als er ihn zwang seinem Kind zu helfen, den Seidenfaden wieder fest zu binden, damit das Kind stabil, kraftvoll und gesund ins Leben schreiten könne. Nicht als Bittsteller hatte er Bruno in seiner Verzweiflung die Verantwortung für das Leben des Kindes zugeschoben. Die Zeit war knapp gewesen, Bruno musste sich sofort entscheiden und hatte keine Zeit gehabt, nachzudenken und eventuell Nein zu sagen. So nahm er eben die Operation in die Hand. Am Ende verlief alles besser, als er befürchtet hatte, aber den Schock und die Panik konnte er lange nicht überwinden. Wären nicht die Routinekontrollen gewesen, hätte er bestimmt den Kontakt zu dem Freund abgebrochen. Der schien auch eingesehen zu haben, wie er Bruno brüskiert hatte. So hatten sie sich nach der endgültigen Gesundung des Kindes längere Zeit nicht gesehen. Zufällig trafen sie sich bei einer Konferenz in Genf wieder. Der Freund war direkt auf ihn zugekommen und hatte so die Verbindung wiederhergestellt. Dann erfuhr Bruno, dass er in dessen Familie wie ein Gott verehrt wurde, weil ihm das Wunder der heilenden Operation gelungen war. Bei einer Einladung im Schloss hatte ihm der Freund sein Verhalten erklärt. Kein Arzt hätte die Verantwortung für das nur noch schwach flackernde Lebenslicht des Kindes übernommen. Er hätte in Bruno die einzige Chance gesehen und ihn somit aus Verzweiflung gezwungen. Bruno hatte ihm erzählt, dass er nur eine winzig kleine Chance gesehen habe, das Kind zu retten, und den Freund während der Operation aus tiefster Seele gehasst habe. Er hätte sich zu einem Mord gezwungen gefühlt. Der Freund verstand das und gab die eigenen Gewissensbisse zu, jemanden zu einem tödlichen Handeln gezwungen zu haben – wissend, dass Bruno als Arzt verpflichtet war, mit allen Mitteln zu versuchen, Leben zu retten. So hatten sie sich als Freunde wiedergefunden. Aus der Weihnachtsglückwunschkarte hatte der Freund von Brunos Hochzeitsplänen im Juni erfahren. Sofort hatte er ihm das Schloss als Ort des Festes angeboten. „Endlich kann ich mich für dich das, was du für meinen Sohn getan hast, revanchieren", sagte er und wollte keine Einwände hören. Bruno bat um eine kurze Bedenkzeit, doch der Freund versicherte ihm, dass er das Schloss schon für den Termin im

Juni reserviert habe. Besiegt von der Willensstärke des Freundes, der gewohnt schien, Beschlüsse sofort durchzusetzen, erklärte sich Bruno einverstanden. Die Schlüssel schickte der Freund nach kurzer Zeit mit der Post. Einerseits erleichtert, weil nun der erste und schwerste Schritt in der Planung erledigt war, legte Bruno die Schlüssel griffbereit in den Bücherschrank. Andererseits wusste er, dass Esther immer noch seine Pläne über den Haufen werfen konnte. Sie würde bestimmt glauben, dass er den gleichen Aufwand wie bei seiner ersten Hochzeit wiederhaben möchte, was allerdings nicht stimmte. Er suchte einen geeigneten Moment, ihr das zu erklären. Doch an diesem Morgen schien er nicht auf Erfolg hoffen zu dürfen.

„Liebste, ich bin überzeugt, dass deine Vorfahren ehrliche und ehrbare Menschen waren, die nicht gebettelt, sondern ihren bescheidenen Wohlstand hart und fleißig erarbeitet haben. Du weißt, dass ich unter Wohlstand ein gegen Not gesichertes Leben verstehe. Meine Bezeichnung ‚Plebejer' war unangemessen, ich gebe das zu. Ich bezog es auf mich, obwohl ich so ungerechterweise meine Großeltern beleidigt habe, die für mich die rechtschaffensten und liebenswertesten Menschen der Welt waren. Ihre größte Stärke war ihre Liebe, die sie von Jugendjahren her bis ins Alter verband – irgendwo in ihrem Dorf in Tirol. Wenn ich nun das Angebot meines Freundes angenommen habe, habe ich es ein wenig auf für sie getan. Vielleicht hat sich mir auch ihr Traum vererbt, ihr ‚Ja' zum gemeinsamen Leben in einem Schloss zu feiern. Es könnte eine Art Reinkarnation sein – die Braut, die österreichische Therese und der italienische Giovanni … Vielleicht …" Sein Ton hatte sich verändert. Davon gerührt, wagte Esther scheu zu entgegnen: „Glaubst du vielleicht, dass deine Therese und dein Giovanni sich so eine Hochzeit in einem Schloss gewünscht hätten?"

„Ich weiß es nicht. Vielleicht haben sie sich in ihrer Armut solche Träumereien verboten. Doch wäre solch ein Wunder für sie wahr geworden, bin ich überzeugt, sie hätten sich wie Kinder gefreut."

„Ich war einmal im Spiegelsaal im Versailles", sagte er nach einer kurzen Pause. „Da wurde mir zum ersten Mal bewusst, dass die Kunst, die Architektur als Werk eines einzigen Meisters, den meisten unbekannt, stets über die Prunksucht jedes Königs oder Imperators erhaben sind. Der Saal schien mir für Götter, nicht für Menschen gemacht. Dieser, nur der Schönheit der Kunst zuliebe gebaute Raum, ließ die protzige, unnatürliche Größe eines Fürsten zum Gewöhnlichen eines Menschen schrumpfen."

Jetzt wandte er sich direkt an sie: „Wir hatten doch neulich festgestellt, dass das Erhabene der Kunst, der Architektur den MENSCHEN als Universalelement erhebt. Nur der wahren Kunst gelingt es, Banalität und Vergänglichkeit des menschlichen Lebens zu besiegen. Sie zeigt dem Menschen sein wahres Bild – das eines gewöhnlichen Sterblichen, begrenzt und ohne Glanz."

„Du meinst, die Großartigkeit der Kunst ist die Peitsche der Beschämung für den Normalmenschen – das willst du doch sagen?"

„So ungefähr. Durch die strenge Ästhetik und die großartige Architektur beschämt der Künstler den Menschen."

Bruno spürte das heftige Verlangen, Esther zu umarmen, wie sich ein Kind an die sichere, wärmende Brust der Mutter schmiegt. Esther kam ihm entgegen und streichelte ihn mütterlich. „Mit anderen Worten, Schlossherren zeigen viel Mut. Würdest du mich fragen, ich würde mich zwischen den Gemäuern nie ganz heimisch fühlen."

„Als einfache Besucherin gibst du dich gern der Illusion hin, diese Bauwerke seien für Menschen gemacht." Bruno hatte sich wieder im Griff. „Das große Paradox ist, dass alle Fresken, die Möbel, die Bilder, eigentlich nicht Besitz eines einzigen Menschen, sondern Teil der menschlichen Geschichte sind. Sie widerspiegeln alle menschlichen Eigenschaften: geheime Kulissen, Intrigen, Provokationen, Lügen, Machtmissbrauch, leidenschaftliche Lieben, unendliches Leiden. Jede Ecke, jeder Gegenstand ist ein

Puzzleteilchen der Geschichte. Für mich sind Schlösser und Burgen Menschenwerke für die Ewigkeit geschaffen", sagte er und küsste zärtliche ihre Fußspitzen, die aus dem weißen Batist Nachthemd hervorlugten.

„Von all den vielen schönen Schlössern und Palästen, die du gesehen hast, welches schien dir am schönsten?", fragte Esther und streichelte liebevoll seine seidigen, vollen Haare.

„Ich glaube", war die Antwort nach einer kurzen Pause, „der Buckingham Palast, weil seine Pracht am klarsten den sozialen Status eines Herrschers ausdrückt."

„Vom architektonischen Standpunkt aus?", versuchte Esther zu verstehen.

„Nicht nur. Mit Buckingham meine ich in erste Linie die Sammlung von über fünftausend wertvollen Gemälden, Originale von Tizian, Breugel, Holbein, Rembrandt, Cranach und vielen anderen."

„Bleiben dir für Versailles noch Superlative?", fragte Esther lächelnd.

Bruno liebte diese, ihre kleine Ironien, die seinen geistigen Höhenflug bremsten, über alles. Mit einem Kuss dankte er auch diesmal für die Unterbrechung. „Die Beschreibung eines Schlosses kann man mit der eines Menüs mit verschiedenen Küchenspezialitäten vergleichen. Versailles entspricht dem preziösen französischen Gourmet Geschmack. So wie du in der Kunst immer wieder Michelangelo oder Bernini zitierst, so zitieren die Architekturkenner den Louis de Van oder Andre de Notre, wenn es um die Gestaltung von Parkanlagen geht. Versailles ist der Zenit der barocken Baukunst."

„Hast du Versailles oft besucht?", fragte Esther.

„Um zu behaupten, ich hätte Versailles gesehen, müsste ich wenigstens ein Jahr da gewohnt haben." Er öffnete das Fenster und Esther kuschelte sich unter die weiche Decke.

„Was ist dir alles von deinem Besuchen geblieben?", wollte sie wissen.

„Wenn ich dir das beschriebe, würde ich die Herrlichkeiten ins Banale herunterziehen. Wäre das nicht schade? Ich könnte wie jeder Dutzendtourist die Anzahl der Labyrinthe, der kleinen Wäldchen, der Astbögen der Bäume herunterleiern oder dir die Standards eines Reiseführers zitieren, der die Imitation der Kriegsflotte auf dem Canal Grande beschreibt. Lohnt sich das? Oder, besser gefragt, würde dich das befriedigen?"

Esther versicherte, dass sie so einer Aufzählung gar nichts abbekäme, sie hätte bloß gerne wissen wollen, was ihn persönlich am meisten beeindruckt hätte.

„Jetzt, wo du fragst, glaube ich, die Symmetrie der Wege und Kanäle", war die Antwort. „Vielleicht auch die Marmorbauten. Die Verbindungen von rosa Marmor von Languedoc und dem grünen Marmor aus den Pyrenäen."

„Bis ich nach Deutschland kam, glaubte ich, der teuerste Marmor sei der von Carrara", gestand Esther.

„Wer fragt sich schon beim Einblick eines schönen Bauwerks, von wo der Marmor kommt?! Aber mein Liebling, wenn dich Versailles so sehr interessiert, warum stellst du nicht eine Verbindung her zwischen dem alten Rom der Macht der christlichen Kirche und der neuen Macht der französischen Monarchie? Es ist doch sehr einfach. Ich hatte dir gesagt, dass trotz der Entstehung der Nationen die europäische Zivilisation immer mehr zusammenwuchs. Diese Nationen aber wetteiferten miteinander. Versailles wie auch London, Moskau und andere Städte wollten doch nur den heiligen Platz des alten Roms innehaben. Sie glaubten sogar, dass das Römische Reich mit seiner Auflösung ganz verschwunden sei. Das über 60 km lange Kanalnetz aus Versailles sollte zeigen ‚das antike Rom ist tot, es lebe das französische Rom'. Das, mein Prinzesschen, ist meine Interpretation". Bruno schloss das Fenster und ordnete die Gardinen.

„Warum spricht man von der Stadt Versailles?", fragte Esther.

„Dieser Palast wurde anstelle eines ehemaligen Jagdschlosses gebaut. Als dann Ludwig XIV das Schloss gebaut hatte, durfte im benachbarten Städtchen kein Haus höher als der Palast sein. Dieser Beschluss gilt immer noch."

„Ich habe viel über den Neptunbrunnen gelesen", sagte Esther, „aber gesehen habe ich ihn nur ganz flüchtig. Vielleicht war bei der Fülle der Sehenswürdigkeiten keine Zeit mehr. So kann ich mich nur an ganz wenige Details aus dem Schloss erinnern."

„Dieser Brunnen, Esther, ist eigentlich ein Ensemble von vierundvierzig Brunnen. Aus dem Mund Neptuns schießt das Wasser zwanzig Meter hoch empor. Ein phantastischer Anblick."

Glücklich, dass Bruno wieder ins Bett gekommen war und mit ihren vollen Haaren spielte, fragte Esther weiter, wie groß der Park eigentlich sei.

„Ganz genau kann ich dir das nicht sagen. Zur Zeit Ludwigs des XIV waren es über achttausend Hektar, umgeben von einer 40 Kilometer langen Mauer. Der Park dürfte acht bis neunhundert Hektar betragen, ich weiß das nicht genau. Ist auch nicht wichtig. Ob 8000 oder 1000 – der Park ist immens."

„Man hat Bukarest ‚Klein Paris' genannt. In Deutschland habe ich von unzähligen ‚KleinParis' erfahren. Wahrscheinlich wollten alle späteren Paläste Versailles gleichen. Jetzt verstehe ich auch die Beziehung zwischen *le petit Paris* und *le petit Versailles*", sagte sie nachdenklich.

„Ich habe Bukarest nie gesehen, kann mich also zu seiner Ähnlichkeit zu Paris nicht äußern. Aber mit der Annahme, dass viele europäischen Paläste Versailles zum Vorbild hatten, hat mein Liebling recht." Er küsste sie zärtlich auf die Stirn. „Das war ja normal. Welcher europäische Fürst hätte nicht gern auch ein Versailles gehabt?", spann er den Faden weiter.

„Das heißt, dass nicht nur die italienische Kunst jahrhundertelang in andere europäische Länder importiert wurde, nicht wahr?"

Bruno wandte lächelnd ein: „Auch die Italiener haben von anderen Völkern übernommen, was an Kunst originell und wertvoll war. Ein gutes Beispiel für Kunstimport ist einer der besten italienischen Architekten – Luigi Vitelli, Seine architektonischkünstlerischen Phantasien zeugen von einer außergewöhnlichen kompositorischen Logik. Seine Vision beim Bau des Palastes Caserta ist so einzigartig wie der Bau des Doms von Rom."

„Nie davon gehört", gab Esther kleinlaut zu.

„Das ist schade", antwortete Bruno. „Der Palast befindet sich in Campania. Sein rechteckiger Bau setzt sich in zwei rechtwinklig angelegten Seitenflügeln fort – ein unvergesslicher Anblick!" Es klang, als ob er ein Märchen erzählte. „Die Fassade stützt sich auf ein Fundament aus Steinquadern. Die hintere Seite beherrschen Marmorsäulen, die sehr an Versailles erinnern. Nach Ansicht der Spezialisten ist aber das Eingangsportal das Originellste am Bau. Es bildet in der Mitte der Fassade einen beeindruckenden Bogen. Das Innere des Palastes ist ebenfalls gut durchdacht. Wie in andren Schlössern befinden sich im Erdgeschoss die Küche und die Räume für das Personal. Das Schönste an der Architektur dieses Palastes ist aber sein bis heute gut erhaltener Englischer Garten und die Kapelle."

Esther unterbrach seine Schwärmerei mit der Frage, wieso er auch bei Gärten und Parks von Architektur spreche.

„Die Palastgärten sind ja auch architektonische Kunstwerke", erklärte er und küsste sie entzückt über ihr kindliches Interesse. „Ein englischer Garten beeindruckt durch die Kombination von exotischen Bäumen und Büschen. Ein Schloss ohne ein Labyrinth, Fischteichen, abertausend Blumen in genau so vielen Farb und Duftzusammensetzungen wäre wertlos. In ihnen äußern sich dann auch die verschiedenen Zeitmoden, der Barock oder die Romantik. Die Kunst, mit der sie angelegt wurden, macht sie – wie viele Dichter sagen, zu Traumstätten. Du wart einmal in Schönbrunn. Erinnerst du dich an die perfekte Symmetrie des Parks?"

Sie nickte und wartete begierig auf weitere Erklärungen.
„Von den Säulen des Parks auf einem kleinen Hügel aus, hat man eine einzigartige Panoramasicht auf ganz Wien."
Dass Esther zugab, sich an überhaupt nichts von da erinnern zu können, missstimmte Bruno. Er konnte nicht umhin, ihr das zu sagen.
„Also, ich will das gar nicht gehört haben. Nur Idioten und Ignoranten übersehen die Großartigkeit dieses Palastes. Es tut mir leid, aber hier hast du mich wirklich enttäuscht."
„Das habe ich schon begriffen", versuchte Esther sich zu verteidigen. Ich habe verstanden, dass das Zusammenspiel von Kunst Architektur und Geschichte eine Einheit bildet. Ich habe mich leider bloß stückweise mit jeweils einem Kunstwerk beschäftigt, in der Überzeugung, dass sie sie sich dann zu einem Ganzen zusammenfügen. Nach all dem, was ich in Rom gesehen habe, habe ich wenigstens gelernt, dass es eine Menge Michelangelos in der Kunst gibt."
„Aber Esther, nein, nicht deine gewöhnliche Masche! Ich reagiere jetzt wie deine Mutter, die Angst hat, dir weh zu tun, wenn du etwas nicht weißt. Bei Schönbrunn habe ich so reagiert, weil Wien seit meiner Kindheit meine Traumstadt ist. Hat sich mein Vorfahre Monti sein Leben lang bemüht, ein guter italienischer Patriot zu sein, so war er durch und durch doch Österreicher, in allen, was er tat. ‚Ohne deutsche Disziplin kommst du, Bruno, zu nichts im Leben', pflegte er zu sagen. Für ihn waren die Österreicher Deutsche, nur mit anderem Namen. Schönbrunn, meine Liebste, ist das österreichische Versailles. Es zeugt nicht nur von den Habsburgern, sondern auch von Haydn, Mozart, MarieAntoinette, von der französischen Revolution, von Beethoven, von Napoleon…"
Hier unterbrach ihn Esther: „Wieso?"
„Jetzt als Erwachsener verstehe ich meinen Großvater. Sparsamkeit und Reflexion sind für das deutsche Denken charakteristisch. Auf Grund dieser Eigenschaften konnten die Habsburger an die Macht gelangen und diese jahrhundertelang aufrechterhalten. Die Sage von Schönbrunn

erzählt, dass der König Mathias bei einer Jagd eine kristallklare Quelle entdeckte. Davon soll die Bezeichnung ‚Schönbrunn' stammen.

Bald darauf kaufte er den Platz und ließ das Schloss bauen. Du hast eben von der Interferenz der Kunststile gesprochen. Wisse also, dass der Architekt, der die Pläne dafür gemacht hat, Johann Bernhard Fischer von Erlach, lange Zeit in Rom und Neapel gelebt hat. Natürlich hat ihn der Barock deines Lieblingsarchitekten Bernini beeinflusst. Alles Barocke im Palast ist italienischer Kunst entliehen. Später hat Marie Theresia das Innere im RokokoStil ausgebaut."

Esther war neugierig, wie Bruno Maria Theresia als Persönlichkeit sehe.

„Es gibt sehr wenige Persönlichkeiten, die ihr gleichgestellt werden können. Ein Monarch ist ja nicht von Gott gesandt. Er muss schon imstande sein, sich selbst im Dienste seines Volkes zu vergessen, um seinen Platz in der Geschichte zu behaupten. Ich habe inzwischen gemerkt, dass du die weibliche Intelligenz nicht allzu hochschätzt. Doch weist die Geschichte ein paar Frauen auf, die sprichwörtlich die Hosen angehabt haben. Es gibt sie in der Antike, in Rom, in England, in Russland und in diesem Fall bei den Habsburgern. Schon dass Maria Theresia sechzehn Kindern das Leben geschenkt hat. Kannst du dir das vorstellen, was das heißt? Das fünfzehnte Kind war die spätere französische Königin MarieAntoinette. Heute jammern die Frauen schon bei zwei Kindern. Doch hat die Kaiserin eines Reiches die Kinder nicht nur geboren, sie hat sich ganz im modernen Sinne persönlich um deren Erziehung gekümmert, war sehr kunstinteressiert, hat Kriege geführt, hat einen Palast mit 1440 Zimmern nach ihrem Geschmack ausgestattet, hat Theater gespielt und ... und ... und .... Bedenkt man, wie kurz ein Menschenleben ist, fragt man sich, wann sie das alles gemacht hat. War sie eine gewöhnlich Sterbliche, oder ein Übermensch?"

Bruno hatte inzwischen aus Kissen eine bequeme Stütze gebaut, und Esther, die ihm begierig zuhörte, schmiegte sich in seine Arme.

„Weißt du, was das Gelb von Schönbrunn ist?", fragte er sie, und als sie verneinte, erklärte er: „Es handelt sich um das Ocker, mit dem die Kaiserin ein paar Zimmer ausmalen ließ. Was mich persönlich aber bis zu Tränen gerührt hat, waren die vierundzwanzig Blumenbilder aus dem Frühstückssalon, die sie mit ihren Töchtern gemalt hat."

„Wenn ich dir zuhöre, fast schäme ich mich, dass ich nur einfach durchgegangen bin", entschuldigte sich Esther. Liebevoll tröstete sie Bruno und versicherte, dass auch nicht alle Österreicher die Größe ihrer Kaiserin erkannt hatten und das, weil die heutigen Medien Attrappen erschaffen, wie Esther die Imitationen im Vatikan nannte, die dann vom Volk verehrt werden, ähnlich dem biblischen goldenen Kalb, dessentwegen der zürnende Moses die Gesetztafeln an einem Stein zerschellte.

„Apropos Musik, meine Liebe. Die ist doch in deiner Familie der Hauptberuf. Ist dir schon einmal die Beziehung zwischen Komponisten und Monarchen aufgefallen?"

„Natürlich", meinte Esther ein wenig gekränkt.

„Wusstest du auch, dass der sechsjährige Mozart vor Maria Theresia gespielt hat? Dass sie ihn begeistert in die Arme genommen und geküsst hat? Haydn war auch ein unverzichtbarer Gast am Hofe, bis ihn der Ungare Esterhazy in Beschlag nahm."

Esther erkannte, wie grotesk und erniedrigend alle gängigen Klischees über diese Kaiserin waren, so wie sie in Rumänien dargestellt worden war. Auch wusste sie praktisch gar nichts über deren Privatleben, zum Beispiel wer ihr Ehemann gewesen war. Bruno lachte ihre Sorgen mit seinem lauten, gesunden Lachen weg:

„Was ist so schlimm daran? Wichtig ist doch nur, dass die Ehe eine beispielhaft glückliche war, wie auch die der Königin Victoria von England. Wem sagt schon der Name Stephan von Lothringen etwas? So hieß nämlich der Gemahl der Maria Theresia, bekannt als Pflanzen und Tierliebhaber. Stell dir vor, der von ihm gestiftete botanische Garten war schon 1799 öffentlich zugänglich."

Esther seufzte, tief beeindruckt von Brunos Kenntnissen über die Geschichte der Habsburger, die sie als Siebenbürgerin besser hätte kennen müssen.

„Und ich habe Wien immer mit Napoleon in Verbindung gebracht – ich glaube wegen Beethoven."

„Warte, mein Sonnenschein", sagte Bruno und stand auf. „Haben wir schon mal angefangen uns die Geschichte Europas zu Gemüt zu führen, sollen wir das nicht auf leeren Magen tun. Ich mache uns schnell zwei Kaffees. Sowieso wollte ich uns einmal einen Relax Tag gönnen, warum nicht heute und sofort?"

Bevor Esther etwas einwenden konnte, war er in Richtung Küche verschwunden. Bald darauf kam er mit einem Tablett zurück, mit zwei Tassen Kaffee und einer kleinen Scheibe Brot mit Konfitüre, dem gewöhnlichen Frühstück Esthers. Sorgfältig stellte er seine Tasse auf sein Nachschränkchen, da Esther ihn wegen des Frühstücks im Bett mit Liebkosungen überschüttete.

„Du kleine Schmeichlerin", schimpfte er lachend. „Glaubst du, ich weiß nicht, warum du mir dankst? Du hast mich an der Nase geführt bis dahin, wohin du mich haben wolltest, nämlich auf das leere Podest in Oxford vor ein paar hundert Jahren. Wieder einmal musste ich vor dir, dem armen, chancenlosen Wesen in den Mantel des unbezahlten Lehrers schlüpfen, weil du gierig auf alles Wissen um die Kultur der Menschheit bist." Er küsste sie zärtlich:

Unschuldsvoll schmeichelte sie honigsüß: „Liebling der Götter, erbarme dich einer armen gewesenen Sozialistin und teile mit ihr das Wissen, das dir umsonst zuteilwurde."

Sie hob die Tasse wie eine Bettelschale zu ihm empor und verbeugte sich demutsvoll vor ihm.

Auf ihr Tun eingehend, antwortete Bruno halb im Spaß, halb im Ernst: „So, so, du schmiedest in deinem Köpfchen kommunistische Intrigen! Deine Vorstellungen von

Eigentum scheinen noch immer so kommunistisch zu sein, wie sie dir indoktriniert wurden. Willst du sagen, dass meine Schule gratis war, während du Schulgeld zahlen musstest?"

Esther merkte, dass sie zu weit gegangen war. Sie verbesserte: „Sagen wir mal, beide waren kostenlos, mit dem Unterschied, dass meine eine Schule für Arme und deine für Reiche war. Jetzt gibst du mir kostenlos weiter, was du mehr als ich bekommen durftest. Ist das nun richtig formuliert oder klingt es immer noch kommunistisch?"

Bruno lächelte belustigt. Er fand eigentlich auch, das Wissen allen denen zukommen müsste, die es brauchten – und das kostenlos. Esther nur bereite ihm Sorgen, fügte er scheinheilig hinzu, dass sie bald zu viel wissen könnte, und dass laut Francis Bacon Wissen Macht bedeute. Mit anderen Worten, er schade sich selber, wenn sie durch das Wissen, das er ihr gäbe, zu viel Macht über ihn bekäme.

Esther versicherte ihm sofort, dass sie, solange sie ihn wie den Baum der Erkenntnis verehre, ihn gar nicht beherrschen könne, weil sie von den Früchten dieses Baumes abhängig sei. Als Folge umarmte er sie so ungestüm, dass sie aufschrie. Liebestoll flüsterte er ihr ins Ohr.

„Ich liebe und begehre dich unsäglich, du kleine Hexe. Oft frage ich mich, ob du nicht klüger bist als ich, glaubst du es mir? Du verachtest die weibliche Intelligenz und zeigst mir fast täglich deine Überlegenheit. Manchmal fürchte ich sogar meine Liebe zu dir. Wenn ich dich nicht höre, nicht sehe, wenn du nicht da bist, bekomme ich Angst. Mein Verlangen nach dir ist so übermächtig, dass ich manchmal glaube, daran sterben zu müssen." Zu Tränen gerührt, barg er sein heißes Gesicht in ihren vollen Haaren.

Sanft beruhigend strich sie ihm über das Haar und flüsterte ihm Liebesworte zu, die sie sich nie getraut hätte auszusprechen. Bis jetzt hatte sie ihre Liebe nie in viele Worte gefasst, nun sprudelten sie mit Leichtigkeit aus ihr heraus.

Nachdem sich die Liebeswogen ein wenig geglättet hatten, setze er sich bequem hin und nahm den Faden der unterbrochenen Diskussion wieder auf.

„Weißt du, Esther, was die Geschichte Frankreichs und Österreichs verbindet, sind die Monarchen. Napoleon zum Beispiel gibt es als Persönlichkeit nur dank der Habsburger." Esther widmete sich eben dem Frühstück. Mit vollem Mund fragte sie: „Was hat denn die Französische Revolution mit den Habsburgern zu tun?"

„Das ist sehr einfach zu erklären. MarieAntoinette war die Tochter von Maria Theresia. Hätte sie halbwegs den Führungsstil ihrer Mutter übernommen, wäre es zu keiner Revolution gekommen. Und als Folge hätte es keinen Napoleon gegeben. Ähnlich war es später mit Lenin und Stalin. Die russische Revolution, viel blutiger als die französische, war eine Folge der Herrschaft eines unfähigen Zaren."

„Sagtest du nicht, Maria Theresia hätte eine sehr glückliche Ehe gehabt? Könnte nicht das eheliche Elend der MarieAntoinette die Ursache für ihre unglückliche Herrschaft sein?", fragte Esther und trank langsam ihren Kaffee aus.

„Höchstwahrscheinlich. Aber die Geschichte schert sich nicht um persönliches Glück und Unglück. Was ihr die Geschichte nicht verziehen hat, ist ihr leichtsinniger Lebenswandel, ihre Verschwendungssucht sowie ihre unbedachte Art, sich aus der Staatskasse zu bedienen. Ihre Inkompetenz war mit ein Grund für das Ende der Monarchie in Frankreich. Und nach Austerlitz und Wagram wurde auch Europa ein anderes.

Nachdenklich fragte Esther: „Glaubst du nicht, dass Europa diese Veränderung nötig hatte?"

Bruno bejahte: „Wie anders wäre sonst der kleine Napoleon zu dem Ruhm gekommen, der ihm heute noch zusteht? Der Anfang unserer Diskussion war doch die Frage nach der geschichtlichen Rolle der Paläste und Schlösser, nicht wahr?"

Esther nickte.

„Stell dir nur das große Paradoxon in der Geschichte vor. Ein namenloser Korse, nicht einmal adlig, konnte im Bett der Kaiserin Maria Theresia schlafen, und das nur, weil deren Tochter in Frankreich als Herrscherin versagt hatte. Und damit nicht genug, er heiratete 1810 sogar die kaiserliche Enkeltochter Marieluise von Österreich. Und so wird ein unbekannter Korse Mitglied eines der ältesten Herrschaftshäuser Europas. Nach seiner Niederlage bei Waterloo wird die Kaiserstadt das Zentrum für Bälle und Bankette. Die Macht war in die Hände eines Klemens Wenzel Graf von Metternich gefallen. Und das war alles eine Folge von MarieAntoinette, von Napoleon, ein Durchbruch, ausgehend von der Revolte eines Volkes gegen eine unfähige Monarchie."

„Ich schäme mich, dass ich so wenig über die Habsburger weiß, obwohl ich aus Siebenbürgen komme, das lange Zeit ein Teil dieses Reiches war, was heute noch sichtbar ist", sagte Esther leise.

„Weißt du, warum mich ihre Geschichte so fasziniert?", fragte Bruno und schaute sie direkt an. „Ihre Geschichte wirkt fast mystisch."

„Wie meinst du das?" Esthers Interesse war geweckt.

„Ja, vielleicht ist mystisch nicht das richtige Wort, aber manchmal hat man den Eindruck, dass manche Familien von Schicksal verfolgt werden. In dieser Familie ist das besonders ausgeprägt, man glaubt fast an die Geister der englischen Schlösser."

„Ich kenne nur die tragische Liebe des Kronprinzen Rudolf und das Attentat von Sarajevo."

„Den Anfang machte die Enthauptung MarieAntoinettes." Bruno begann aufzuzählen. „Dann starb frühzeitig der Sohn Napoleons – übrigens eine der unglücklichsten Gestalten der Weltgeschichte. In Schönbrunn kann man sein Porträt und sein Testament sehen. Was aber am meisten beeindruckt, ist das ausgestopfte Spätzlein, der einzige Freund des einsamen, von allen verlassenen Kindes. In seinen Größenwahn ernannte ihn sein kleiner großer Vater zum König von Rom.

Die Peinlichkeit und Paranoia Napoleons, lange vor seiner Verbannung nach Elba, hat auch das Schicksal dieses unschuldigen Kindes bestimmt. Vielleicht verfolgt dessen Geist wie ein Fluch die weiteren Geschlechter. Später,1867, wurde der Bruder des Kaisers Franz Joseph, Maximilian Ferdinand, in Mexiko hingerichtet. Im Jahre 1889 beging Rudolf, der Sohn des Kaisers zusammen mit seiner Geliebten Selbstmord. 1898 wurde die die Frau des Kaisers, Elisabeth, bekannt als Sissi, in der Schweiz ermordet. Dann folgte 1944 das Attentat von Sarajevo, das den Auftakt zum Ersten Weltkrieg gab."

„Wann ist Franz Joseph gestorben?", unterbrach ihn Esther.

„1916", antwortete Bruno.

„Dann hat er Sissi um achtzehn Jahre überlebt." Esthers Stimme klang traurig.

„Ich glaube, es waren nicht seine glücklichsten Jahre, mein Liebling. Die Monarchie war überlebt. Die Krönung seines Nachfolgers, Karl I wird in der Geschichte kaum erwähnt. Es ist fast lächerlich: ich habe mich im Blauen Salon, wo er seine Abdankung unterschrieben hat, ehrlich gefragt, wieviel von den Personen, die dabei waren, den Namen des letzten Kaisers kannten. Ihm war das Los zugefallen, ein jahrhundertealtes Reich aufzulösen."

Bruno hatte so teilnahmsvoll erzählt, als ginge es um seine eigene Familie. Um die Atmosphäre ein wenig zu lockern, fragte Esther.

„Was hat dich an der Architektur des Palasts am meisten beeindruckt?"

Ohne viel nachzudenken, antwortete Bruno.

„Die barocke Geometrie draußen, die sehr im Gegensatz zu dem überwältigend Überladenen des Inneren steht. Nicht die architektonischen Details, die ich natürlich nicht alle behalten habe, sondern das Zusammenspiel von Möbeln, Gemälden und dem wundervollen Parkett aus Rosenholz."

„Rosenholz?!" – Esther hatte es gar nicht bemerkt.

„Du hast richtig gehört. Rosenholz. Ich habe ganz besonders darauf geachtet. Vorher schon hatte ich gelesen, dass es von den Antillen importiert worden war. Kannst du dir vorstellen, was das für eine Anschaffung war? Könnte aber auch sein, dass es damals nicht so teuer war wie heutzutage, vielleicht. Sehr schön fand ich auch die Medaillons mit Miniaturen aus Istanbul, ganz zu schweigen von Maria Theresias Tausendguldenzimmer, das sie entworfen und das eine Million Gulden gekostet hat. Versteh mich gut, Esther, ich spreche über Wertgegenstände, auf die mich andere aufmerksam gemacht haben. Mein Begleiter war eine öffentliche Persönlichkeit, somit war ich keiner von den Massentouristen, die mit Reiseführern und Fotoapparaten durch das Schloss geschleust werden. Ich habe mich selbst entscheiden können, was ich für mich für wertvoll halte. Was am wertvollsten ist, könnte ich vielleicht nur sagen, wenn ich tagelang im Schloss gelebt hätte. Sicher ist, dass ich nichts Wertloses gesehen habe. Von meinem persönlichen Standpunkt aus, verstehst du?"

Natürlich verstand Esther. Sie selbst war oft von den vielen Kunstwerken in Museen überwältigt gewesen. Schönbrunn war für sie ein flüchtiges Erlebnis geblieben, auch weil sie Teil einer Besuchergruppe gewesen war und sich eigentlich auf diese Personen konzentriert hatte, in der ständigen Furcht, einen Konflikt heraufzubeschwören, weil sie ihre Emphase nicht recht auszudrücken vermochte. Darum hatte sie den Besuch vorzeitig abgebrochen, war ziellos durch Wien geirrt und letztendlich todmüde mit einem Taxi zum Flughafen gefahren. Lange Zeit hatte sie diese misslungene Besichtigung von Wien beschäftigt, bis sie mit Dan, ihrer Mutter und Philipp ein anderes Wien entdecken sollte. Es war ein wunderschöner sonniger Tag, an dem sie durch die Straßen von Wien spazierten, bis Dan sie zu einem ihm gut bekannten argentinischen Restaurant führte, wo man angeblich das beste Rindsteak essen konnte. Alle gaben ihm nach dem Essen Recht, aber beeindruckt hatte sie vor allem der einwandfreie Service.

„Was sagst du zur Kaiserin Sissi?", fragte Esther unschuldig.

„Siehst du, Esther", kam die Antwort, „ich bewundere vor allem Persönlichkeiten, die wirklich Geschichte gemacht haben, so wie zum Beispiel Maria Theresia. Diese sind in meinen Augen bedeutender als idealisierte Personen, die sich selbst überbewertet und die ihnen zustehenden Pflichten für ihr Reich und Volk vernachlässigt habe. Personen, denen ihre eigene Schönheit und Intelligenz mehr bedeutet haben als die Verantwortung für die Gesellschaft, die sie vertreten, sie schaden nicht nur dem Staat, sondern auch ihrer Familie. Solche Leute wie Marie Antoinette, der letzte russische Zar und der letzte deutsche Kaiser sind gewöhnlich die Ursache geschichtlicher Katastrophen. Die Französische Revolution brachte eine Wende in der Geschichte, die russische Revolution eine andere. Das Attentat von Sarajevo könnte zur Zeit der ignoranten Kaiserin Sissi vorbereitet worden sei und war der Beginn eines Weltkrieges. Der deutsche Kaiser – auch unfähig. Und wer weiß, ob die Inkompetenz der heutigen kommunistischen Führer nicht auch zu einer radikalen Wende führen wird."

„Du bewunderst Maria Theresia mehr als Sissi?", fragte Esther.

„Auf jeden Fall" war die überzeugte Antwort. Stell dir vor. In ihrem Studierzimmer kann man 213 Tuschezeichnungen von ihr, ihrem Mann und ihren Kindern sehen. Im Gegensatz hat sich Sissi nie als verantwortungsvolle Mutter, Ehefrau oder Kaiserin hervorgetan. Sie lebte wahrscheinlich ihre Melodramen, die heute von den Medien dankbar ausgeschlachtet werden. Ebenso die ihres Sohnes Rudolph. Man spricht viel von der Strenge des Interieurs von Sissi. Das wäre aber auch das einzig Strenge in ihrem exzentrischen Leben gewesen. Sie hat allerdings nicht vergessen, den kostbaren Sekretär von MarieAntoinette in ihre Villa Achileia auf Korfu bringen zu lassen. Am Untergang von Felix Austria hat sie auch eine

Teilschuld, weil ihr ihre Person über das Wohl und die Geschichte einer jahrhundertealten Monarchie ging."

Esther hatte verstanden, dass Bruno diese wunderschöne Sissi nicht liebte. So wechselte sie das Thema: „Was heißt eigentlich Palast?"

Lächelnd ging Bruno auf diese Wendung des Gesprächs ein: „Wie heißt die Residenz eines römischen Kaisers? Palatium. Sie befand sich auf dem PalatinHügel. Sag mal, bist du müde, denn sonst hättest du das nicht gefragt?"

„Nein, nein, gar nicht. Mir war bloß aufgefallen, dass die christliche Kirche viel von den Römern übernommen hat, was nun gar nicht christlich ist."

„Genau, mein Goldschatz. Das war ja normal so. Ohne äußere Pracht kann keine Majestät zur Autorität werden. Wie kannst du dir einen Papst vorstellen ohne Vatikan, ohne Orvieto, ohne Viterbo oder Avignon, ohne päpstlichen Palast?"

„Oder ein Venedig ohne Dogenpalast", ergänzte Esther naiv.

„Ja, überall, in jedem Ort, ob Dorf oder Stadt, muss das Rathaus größer sein als alle anderen Häuser. Aber in Italien heißen die Rathäuser seit eh und je *palazzo*. Natürlich hast du gelesen, dass zur Zeit der Renaissance reiche Familien wie die Medici, Ricardi, Rucelli, Strozzi ihre Häuser zu Palästen umbauen ließen. Florenz steht hierbei ganz vorn."

„Ich glaube, mit fehlt jegliche Fantasie", lächelte Esther. „Also, mir war bis jetzt die geschichtliche Bedeutung der Architektur nicht klar."

Bruno verstand den Zusammenhang nicht gleich, erklärte aber geduldig: „Jede soziale Neuordnung bringt auch Änderungen der Architektur mit sich. Die Renaissance hat sich an der griechischen Klassik orientiert. Die Bauten sind rechteckig, rechtwinklig, beherrscht von klaren Linien und Symmetrien. Dann kam der Barock. Er liebte runde, komplexe, verspielte Formen. Das griff dann auch auf die Konzeption von Parks und Gärten über. Versailles ist durch und durch barock. Im Gegensatz zu der Strenge des dorischen Stils bietet es Wasserspiele, Wasserfälle, Pavillons und Labyrinthe, ganz im Stil der Zeit – Barock."

„Ab jetzt muss ich in meiner Fantasie die Architektur der Gärten und Parks mit Stein oder Marmorskulpturen verbinden", meinte Esther nachdenklich.

„Du kannst wahre Architektur gar nicht verstehen, wenn du die Architektur der Gärten und der Bauten nicht als Einheit betrachtest. Bäume und Büsche sind von Landschaftsarchitekten in ihrem Wachstum wie Skulpturen geplant. Versailles, sind wir schon bei dem Beispiel, wird bestimmt von seinen 200 000 Bäumen, den Hunderttausend Blumen, den Springbrunnen, den ungefähr sechshundert Wasserspielen. Was das alles gekostet hat!"

„Wie kam ich auf die Idee, dass Gartenkunst asiatischen Ursprungs sei?", überlegte Esther.

„So verkehrt ist die Idee nicht mein Schatz. Es gibt in Europa kaum einen Park, der den Gärten des Palastes von Kyoto Gosho oder dem des indischen Präsidenten Rshtrapati Bhavan in Mughal gleicht. Allerdings war der welterste architektonisch angelegte Garten der Park Beihai eines chinesischen Kaisers. Im Vergleich zu den Asiatischen sind die europäischen Monarchien sehr jung. Leider werden die chinesischen oder japanischen Dynastien von europäischen Schulen nur nebenbei erwähnt. Für die künftigen Generationen wird es schwer werden, wenn die merken, dass sie diesbezüglich keine Ahnung haben. In Amerika, aber auch in Europa und bei uns versteht man den momentanen steilen Aufschwung von Indien und China nicht so ganz. Sie werden dem alten Europa zu ernsthaften Konkurrenten werden, nicht nur wirtschaftlich, sondern auch auf dem geistigen Gebiet. Schon auf Grund der Überzahl ihrer Bewohner werden sie irgendwann die westliche Kultur überschwemmen."

Esther setzte seinen Gedankengang auf ihre ihr eigene Art fort. Wie immer erstaunte und entzückte sie Bruno aufs Neue.

„Ich habe mich auf die Interferenz der Kunststile bezogen, du behauptest, dass jedes irgendwo nach Versailles gebaute Schloss ein *Déjàvu* sei. So wie es in Europa überall identische oder nachgeahmte Versailles gibt, so könnte es irgendwann ein *Déjàvu* in China oder Vietnam geben. In unserer Welt der Telekommunikation wahrscheinlich in technisierten Varianten."

Bruno ergänzte: „Eigenartig, dass ich in dieser beschleunigten Entwicklung der Telekommunikation nicht an eine zukünftige Globalisierung glauben kann. Es handelt sich ja um Verbreitung von Informationen in einem mit unglaublicher Geschwindigkeit wachsenden Netzwerk. Es scheint, als ob die Menschheit an einem Spinnennetz arbeitet, das sie letztendlich fangen und erdrosseln wird. Und das eben dann, wenn sie glaubt, die höchste Mobilität erreicht zu haben. Für mich eine grauenvolle Vorstellung."

Esther versuchte ihn abzulenken: „Warum glaubst du, ging die Renaissance so schnell vorbei?", tat sie unschuldig.

„Die Renaissance ging so schnell unter?", wiederholte Bruno zerstreut. „Keine Ahnung. Wahrscheinlich weil ihre Zeit gekommen war. Alles in der Kunst braucht Abwechslung, so wie im täglichen Leben. Eine Speise, so köstlich sie auch sei, täglich gegessen würde dir zuwider werden. Der italienische Barock war nur die natürliche Folge der Renaissance. Er verbreitete sich schnell über Frankreich nach Belgien, Holland, Spanien, Portugal usw. Natürlich wies er in jedem Land seine Besonderheiten auf. Darum spricht man von französischem, spanischem oder holländischem Barock."

„Wärst du gern als Prinz oder adliger Burgherr geboren?" Esther wunderte sich selbst über ihre Frage, doch diese gab Bruno die gute Laune wieder.

„Ehrlich gesagt, ich bin zu fantasielos, um mir so was vorzustellen. Ich habe mich akzeptiert als das, was ich bin. Sag bloß nicht, dass du dir sowas gewünscht hättest."

Esther war gar nicht eingeschüchtert: „Jedes Kind möchte mal ein Prinz, eine Prinzessin sein. Auch ich habe gerne

Märchen gelesen. Aber ich bin durch und durch Realistin. Genau wie du habe ich mein Leben angenommen, so wie es mir gegeben wurde. War es schwer, habe ich alles daran getan, das zu ändern. Anders hätte ich nicht unbeschadet überlebt. Ich wäre ganz bestimmt verrückt geworden."

Bruno verstand das ganz gut. Es war für das Kind die einzige Möglichkeit gewesen, die Last seiner Kindheit zu überwinden.

„Um wieder zur Kunst zurück zu kommen, meine Leidenschaft zur Geschichte hat mir die Architektur der Paläste und Schlösser, vor allem die europäische, nahegebracht. Nehmen wir zum Beispiel Fontainebleau. Nicht nur, dass Napoleon im Bett Maria Theresias schlief. Er beschlagnahmte das ganze Schloss, ließ es neu möblieren, von A bis Z. Du siehst, nicht nur die teuren Tapeten und Bestecke aus Silber machen die Geschichte aus, sondern die Tatsache, dass Mauern, aus den schönen Fantasien eines Architekten entstanden, große Persönlichkeiten beherbergt haben. Napoleon musste 1816 in Cour de Cheval Blanc abdanken. Seither heißt der Palast Cour des Adieux. Wieder ein Beispiel für die geschichtliche Bedeutung eines Palastes. Wie für dich die Stadt Rom ein lebendiges Geschichtsbuch ist, so sind für mich der Palast Chambond oder das Schloss Cloux lebendige Zeugen bedeutender Ereignisse. In dem selten bewohnten Chambond hat kurze Zeit Leonardo da Vinci gewohnt, und Moliere hat da einige seiner Stücke aufgeführt."

„Und Cloux?", fragte Esther neugierig.

„Dort ist Leonardo da Vinci gestorben, wusstest du es nicht?"

Esther gestand, dass sie das nie interessiert hatte. Es hätte sie mehr interessiert, ob Bruno die Spanier möge oder nicht, da er sie seltsamerweise in seinen Ausführungen hauptsächlich im Zusammenhang mit den Kämpfen gegen die Engländer um die Vorherrschaft auf den Meeren erwähnt hatte. Sie selbst war von der spanischen Kunst fasziniert, von

Goya bis Picasso und Dali, und konnte kaum glauben, dass ihn diese kalt ließ.

Bruno informierte sie schmunzelnd. „Aber natürlich ist mir kein Volk antipathisch. Schlicht und ergreifend, ich habe die Spanier vergessen. Und weißt du warum? Im Grunde genommen bewundere ich dieses Volk und bin in seine Kunst verliebt, wahrscheinlich weil nur noch in Sizilien die Verschmelzung der griechisch-römischen Kultur mit der maurischen so vollkommen ist. Weißt du, jahrhundertelang lebten dort Juden, Muslime und Christen friedlich nebeneinander. Granada zum Beispiel war bis 1492 maurisch. Dort pflegten Juden die Wissenschaft, die Kultur, die Araber die Kunst, während die Christen sich mehr der Armee und dem Krieg widmeten."

„Wann begannen in Spanien die Judenverfolgungen?", wollte Esther wissen.

„Zurzeit Ferdinands II von Aragon und der Isabella von Kastilien. Um wieder zur Kunst zurückzukehren: für die arabische Kunst haben das Wasser und das Licht hervorragende Bedeutung. Vor ein paar Jahren war ich im Escorial. Ein Freund hatte mich auf Darstellungen des Martyriums des heiligen Laurentius von Tizian und El Greco hingewiesen. Weil ich die spanische Kunst sehr schätze, war es mir eine Freude dort auch Velasquez zu finden. Dort befinden sich auch die Manuskripte der Theresa von Aquila, mit der du dich neulich befasst hast. Das Innere des Palastes hat mich aber bis zur Ekstase berührt. Die Lichtspiele in den Gemächern, unbeschreiblich geheimnisvoll! So etwas Schönes hatte ich noch nie erlebt. Wir sollten wirklich zusammen hinfahren, weil ich das alles nicht in Worte fassen kann."

Traurig flüsterte Esther, dass sie sich außer dem Buckingham Palast, dem Kreml und den Palästen aus Leningrad, von denen sie gehört hatte, nur deren Besichtigung gewünscht hatte.

Bruno erklärte ihr den Unterschied zwischen einem bewohnten und einem zum Museum erklärten Palast. Er selbst kannte die Umgebung des Buckingham Palastes sehr gut, weil er lange Zeit in der Nähe gewohnt hatte.

„Wirklich?" Esther war ganz begeistert. „Ich kann mich an diesen Stadtteil ganz genau erinnern. Es war soo elegant. Alle Fassaden in klassischem Stil – ich war hin und weg!", erzählte sie begeistert.

„Mein Liebling, meine täglichen Spaziergänge führten mich am Green Park vorbei zu Admirality Arch auf dem Trafalgar Square. Aber ins Clarence House bin ich leider nie eingeladen worden", tat er jetzt traurig.

Esther verstand nicht: „Wieso? Wer wohnt da?"

Bruno lachte sie aus: „Die Queen, natürlich!" Als Bruno weiter von dem Boulevard The Mall und dem Palast St. James erzählte, konnte Esther die Bilder wieder aus ihrer Erinnerung hervorholen. „Aha", sagte sie glücklich, „dort fuhr die Hochzeitkutsche mit Prinz Charles und Diana entlang. Warst du auch unter den Zuschauern?"

Mit Bedauern gestand Bruno, dass er seit Jahren in Rom lebe und genau an dem Tag im Krankenhaus beschäftigt gewesen war und dieses Ereignis verpasst hatte. Für Esther aber war es wichtig, ob es ihn überhaupt interessiert hätte.

„Warum nicht? Eine königliche Hochzeit findet nicht jeden Tag statt. Die Zeremonie hatte viel Ästhetik, und da ich Ästhetik liebe, kannst du dir vorstellen, dass ich mir das gerne angesehen hätte."

Begeistert plapperte Esther los: „An einem Morgen ging ich vom Hyde Park Corner zu Wellington Arch. Vom Birdcage Walk kam zum Parlament. Gerade frisch aus Rumänien hatte ich alles um mich vergessen. Wie viele andere wartete ich auf die Ablösung der königlichen Garde. Von einer deutschen Touristin erfuhr ich, dass bei rotblaugolden gehisster Fahne die Queen sich ‚zu Hause' im Palast befindet. Ich kann dir nicht beschreiben, wie eigenartig mit ‚zu Hause' klang. Für mich war ein Palast immer eine Institution gewesen, keineswegs ein ‚zu Hause'. Auch nicht für eine Königin. Beeindruckt haben mich jedenfalls die roten Uniformen mit den schwarzen Bärenfellmützen der Soldaten."

Für die etwas kindliche Beschreibung erhielt Esther einen ganz süßen Kuss und Bruno erklärte ihr, dass bei Gardewechsel der Verkehr gestoppt würde. „Apropos Buckingham, kennst du denn Namen des Architekten? John Nash. So heißt auch einer der größten Mathematiker."

Esther meinte seufzend, sie könne sich ein Leben in einem Schloss gar nicht vorstellen. Ironisch argumentierte Bruno: „Und die Queen könnte sich schwerlich das Leben zusammen mit zweihundert Kindern in einem Waisenhaus vorstellen, oder in irgendeinem Häuschen ohne Raum und Komfort."

Esther gab ihm Recht, sagte aber, dass in Zeiten der Not sich der Mensch an alles gewöhnen könne. Bei extremem Hunger zum Beispiel könnte er, um zu überleben, zum Kannibalen werden.

Nach dem aufgeräumten Gespräch über Paläste glaubte Bruno nun einen günstigen Moment gefunden zu haben, Esther von der Operation des Kindes seines Freundes zu erzählen. Diese verstand auch sofort, dass Bruno inzwischen von dessen Familie als Mitglied angesehen wurde und das ließ die Idee von der Hochzeit im Schloss in einem ganz anderen Licht erscheinen. Auch zählte ihr Bruno die Vorteile der Lokalität auf – dass man vor den Blicken der Menge geschützt sei, dass es ein ganz intimes Fest für die Familie und die Gäste sein würde, und andere. Schließlich gab Esther allen Widerstand auf und erklärte sich einverstanden. Ein Vorteil war es ja auch, dass der wichtige Faktor des ‚wo' vom Tisch war, umso mehr die Schlosskapelle einen wundervollen Rahmen für die kirchliche Trauung bot.

Bald konnte sich Esther in die Vorstellung des Festes hineinträumen. Was ihr noch zu tun blieb, war, es ihrer Mutter beizubringen – alles andere zu organisieren hatte sich Bruno erboten.

Kein Wunder, dass Esthers Mutter von einer Hochzeit in einem Schloss entzückt war. Jetzt konnte sie sich ganz auf das Brautkleid ihrer Tochter konzentrieren, denn das hatte ihr Brunos Mutter überlassen. Doch dass Bruno vor der Hochzeit noch eine Aufführung haben wollte, bei der ihre Tochter zum letzten Mal tanzen sollte, war für sie unverständlich. Das sagte sie ihm auch und fragte ihn, wie er sich vorstelle, dass Esther tanzen könne, wenn sie doch so lange nicht geübt habe. Bruno erklärte ihr ruhig, dass Esther für einige Wochen nach Kanada fliegen würde, um sich mit dem Maestro Popp darauf vorzubereiten. Das verstand Leah nun ganz und gar nicht. Eine Braut sollte ihren Bräutigam für eine Zeitlang allein lassen und auf einen anderen Kontinent fliegen, das hatte es noch nie gegeben. Und wozu das? Um eine Vorstellung vorzubereiten, wo doch die Hochzeit schon Show genug war. Sie war damit überhaupt nicht einverstanden und drohte mit Abwesenheit beim letzten Tanz Esthers. Doch das beeindruckte ihren Schwiegersohn nicht im Geringsten. Es sei sein persönlicher Wunsch, seine zukünftige Frau wenigstens einmal tanzen zu sehen, und dafür würde er gerne ein paar Wochen Trennung von ihr in Kauf nehmen, umso mehr der Entschluss von beiden gefällt worden war.

Als sie aber erfuhr, welchen Tanz Esther tanzen würde, rastete Leah aus. Heftig weinend, rannte sie ins Schlafzimmer, Schluchzen erschütterte ihren Körper. Geduldig versuchte Dan ihr zu erklären, dass Esther aus freiem Willen richtig entschieden habe, bedenke man nur die zweihundert geladenen Gäste.

„Bist du nicht auch ein bisschen ungerecht, meine Liebe?", versuchte er sie zur Vernunft zu bringen. „Letztendlich tanzt Esther nur für dich und Bruno. Bedeutet dir das gar nichts?"

„Das ist nicht wahr!", schrie Leah auf, „das ist nicht wahr, das weißt du doch genau. Sie tanzt für dieses Weibsbild. Ja, für die tanzt sie – nur für die". Ihr Weinen wurde schriller. Ihre hysterische Reaktion bestätigte auch Dann, dass Leah das Gespenst der Ballettmeisterin Venerian noch nicht überwunden hatte.

„Und wenn es so wäre? Was ist schlecht daran?", fragte Dan.

„Das weißt du nicht?", Leahs Stimme überschlug sich. „Ich kann diese Hexe nie aus der Seele meines Kindes verbannen. Das ist schlecht daran." Voller Hass schrie sie das hinaus.

„Also, ich muss gestehen, seit ich dich kenne, hätte ich mir nie vorgestellt, dass du einen Menschen, der deiner Tochter so viel im Waisenhaus geholfen hat, so sehr hassen kannst. Du erschreckst mich, weil ich in dir entdecken muss, was mich bei Tante Rachel so abgestoßen hat." Um seiner Frau seine abgrundtiefe Enttäuschung klar zu machen, sprach Dan ganz absichtlich von ‚Tante Rachel'. „Ich verstehe dich nicht und will dich nicht verstehen", schloss er müde.

Verzweifelt versuchte Leah sich zu rechtfertigen: „Ich habe ja versucht, ich schwöre es, ich versuche es immer noch, anders zu fühlen, aber ich kann nicht, ich kann nicht..." Ihr Schluchzen konnte kein Ende finden.

„Du tust mir ehrlich leid, Leah", sagte Dan kalt.

„Aber wenn ich dir einen Rat geben darf, dann zeige Esther nie deine diesbezüglichen Gefühle. Ich glaube, du musst einsehen, dass du sie auch mit unendlich vielen Geschenken nie davon abbringen kannst, ihre Maestra zu lieben und zu verehren. Und was mich anbelangt, werde ich deine Abneigung gegen diese Frau nie teilen. Leider habe ich sie nicht kennenlernen können, aber ich bin überzeugt, dass ich sie sowohl als Mensch und als auch als Musiker genauso verehrt hätte wie deine Tochter. Solche Menschen wie sie sind äußerst selten und ich bin mir zu schade, mich zu Antipathien gegen sie verleiten zu lassen. Und damit gute Nacht, Leah."

Entschlossen verließ er das gemeinsame Schlafzimmer, um – entgegen seiner Gewohnheit – im Salon auf dem Kanapee zu übernachten. Leah konnte die ganze Nacht kein Auge schließen. Sie musste das Gespräch mit Dan seelisch verarbeiten und schließlich gab sie ihm Recht. Gleichzeitig erkannte sie, dass Esther ihr den Ausbruch nie verziehen hätte. Sie beschloss jedoch, sich von Eshter mehr von der Maestra erzählen zu lassen. Vielleicht würde das ihre Idee von der alten Frau vertreiben, die ihr Kind stehlen wollte. Dieser absurde Gedanke hatte ihre ganze Seele vergiftet und ihr jedes rationelle Verstehen der wirklichen Situation nach ihrem Weggang aus Rumänien verstellt. Letztendlich war für Leah nicht ihre Mutter schuld daran, dass sie sich aus Hass auf ihren Mann an dem Kind gerächt hatte, sondern die Maestra Venerian , die doch versucht hatte, dem Kind die traurigen Jahre im Waisenhaus erträglich zu machen. Darüber müsste sie wohl noch viel nachdenken, wollte sie nicht, alle, die ihre seelische Familie waren, vor den Kopf zu stoßen.

Die in Kanada verbrachte Zeit hatte Esther sehr viel gebracht. Ganz selbstbewusst kam sie wieder nach Hause, wissend, dass sie noch viel zu erledigen hatte. Zwar hatte ihr ihre Mutter die Auswahl des Brautkleides abgenommen, aber die unaufhörlichen Besuche der Verwandten in Rom beanspruchten sie sehr. Alle gingen sie um Rat bezüglich ihrer Galatoiletten an. An einem normalen, prunklosen Leben gewöhnt, waren weder Tante Sarah noch Cora je mit höheren Kreisen in Berührung gekommen. Sie waren an ein normales prunkloses Leben gewöhnt. Für Konzertbesuche besaßen sie ein ‚kleines Schwarzes', aber das war auch alles. Die Hochzeit zwang sie, sich eine Eleganz zuzulegen, die ihnen eigentlich fremd war. Esther liebte sie so, wie sie waren, doch hätte sie auch nicht gewollt, dass ihre Verwandten aus Israel neben den vielen reichen, vornehmen Gästen wie Aschenbrödel aussehen sollten.

Darum war es ihr eine liebe Last, sie vom Flughafen abzuholen und in die Geschäfte zu begleiten. Ihre Rettung war dann gewöhnlich ihre Mutter, die sie einerseits mit ihrem unkontrollierten Snobismus nervte, andererseits ihr aber die Gäste und die Geschäftstouren abnahm.

An einem Morgen, als Sarah und Leah wieder einen Geschäftetag geplant hatten, und Dan mit Bruno in einer Kunstaustellung war, wagte es Cora, Esther um Hilfe beim

Kauf eines Anzugs für Luca zu bitten. „Wir haben beide keine Ahnung, was da so passen könnte, weil wir nie in hohen Kreisen verkehrt haben."

Esther willigte sofort ein, umarmte ihre Kusine liebevoll und versicherte ihr, dass ihre Heirat nie etwas an ihrer Beziehung ändern würde.

„Du hast Recht, das Problem der Kleidung für Luca kann schon Kopfschmerzen verursachen, aber nicht mir, euch beiden. Ich möchte vom Herzen, das ihr euch auch wohlfühlt und den anderen ebenbürtig, verstehst du?

„Wir werden zusammen schon etwas finden, das verspreche ich dir."

„Du meinst, wir könnten die Sachen ohne ihn kaufen?", fragte Cora erschrocken.

„Aber nein, du Dummchen" Wir zwei werden durch die Geschäfte schlendern und uns über das Angebot informieren. Dann geht ihr beide und sucht aus, was euch am besten gefällt", erklärte Esther. Cora zögerte noch ein wenig. Sie fürchtete, ihrer Mutter und Tante Leah in der Stadt zu begegnen. Doch Esther ließ ihr nicht viel Zeit zum Nachdenken und so starteten sie die Geschäftetour. Bis nachmittags waren sie fündig geworden. Sie hatten ein geeignetes Sakko mit zwei Knöpfen gefunden, eine Hose und eine Weste, die ihrer Meinung nach Luca gefallen würden. Hemd, Krawatte und Smoking würde Luca später mit Dan kaufen.

Zu Hause zeigten Sarah und Leah ihre Schätze. Esther gefiel Tante Sarahs Hosenanzug, ein Ensemble aus dem gleichen Stoff, welches wunderbar zu ihrer weißen Hemdbluse passte. Die große Sorge ihrer Mutter war, dass ihre Schwester recht wenig Wert auf elegante Kleider legte. Esther hatte inzwischen von Bruno erfahren, dass seine Familie der gesellschaftlichen Etikette nicht zu hohe Beachtung zumaß und dass sie sich den Feiertag nicht von Fehlern oder Übertreten irgendwelcher Regel verderben lassen würden. Die ganze Familie hatte sich amüsiert, als Bruno ihnen erzählt hatte, wie Esther aus einem

Schmuckgeschäft geflüchtet war, überwältigt von den Preisen der goldenen, mit einem Diamanten verzierten Manschettenknöpfe. Sie hatten zusammen Manschettenknöpfe für das Hemd gesucht, dass er unter dem Smoking tragen würde. Obwohl sie schon eine Zeitlang zusammen waren, erschienen Esther die Summen, die Bruno für Kleidung und Accessoires ausgab, immer noch astronomisch. Sie selbst fand die Flucht aus dem Schmuckgeschäft nicht lächerlich, sie fürchtete eher, dass sie sich an die in ihren Augen übertriebene Verschwendung gewöhnen könne. Eins aber war ihr klar: Nie würde sie ihre Zeit in Geschäften vergeuden, bloß um Geld loszuwerden. Sie war bereit, jede Etikette zu erlernen, um Bruno nie ihretwegen in Verlegenheit zu bringen, aber sie würde ihr natürliches, normales Leben, nie leblosen, unsinnigen Regeln unterwerfen bloß um des Geldes willen. Sollte das viele Geld anfangen, ihr Leben zu bestimmen, würde sie gerne darauf verzichten. Oder es einfach ignorieren, wie Bruno. Aber sich versklaven lassen – nie! Sie hatte immer von einem Mann geträumt, zu dem sie aufblicken könnte, mit dem sie kommunizieren könnte, auf den sie stolz wäre und den sie lieben könnte einfach um seinetwillen würde. Nie hatte sie sich vorgestellt, dass er sie mit Geld überschütten würde, das sie dann an das Personal verteilen oder in teuren Boutiquen für irgendwelchen Krimskrams ausgeben könne. Dass Bruno sie eben deshalb so liebte, war ihr unbewusst.

Weil ihr die Geheimnisse einer gepflegten Männergarderobe fremd waren, besonders die zu festlichen Gelegenheiten, nahm sich Bruno an einem Morgen Zeit, ihr ganz genau zu erklären, was er in seinem Gepäck zu ihrer Hochzeit mitnehmen würde.

„Ich möchte, dass du ganz genau weißt, was zur Aussteuer eines Bräutigams gehört. Dann bin ich sicher, dass du in mir nicht einen Gigolo oder eine männliche Kokotte siehst", erklärte er ihr ohne Umschweife. „Den Smoking und den Frack habe ich nur deinetwegen gekauft. Du weißt, ich habe schon mal so eine Zeremonie mitgemacht und gar nichts von dem Terror der Vorbereitungen vergessen. Aber blind vor Liebe zu meiner Braut habe alles über mich ergehen lassen. Wie oft habe ich mich später an den ganzen Wirbel um die Hochzeit erinnert! Es war die Farce einer Person, mit der ich eigentlich nichts gemein hatte. Ich musste mich als Prinz von Wales verkleiden lassen, nur weil ich einmal erwähnt hatte, dass mich seine Uniform und sein ganzes Drum und Dran als Kind fasziniert hatte. Verkleidet erkannte ich, dass ich ein geborgtes Kostüm trug, das überhaupt nicht zu mir passte. Und, was am traurigsten war – mir fürchterlich peinlich vorkam. Darum verstehe ich, meine Liebe, deine Unsicherheit und deine Angst. Ich sehe mich, wie ich vor vielen Jahren in den Ketten von Formalitäten und dressierten Etiketten des gesellschaftlichen Lebens meiner Frau gefangen war. Du kannst versichert sein, dass ich dich nie in einen goldenen Käfig sperren oder in ein Kristallschloss verbannen werde, wo du, von Spinnweben umgeben, vertrocknen würdest wie die vergessene Braut von Dickens."

Für dieses Versprechen war ihm Esther unendlich dankbar. Von diesem Tag an ermöglichte er ihr, wo es nur ging, sich von den aufreibenden Vorbereitungen zu distanzieren. Ihre seelische Stütze blieb Tante Sarah, die sich auch nicht von dem Trubel anstecken ließ. Esther hatte sich an Brunos Mutter angeschlossen, die in den paar Monaten sogar dreimal von Australien nach Europa gekommen war. Vom ersten Augenblick an war das Verhältnis der beiden so herzlich wie zwischen Mutter und Tochter. Jeden Tag entdeckte Frau Monti schöne Eigenschaften, die sie bei ihrer ersten Schwiegertochter vermisst hatte. Esther war in ihre Familie getreten, wie sie war: frisch, natürlich, offen und ehrlich. Jeden Tag bestätigte Brunos Mutter, dass diese geheimnisvolle Frau frischen Wind in die Familie Monti bringen würde. Sie selbst war beständig darauf bedacht gewesen, die Atmosphäre im Haus nicht in Regeln erstarren zu lassen, die einer geschichtlichen Vergangenheit angehörten und nicht geändert werden sollten. Nun hatte ihr geliebter Bruno genau die Frau gefunden, der es gelingen würde, Licht und Leben in die alten Tapeten der Familie Monti zu bringen, eine Frau mit Madonnenzügen, die aber Gesundheit, Energie und Leben ausstrahlte.

Wie Bruno richtig vorausgesehen hatte, hatte seine Familie Esthers Familie sofort akzeptiert. Dass sie Juden waren, daran nahm keiner Anstoß, auch weil sie aus einer ganz außergewöhnlichen Welt kamen. Und alle fanden ihre Bildung, ihren Humor, Sarkasmus oder Intelligenz und ihre Gespräche ungemein anziehend. Noch nie hatten die Montis eine Familie kennengelernt, die mehrere Sprachen sprach, diese mit Leichtigkeit untereinander wechselte oder mischte. Natürlich war der kleine Philipp sofort der Liebling aller. Wie zu erwarten, hatte Leah das ganz besondere Interesse aller geweckt, für Bruno eigentlich selbstverständlich. Des Öfteren hatte er bemerkt, dass Leah, wo sie auch immer war, sofort im Mittelpunkt stand. Sie schien eine ganz besondere Aura zu besitzen, die niemand unbemerkt blieb. Aber wie auch er, hatte seine Mutter hinter deren zarten und ungewöhnlichen Schönheit den eisernen Willen eines starken Charakters erkannt. Vielleicht war das auch der Grund der sofortigen Freundschaft zwischen den beiden Müttern. Es schien fast, als hätten sich zwei verwandte Seelen nach langer Trennung wiedergefunden. Das erleichterte Esther diese Zeit des vorsichtigen Kennenlernens und der ständigen Selbstkontrolle erheblich. Ihre anfängliche, fast panische Angst vor der Familie ihres zukünftigen Gatten war längst vergessen. Ein tiefes Gefühl von Ruhe und seelischer Sicherheit erfüllte sie.

An einem sonnigen Frühlingsmorgen legte sie gedankenvoll Brunos Sachen auf einen Lehnstuhl bereit. Auf den Smoking legte sie das weiße Hemd mit Doppelmanschetten und erinnerte sich lächelnd an Brunos scherzhafte Frage, ob sie aus Angst, die Knöpfe bezahlen zu müssen, aus dem Schmuckladen geflohen war. „Mein erstes Geschenk für ihn wird ein Paar Manschettenknöpfe sein", versprach sie sich in Gedanken und legte ein blaues Hemd neben ein Sommersakko. Einer plötzlichen Eingebung folgend, maß sie die Länge seiner Ärmel und stellte beruhigt fest, dass sie um mehr als einen Zentimeter länger waren als die Ärmel des Sakkos. Zufrieden hängte sie beide auf einen Kleiderbügel in den Schrank und begutachtete noch zwei eingepackte Hemden und legte sie wieder ins Regal zurück. Dann holte sie hinter dem Lehnstuhl eine Schachtel hervor, worin der *blacktie*Anzug und eine weiße Krawatte waren, die sie im Alleingang zum Smoking von Luca gekauft hatte, weil sich Cora gegen einen Frack gesträubt hatte. So hatte sich Esther an Brunos Garderobe orientiert und alles für Lucas' Auftreten am Hochzeitabend vorbereitet. Von ihrer Familie schien ihre Mutter die einzige, die sich in Sachen Festgarderobe auszukennen schien. Um deren Meinung zu diesen Sachen zu erfahren, begab sie sich in das Schlafzimmer ihrer Eltern. Die Tür war offen, sie brauchte nicht anzuklopfen. Dan probierte gerade eine Weste vor dem Spiegel und Leah mahnte ihren Gatten, um Gottes Willen nicht zu vergessen, dass der letzte Knopf offenbleiben muss.

Trotz seines Widerstandes musste er noch das Jackett anprobieren, doch beim Frack oder Smoking reichte es ihm. Als Dirigent sei ihm der Frack sozusagen Arbeitsanzug und er habe überhaupt keine Lust, den ganzen Tag Sachen anzuziehen, die er auch sonst nicht sonderlich mochte. Mutter wird immer mehr zum Snob, dachte Esther unwillkürlich. Ihr fiel ein, wie schockiert sie gewesen war, als sie zum ersten Mal einen Diener gesehen hatte, der die Sohlen von Brunos neuen Lackschuhen mit einer Drahtbürste aufrauchte. Sie hatte jahrelang die Tanzschuhe mit Kolofonium behandelt, aber nie hatte sie gedacht, dass auch männliche Schuhe für das Parkett im Tanzsaal mit einer Drahtbürste behandelt werden müssen. Lächelnd war sie mit der Hand über die frisch aufgerauchte Oberfläche gefahren, während ihrem inneren Auge das Bild von einem ausgerutschten, auf dem Boden liegenden Bruno erschienen war. Der Diener hatte sie verständnislos angestarrt, angstvoll ob sie vielleicht einen Fehler entdeckt hätte.

„Wie sich die Menschen das Leben schwermachen können!", dachte sie traurig. Bis zu diesen Hochzeitsvorbereitungen war ihre Mutter eine unkomplizierte Frau gewesen, frei von Etikette und sozialen BenimmRegeln. Nun stellte sie fest, wie diese sich in den letzten Monaten zu einer anspruchsvollen und formtreuen Dame der oberen Gesellschaft entwickelt hatte, die alle formalen Forderungen bis ins Extreme zu erfüllen suchte. So hatte sie verbissen seidene Kniestrümpfe für Dan gesucht und dem zigmal eingeprägt, dass die notwendig seien, damit man, wenn er sich setze, die nackten Beine nicht sehen könne.

Schwarze Schuhe, schwarze Kiestrümpfe, niederer Absatz.... Von den Regeln, die ihr ihre Mutter einzuprägen versuchte, hatte Cora einen Weinkrampf bekommen. In einem Augenblick, wo sie allein waren, tröstete Esther liebevoll ihre Kusine. Ihr gehe das ständige Predigen von Etikettenregeln auch auf die Nerven. So beschlossen die beiden, die Mutter in Ruhe zu lassen und sich selbst nicht ins Bockshorn jagen zu lassen. Und wenn es am Hochzeitsabend heiß sei, würden die Männer ohnehin ein leichtes Dinnerjacket anziehen und keinesfalls einen Smoking – vom Frack ganz zu schweigen.

Als sie aber an jenem Morgen Dans gequältes Gesicht sah, zog sie sich unbemerkt wieder in ihr Zimmer zurück. Bruno hatte ihr doch klar erklärt, dass zum Smoking eine weiße oder schwarze Krawatte passte. Mehr brauchte sie nicht zu wissen.

Natürlich musste der arme Bruno zur Hochzeit – ob es nun schneien würde oder 50 Grad im Schatten sein sollten, den Frack und die *blanche* Krawatte tragen. Aber zum Glück erst nach Einbruch der Dunkelheit. Für Luca hätte sie sich am liebsten einen leichten Stresemann gewünscht, doch da war ihr ihre Mutter so vehement dazwischengefahren, dass die verschüchterte Cora keinen Einspruch mehr gegen Lucas Smoking wagte. Den Smoking hatte sie bei einem Einkauf mit Leah kaufen müssen. Zu ihrem Glück aber hatte die Mutter, genervt von Coras Unentschlossenheit, die weiteren

Einkäufe für sie allein getätigt. Befreit von der strengen Aufsicht Leahs entschlossen sich die Kusinen bald für eine leichte, elegante Bluse zu einem modischen Rock aus wertvollem Stoff. Das passte am besten zu Cora – und so freuten sie sich, dass diese kein schulterfreies langes Kleid anziehen musste, in dem sie sich nicht wohl gefühlt hätte.

Einmal ergab sich ein Tag ohne ‚selbstmörderisches Programm', wie Dan das Pendeln zwischen Amsterdam und Rom nannte. Entspannt genoss er auch seinen Kaffee. Esther hatte es sich in einem Lehnstuhl bequem gemacht. Philipp ließ sich verwöhnen, den Kopf auf den Knien seines Vaters. Er war überglücklich, dass man ihn für ein paar Tage nach Rom mitgenommen hatte.

„Klappt das mit dem Orchester?", fragte Leah, die sich auch zu ihnen gesellte.

„Gott sei Dank – ja", war die Antwort. „Ich hatte – ehrlich gesagt – Angst, keine freien Musiker zu finden, die bereit waren, für ein paar Tage nach Italien zu kommen."

„Waas, speziell für die Hochzeit wird ein ganzes Orchester eingeflogen?" – Esther war starr vor Staunen.

„Nicht so ganz", beruhigte sie Dann. „Das Hochzeitsorchester ist ein Kammerorchester."

„Gibt es da einen Unterschied?", fragte Esther.

„Natürlich – schon bei der Anzahl der Instrumentisten." Genussvoll leerte er ein Glas Wasser. „So eine Hektik! Ich bin schon fix und fertig!"

„Gut, aber sieht das dann wie ein Orchester aus?" Esther war immer noch nicht überzeugt.

„So ungefähr, aber in Kleinformat, meine Liebe."

„Gibt es auch Blasinstrumente?" Die Frage klang fast kindisch.

„Aber ja doch", antwortete Dan ein wenig irritiert. „Flöten, Hörner ... und erste Geigen, zweite Geige, Cello, Kontrabass, Viola, Trommel, Klavier, alles was man braucht."

„Oh Gott, so viel Aufwand für eine Hochzeit", seufzte Esther amüsiert und gleichzeitig traurig.

Ihre Mutter mahnte sofort: „Es ist doch deine Hochzeit."
„Ja, aber ändert das was? Ich hatte mir immer etwas Einfaches, Intimes, ohne allen Aufwand vorgestellt. Nun wage ich bald nicht mehr überhaupt noch etwas zu sagen. Ich möchte nicht undankbar erscheinen, aber das alles meinetwegen, das finde ich zu viel." Ihre Stimme war ganz unsicher geworden.

Die Antwort kam von Tante Sarah, die eben eingetreten war. Schon gleich nach den Feiertagen war sie in Brunos alte Wohnung neben dem Krankenhaus eingezogen. Rom war inzwischen fast ihre zweite Heimat. Wenn sie in Rom waren, wohnten auch Esthers Eltern da, nur war es ihnen im Trubel der Vorbereitungen leichter, gleich bei Bruno zu wohnen, um Zeit zu sparen. Sarah hatte Esthers letzte Bemerkung gehört und entgegnete liebevoll: „Ich verstehe dich, Esther, und bin ganz deiner Meinung. Leider aber sind wir alle Ausländer – dein Mann kommt auch aus einer Emigrantenfamilie, das heißt, dass er, wie auch wir, eine ansehnliche Anzahl von Verwandten rund um die ganze Welt hat. Was hier bei deiner Hochzeit aber zählt, ist, dass dein Mann aus einer sehr reichen Familie kommt. Das muss einmal gesagt werden. Wir haben alle festgestellt, dass Geld nicht nur freimachen, sondern auch zur Bürde werden kann. Ich kann mir fast vorstellen, dass zwischen einer Aufführung in Bayreuth und dieser Hochzeit kein großer Unterschied sein wird."

Leah verschlug es die Sprache. Dan hingegen versuchte es mit Spott: „Ha, ha, ha, meine Damen. Unsere hochintelligente Sarah hat gesprochen! Was wären wir ohne ihren Sarkasmus?"

Sofort ergriff Esther für ihre Tante Partei. „Also, Dan, ich finde da überhaupt keinen Sarkasmus. So einen guten Vergleich konnte nur Sarah machen, ich selbst habe manchmal auch den Eindruck, bei dieser Hochzeit wird eine Wagneroper einstudiert." Wie gewöhnlich gab ihre Mutter auch ihren Senf dazu: „Aber, meine Liebe, Bruno macht das ja alles nur aus Liebe zu dir. Vergiss das nicht!"

„Ich weiß, dass Bruno mich liebt, auch ohne dass du das sagst", kam die verärgerte Antwort. „Ich weiß aber auch, dass ihm diese ganzen übertriebenen Vorbereitungen mehr als lästig sind. Gott sei Dank ist alles in ein paar Tagen vorbei." Esther sah ihre Mutter an, wissend, dass sie beleidigend war. „Dann sind wir endlich dieses aristokratische Getue los und haben unsere Normalität wider." Damit setzte sie einen sehr harschen Schlusspunkt unter die leidige Diskussion um die Hochzeit, und jeder versuchte nun ein anderes Thema anzuschneiden.

Bald kam auch Familie Monti aus Australien an. Zwei Tage später verkündete Bruno, dass er die Wagen für die ersten Gäste die Wagen für den Hochzeitszug bestellt habe. Esther war sehr erleichtert, dass sie Rom bald verlassen sollten. Die Enge, die vielen Personen, die andauernde Anspannung hatten ihr sehr zugesetzt. TillyTante, die in ihrer ersten Wohnung einquartiert worden war, hatte vom ersten Augenblick an die seelische Last dieser nicht enden wollenden Vorbereitungen erkannt und bemitleidete Esther ehrlich. Diese wiederum freute sich sehr, dass TillyTante, nachdem sie ihre erste Panik überwunden hatte, mit Edda aus Amsterdam, die auch in der Wohnung in der Via Aurelia einquartiert war, schon allerhand Sehenswürdigkeiten Roms besichtigt hatte, unter anderem den Petersdom, der ganz in ihrer Nähe war. Die Familie ihres Großvaters wurde von dem Advokaten Neumann und dessen Familie vertreten. Udo und Sibylle und deren Familien waren von der Ambrosiusischen Linie da.

Der letzte Morgen in Rom begrüßte Esther mit Sonne und strahlend blauem Himmel. Bruno hatte sie liebevoll und aufmunternd umarmt und so konnte sie ganz ruhig die letzten Ihre Ruhe schien sich auch auf die anderen übertragen zu haben. Fünfunddreißig schwarze Mercedes hatte Bruno bestellt. Die sollten, um sich nicht zu verlieren, alle aus ihrer Straße starten. Nach und nach stiegen sie in ihre Wagen, die schon vorgefahren waren. Der letzte war für Bruno und Esther reserviert. Sie stiegen ein und fuhren dann ganz nach vorne, um die Kolonne anzuführen. Die Reihe blitzend schwarzer Limousinen rührte manche bis zu Tränen. Esther versuchte, ihre Erregung niederzukämpfen, doch Bruno war auch sehr bewegt und zeigte es ganz frei. Er umarmte sie und versicherte ihr, wie sehr er sie liebe. Sie küsste ihn kurz zurück und wischte sich kindhaft mit dem Handrücken die Tränen aus den Augen. Dann schaute sie zum Fenster hinaus, glücksvoll und selig. Von der Autobahn bog die Kolonne auf eine wenig befahrene Landstraße ab und fuhr durch Dörfer und Felder, an Hügeln und Wäldern und hie und da an einsamen Gehöften vorbei. Ein Bächlein bildete ein langes, enges Tal, das sie in ein hübsches Dörfchen führte, mit Blumen vor den Häuschen und in den Fenstern. Hier, sagte Bruno, sei das Schloss ganz nahe.

Kaum konnte Esther die auf sie einstürmenden Bilder verinnerlichen. Sie bemerkte auch die neugierigen Menschen am Straßenrand nicht, die die lange Reihe der schwarzen Limousinen bestaunten. Erst der Anblick der grauen Steinmauern brachte sie in die Wirklichkeit zurück. Je näher sie kamen, desto bedrohlicher erschienen ihr die grauen Mauern. Der majestätische, imposante Torbogen mit dem schweren, dunklen Holztor erhöhte diesen Eindruck. Die Abgeschiedenheit, in die sie fuhren, ließ Eindrücke aus dem Waisenhaus aus S. wieder hochkommen, bleibende Erinnerungen aus ihrer Kindheit. Die furchterregenden Mauern, über die der Wind Regenschauer jagte, das massive Holztor, das sie wie in ein Gefängnis eingesperrt hatte.

Doch der azurblaue Junihimmel, die warme Brise, die aus dem offenen Fenster ins Innere des Wagens strömte, verjagte schnell die dunklen Gefühle und ließen Euphorie und Ekstase aufkommen. Sie lehnte sich an Bruno und dieser flüsterte ihr zu: „In ein paar Augenblicken sind wir am Ziel unserer Gemeinsamkeit. Nach dem hohen Tor wirst du mein sein", und sie flüsterte glücklich: „Und du mein."

Das Tor öffnete sich der Wagenkolonne, die den rosengesäumten Weg entlang vor das Schloss vorfuhr. Esther war neugierig, aufgeräumt. Endlich konnte sie sich sagen:

„Das ist meine Hochzeit." Die ganze Hektik, die vielen Stadt und Besorgungsgänge, die endlosen Diskussionen, Dispute, die Nervosität und Ungeduld der anderen – alles lag hinter ihr. Jetzt kam nur noch – wie Sarah es richtig formuliert hatte – die große Wagner Inszenierung. Zwischen den Vorbereitungen zur Aufführung der Sylphide und denen der Hochzeit war kaum ein Unterschied gewesen. Auch Hochzeiten waren eigentlich mehr oder weniger gut einstudierte Vorführungen. Dass ihre so großartig sein würde, war nur dem Umstand zu verdanken, dass sie eben Bruno heiratete. Kein anderer hätte sich für eine so normale Sterbliche wie sie den ganzen übertriebenen Luxus gar nicht geleistet.

Der Wagen hielt vor dem Eingang. Sich umwendend sah Esther den prächtigen Schlosspark. Wie verzaubert durchquerte sie die Eingangshalle, deren weiße, phosphoreszierende Wände von der grünen der Marmorbalustrade belebt waren. Errötend antwortete sie der Begrüßung des Dienstpersonals. Bruno erklärte ihr etwas, doch sie war außerstande es zu verstehen. Irgendwie registrierte sie etwas von einem Hauptflügel, der den nahen Anverwandten reserviert war. Doch wer nahe oder entfernte Verwandte waren, konnte sie im Moment nicht auseinanderhalten. Die Einquartierungslisten hatten die beiden Mütter hergestellt. An der Organisation war sie selbst so gut wie nicht beteiligt gewesen. Sie war ja auch das Sternchen auf der Spitze des geschmückten Weihnachtsbaumes – hatte Sarah mit loser Zunge festgelegt.

Mit Bruno ging sie durch ein kleines Vorzimmer zu ihrem Schlafzimmer. Dort eschreckte sie die Eleganz der seidenen Tapeten und der riesigen Alkoven zutiefst. Als sie aber ihr verstörtes Gesicht in dem großen Kristallspiegel mit goldenem Rahmen sah, lief sie schnell zum Fenster. Bruno, als Gastgeber, entschuldigte sich, dass er noch einiges zu erledigen habe und ließ sie allein. So konnte sie aufatmen und sich an den Gedanken gewöhnen, in einem wirklichen Schloss zu sein. Das Fenster ging auf den Innenhof. Wie ein

Panorama lag der Park vor ihr und sie erfreute sich an der geschmackvollen Anordnung der geometrischen Figuren.

Und plötzlich, ohne Zusammenhang fiel ihr ein, was Bruno an einer Frau schätzte: Schönheit, Bescheidenheit, Güte und seelische Größe. Besaß sie all diese Eigenschaften? Rasch zog sie ein leichtes graublaues Seidenkleid an und beschloss in Ruhe das Märchenschloss zu besichtigen, in das sie ihr Prinz, von dem sie einst irgendwo im Herzen des HargitaGebirges in Rumänien geträumt hatte, gebracht hatte. Damals hatte ihr das Rauschen der Tannenwälder in den mondhellen Nächten ihrer hoffnungsvollen Kinderträume wie ein Versprechen geklungen: Er kommt, er wird kommen, der Prinz, er wird dich auf sein Märchenschloss holen, weit über Länder und Meere. Abrakadabra.

Sie sah die kleine Esther, die barfuß wie wild die Eichenallee entlang lief, um den unheimlichen Geistern der Ruine des Horthy Schlosses zu entfliehen. Jetzt war sie das erwachte Dornröschen, die Prinzessin dieses Schlosses. Auch wenn das Schwärmerei war, mit der Fantasie einer verliebten jungen Frau, sah sie sich als wirkliche Prinzessin.

Sie ging den Gang entlang und bewunderte die harmonische Symmetrie der Anordnung der Suiten und Zimmer. Nach ein paar Schritten entdeckte sie eine Tür zu einer großen Terrasse, von der aus sie den ganzen Park bis zu seinem von Wald gesäumten Ende überblicken konnte. Nur seine Symmetrie verhinderte, dass man sich in seiner Größe nicht wie in einem Labyrinth verirren konnte.

Das Schloss hatte hohe, rechteckige Fenster, in typisch italienischem Renaissancestil. Durch sie drang das helle Tageslicht in die Räume und ließ sie heute sonnig beruhigend erscheinen. Fasziniert betrachtete sie die reichen Dekorationen der Zimmer, die Möbel, die Tapisserien und Gobelins. Überall zeigte sich ihr die wunderbare Verschmelzung von italienischer Renaissance und französischem Klassizismus. Der Flügel, den Bruno der Familie zugewiesen hatte, schien den Schlossherren als Domizil zu dienen. Sie ging an der von dorischen Säulen getragenen Balustrade vorbei und bestaunte dann weiter die Kunstsammlung an den Wänden. So einen Luxus hatte sie bis jetzt nur in den Museen und Palästen gesehen. Alles, die Fresken, die Skulpturen, die unzähligen Kunstgegenstände, die allgegenwärtig waren, erzählten von einer langjährigen, glorreichen Vergangenheit.

Ohne auf den Weg geachtet zu haben, befand sich Esther plötzlich in der Schlosskapelle, wo in ein paar Tagen die kirchliche Trauung vollzogen werden sollte. Der vorherrschende Stil war hier Barock. Verwundert stellte sie fest, dass trotz überladenen Schmuckes die Kapelle Ernst ausstrahlte, wie ein richtiges Gotteshaus.

Die Kapelle grenzte an eine kleine Kunstgalerie und an die Bibliothek. Aus dem Fenster der Bibliothek sah sie den Pavillon, wo ein Teil der Gäste einquartiert war. Mit dem Schloss verband ihn eine Allee, gesäumt von mythologischen Statuen und Springbrunnen. Das Vestibül, aus dem man in den Speisesaal gelangte, öffnete sich dem Innenhof und der Haupttreppe. Als sie die Tür zum Ballsaal öffnete, blieb sie ein paar Augenblicke wie versteinert stehen. Die tragenden Marmorsäulen waren so angeordnet, dass es den Anschein erweckte, die Wände seien absichtlich ausgelassen worden, um Raum zu schaffen. Die schlanken ionischen Säulen aus grünem Marmor trugen mit spiralförmigen Motiven verzierte Kapitole. Dann entdeckte sie eine Schiebetür, die zu einem anderen Saal führte. Die wurde wahrscheinlich bei großen Festlichkeiten und Banketten geöffnet. Sie liebkoste das weiche, elastische, teure Parkett des kleinen Salons und dachte, dass da wahrscheinlich Dans schwer zusammengebrachtes Orchester aufgestellt werden sollte. Verwirrt von so vielen Eindrücken irrte sie weiter durch Korridore und Zimmer, bis sie plötzlich unerwartet auf ihre Mutter und Tante Sarah stieß. Diese hatten eben das Parterre mit der Küche und den Zimmern der Bediensteten besichtigt.

„Esther, Kind", rief ihre Mutter aus, kaum dass sie sie gesehen hatte. „Du müsstest unbedingt das Schmuckstück von Küche sehen! In Blau und Weiß! Das ist typisch für die italienische dekorative Kunst, darauf war ich gefasst, aber das Mosaik! Einfach sensationell durch seine geometrischen Motive."

„Leah, lass doch die geometrischen Motive!", unterbrach sie Sarah. „Erzähl lieber von den Bergen von Essen, die dort gelagert sind. Die könnten locker einen Monat lang für den ganzen afrikanischen Kontinent reichen. Großer Gott!" Ihre Stimme überschlug sich fast. „Fleisch, Wurst, Gewürze – ein ganzer Supermarkt; Süßigkeiten, Gebäck, Fasanen, Hasen, Wild, Bier, Früchte, Wein ..."

„Wann, zum Kuckuck, hast du das alles gesehen?", wunderte sich Leah.

„Wie, wann? Es war auch furchtbar schwer! Ich bin in die Vorratskammer gegangen, habe die Kühlkammer inspiziert, war sogar im Weinkeller, wenn es dich interessiert." Sarah amüsierte sich über die fassungslosen Blicke ihrer Schwester und Nichte. „Mein Führer war der Verwalter persönlich. Er sprach leider nur italienisch und hat mir gewiss nur gezeigt, was man als Außenstehender sehen darf. Zum Glück kann ich akzentfrei ‚Si' sagen. Der Typ hat geplappert und geplappert, ich habe nichts verstanden, mir aber selbst ein Bild gemacht. Auf jeden Fall – sollte uns der Schlossherr ein Jahr hier zugestehen, würden uns die Vorräte reichlich genügen. So ein Überfluss! Wenn man bedenkt, dass in den Geschäften in Rumänien nicht einmal Bohnenkonserven zu haben sind. Marx steh doch den Proletariern wieder auf, sonst werden wir demnächst mit den abgelaufenen Essensresten der Schlossherren vorliebnehmen müssen", deklamierte sie mit lauter Vortragsstimme. Erschreckt baten sie Leah und Esther, um Himmels willen leiser zu sprechen. „Vielleicht hört uns jemand, Sarah und dann werden wir als Kommunistinnen vor die Tür gesetzt, samt Brautkleid", flüsterte ihre Schwester ängstlich.

„Mach dir nicht gleich in die Hose, war die beruhigend ironische Antwort. „Was glaubst du denn, wer versteht Rumänisch in diesem gottverlassenen Nest? Wir sind zwar auch lateinischen Ursprungs, aber ich verstehe kein Jota von dem, was die Italiener hier sprechen. Genau so viel, wenn nicht noch weniger verstehen sie, was wir sagen."

„Seit wann bist du denn Rumänin?", stichelte Leah.

„Seit meiner Geburt, falls du es nicht wusstest. Habe ich nicht von klein auf wie alle Rumänen Rumänisch gesprochen? Merkst du nicht, dass du viel mehr die Jüdin hervorkehrst als ich, obwohl du nie in Israel gelebt hast? Aber ebenso fühlst du dich nicht als Rumänin, auch nicht als Holländerin, als ob dein Körper und deine Seele nicht eine Einheit wären, die zu dem Land gehört, wo du lebst. Als ich in Rumänien lebte, war ich mit ganzer Seele Rumänin, jetzt bin ich ganz Jüdin in meinem Land. Verwirre doch Esther nicht mit dem Melodram der Identität, du hast sie doch evangelisch taufen lassen und in ein paar Tagen soll sie katholisch werden."

Erschreckt versuchte Esther einem Streit zwischen den Schwestern entgegenzutreten. Im Grunde ihres Herzens teilte sie Sarahs Meinung. Diese, ohne ihre verärgerte Schwester zu beachten, wechselte das Thema auch sofort, als sei nichts gewesen.

„Beinahe hätte ich vergessen, euch das Wichtigste mitzuteilen. Neben meinem Appartement ist ein kleiner süßer Rokoko Salon. Ich glaube, da wohnt die Schlossherrin. Wie dem auch sei, da gibt es eine großartige japanische Vase mit unsagbar schönen goldenen Intarsien. Ihr kennt ja meine Schwäche für Porzellan, somit wäre auch ohne deine Hochzeit, Esther, der Aufenthalt hier für mich ein Gewinn gewesen. Ich habe mich an einigen der wertvollsten Porzellangefäßen Europas und des Orients freuen können. Ich werde sie jede freie Minute betrachten."

„Weißt du überhaupt noch, wo dein Appartement ist?", fragte Leah, die die Unstimmigkeit überwunden hatte.

„Aber natürlich! Bruno hatte nämlich die geniale Idee, alle Türen mit Nummern zu versehen. Habt ihr das nicht bemerkt?"

„Nein", sagten Mutter und Tochter wie aus einem Mund.

„Was hat er mit Nummern versehen?", fragte Esther weiter.

„Na, was denn schon? Die Türen!" Sarah war ungehalten. Ich bin bei den Verwandten 6ten Grades einquartiert, das zu eurer Information." Sie schien nicht sehr zufrieden. Doch dann kam sie wieder auf den Rokoko Salon zurück. „Stellt euch vor, was es da für einen Schatz gibt! Ein echter Arraiolos. Ich glaube, der ist ungefähr so viel wert sie mein Appartement in Israel – wenn nicht mehr."

„Arraiolos?! Nie gehört", rief Esther mit großen Augen.

„Siehste, Prinzesschen, manches weißt du eben noch nicht", neckte sie die Tante. Arraiolos sind die, kann man sagen, teuersten Teppiche. Sie werden in einer Manufaktur in Portugal hergestellt. Solche habe ich auch dort zum letzten Mal gesehen."

Inzwischen waren sie in Leahs Zimmer angekommen und machten es sich bequem. Cora kam auch dazu und setzte sich neben die Kusine aufs Kanapee.

„Dan sagt, dass die Wände des Waffensaals mit perspektivisch gemalten Naturszenen bedeckt sind", erzählte Leah träumerisch

„Neben dem Pavillon habe ich einen Gemüsegarten gesehen", begann Cora schüchtern.

„Welch ein Glück, Cora. Mit Brunos Beziehungen könnte Luca hier eine Stelle als Gärtner antreten. Das wäre schon etwas mehr als Amme beim eigenen Kind." Sarah war richtig verletzend.

Sofort reagierte Esther. Sie versicherte, dass Bruno Luca zu Kursen als Physiotherapeut verhelfen werde. Sarah verschlug es die Sprache, das hieße ja, dass ihre Tochter eines Tages nach Australien zu ihrer Kusine zöge. Doch Esther, die bewusst der Tante für ihre lieblosen Worte eine Lektion hatte erteilt hatte, fuhr scheinheilig fort: „Bruno sagt, dass es hier auch einen Fischteich gibt."

„Mit exotischen oder essbaren Fischen?", fragte Cora interessiert.

„Ich glaube exotische – keine Ahnung. Wir können uns ja erkundigen, wir haben nichts Besseres zu tun", meinte Esther und beobachtete verstohlen die Tante. Doch diese hatte sich sofort aufgefangen und fragte ruhig nach der Ankunft der beiden katholischen Priester aus Sydney.

„Morgen früh holt sie Bruno vom Flughafen ab und fährt gleich um den Priester aus Rom."

Müde seufzte Leah: „Mir gruselt es schon, wenn ich bedenke, wie viel Leute ab morgen in diesem Paradies sein werden!"

Säuerlich pflichtete ihr die Schwester bei: „Auch mir wäre es lieber gewesen, wenn wir unter uns geblieben wären. Aber auch in Israel sind Hochzeiten wahre Volksfeste."

„Einmal im Leben hat jeder Mensch ein Reicht auf so ein rauschendes Fest", gab Cora zu bedenken.

Mit weicher Stimme antwortete ihre Mutter: „Manche hatten das Glück nicht ... und haben auch so überlebt."

„Wenn du uns meinst, Sarah, muss ich dir widersprechen. Leah war ganz ernsthaft. Wir haben andere Zeiten erlebt – wenigstens unsere Kinder sollen sich an solchen Festen freuen. Sonst wären alle Opfer umsonst gewesen."

„Du hast Recht ... ich glaube, Leah, du hast Recht." Diesmal gab sich Sarah geschlagen. Esther und Cora verabschiedeten sich, um noch ein wenig im Park spazieren zu gehen. Die beiden Schwestern setzten ruhig ihre Gespräche fort.

Am Abend gingen alle mit dem Gefühl zu Bett, in einem Märchen zu leben, erschöpft von den Monaten der Vorbereitungen zu dem Fest, das noch gar nicht begonnen hatte.

Am nächsten Morgen frühstückten Leah, Sarah und Cora in der Küche, verwöhnt von dem Personal, das schon mit den Vorbereitungen für das Mittagessen beschäftigt war. Es sollte wieder ein Buffet werden, hauptsächlich für die Gäste, die im Laufe des Tages eintreffen würden. Die drei Damen begaben sich dann in den Park, wo die Junisonne lockte. Die angenehme Kühle vertrieb auch den letzten Rest von Trägheit. Sie waren nach der Nacht in einem wirklichen Schloss nur noch glücklich. Langsam stiegen sie die Terrasse des Parks hinauf, geblendet von dem Glitzern des Taues auf

den unzähligen Blumen. Gleich bei ihrer Ankunft im Schloss hatten sie eine kleine Holzlaube entdeckt und beschlossen, da in Ruhe ihren Kaffee zu trinken. Von dort aus bot sich ihnen eine ganz neue, beeindruckende Aussicht auf das Schloss. Sarah wollte wissen, wie kompliziert eine katholische Trauung sei. Leah wunderte sich: „Warum soll sie komplizierter sein als eine andere religiöse Trauung?"
Ihre Schwester erklärte: „Vielleicht weil ich keine Ahnung von dem ganzen Ritus einer solchen Trauung habe."
„Esther hat mir gesagt, das kennzeichnende Merkmal einer katholischen Ehe sei das Sakrament", erklärte Cora. Ihre Mutter ging nicht darauf ein und versuchte, Leah die Bedeutung des Wortes Sakrament zu erklären. Obwohl sie es schon oft gehört hatte, hatte diese nie recht verstanden, worum es sich handelte.

„Das Sakrament steht bei den Katholiken unter dem Codex juris – da heißt – nach einer kirchlichen Trauung sind Scheidungen nicht erlaubt. Erschreckt entfuhr Cora ein: „Fürchterlich!", worauf ihre Mutter sie ironisch beruhigte.

„Solange noch die Möglichkeit einer Scheidung auf Italienisch besteht, ist dieses Sakrament gar nicht so schrecklich."

„Scheidung auf Italienisch?", Cora glaubte nicht recht gehört zu haben. „Ich glaube, das gibt es nur als Filmkomödie."

„Wenn du glaubst, dass die Komödie eine Sciencefiction war, irrst du dich gewaltig. Sie ist nur ein Spiegelbild der Wirklichkeit." Sarah lächelte. „Es ist die beste Technik, Konflikte mit den unnötigen alten absurden Traditionen zu vermeiden. Das heißt im Klartext, du darfst deinen Partner betrügen, solange dein Beichtvater keinen Wind davon bekommt. So elegant sieht eine Scheidung auf Italienisch aus."

Aus der Küche brachte eine Bedienstete auf einem Tablett eine Thermoskanne, Kaffeetassen, eine Zuckerdose und ein Milchkännchen. Sarah half ihr alles auf ein Tischchen zu stellen.

Leah griff das Thema wieder auf. „Esther hat mir gesagt, dass in Italien eine kirchliche Zeremonie auch juristisch bindend ist. Das ist in Holland verboten."

Sofort konterte Sarah:

„Hätten die Nationen im Laufe der Geschichte nicht religiöse Differenzen gehabt, wäre diese eine langweilige Tragödie. Keine Kreuzzüge, keine Inquisition, keine arische Rasse. Wir können uns glücklich schätzen, dass es Differenzen in der christlichen Religion gibt, sonst wäre ja der religiöse Friede gesichert. Schrecklich! Nach zwei Tausend Jahren Krieg und Konflikt plötzlich ewiger Friede und morbide Ruhe! Großer Gott im Himmel! Sei barmherzig und lass diese Nationen nicht vor Langeweile sterben!"

Das war nun für Leah zu viel.

„Hast du sie noch alle, Sarah?"

„Ach, deinem schönen Köpfchen, Schwester, fehlt sehr viel von der mentalen Helle deines Göttergatten. Hast nicht du gesagt, dass in protestantischen Ländern wie Holland die religiösen Trauungen keinen juridischen Wert haben? Bei den Katholiken wiederum haben gleichgeschlechtliche Ehen keinen juridischen Wert. Das heißt, dass in der westlichen Welt das Recht Nomadencharakter hat. Andere Länder, andere Sitten. Oder, anders gesagt, ist etwas in einem Land illegal, holt man sich Legalität in einem anderen. Ohne diese jahrtausendalten Unterschiede wäre Europa weder nationalistisch, noch intolerant, noch wäre seine Bevölkerung immer wieder durch Kriege zwischen den Nationen dezimiert worden.

Cora wurde diese theoretische Diskussion zu bunt. Sie hatte die Hochzeit ihrer Kusine im Kopf und unterbrach deshalb ihre Mutter.

„Mich interessiert eigentlich nur, ob es Bruno erlaubt ist, sich mit Esther kirchlich trauen zu lassen."

„Natürlich darf er das", antwortete prompt Leah. „Esther ist doch evangelisch getauft."

„Willst du damit sagen, das katholisch und evangelisch das Gleiche sind?", fragte Sarah.

„Wann, bitte schön, habe ich das behauptet?" Leah fühlte sich angegriffen. „Esther hat mir gesagt, dass sie als Evangelische keine Extraerlaubnis von einem Bischof braucht. Ein evangelischer Pfarrer ist gar nicht notwendig", fügte sie sauer hinzu.

„Und Bruno?", fragte Cora. Wie steht es bei ihm?"

Leah sagte ihr, was sie von Esther erfahren hatte: „Da die Trauung von einem Priester aus Australien vollzogen wird, braucht er keine Dimissoriale. Auch wird bei der Zeremonie Brunos Seelsorger aus Rom zugegen sein."

„Was sind Dimissoriale?", fragte Cora.

„Ich habe es bis jetzt auch nicht gewusst", gab Leah zu. Es scheint, dass eine katholische religiöse Trauung nur in einer Kirche vollzogen werden kann. Die Schlosskapelle ist eine Privatkapelle, aber es darf in ihr getraut werden, genau wie ein einem normalen katholischen Gotteshaus. So ganz sicher bin ich aber auch nicht.

Sarah wusste natürlich mehr: „Hast du schon mal von *Lather rinse, repeat* gehört?"

Verdutzt schauten sie die zwei Frauen an. Sie hatten den Ausdruck nie gehört, aber weil ihnen diese Aufzählung aber vulgär schien, fragten sie nicht nach deren Bedeutung, was Sarah nicht daran hinderte, sie ihnen sofort zu liefern.

„Keine Sorge, Schwesterherz, die Redewendung hat nichts mit Bruno und Esther zu tun. Ich habe sie behalten, weil nur die Engländer etwas so kurz und trefflich formulieren können. In Übersetzung ‚reibe, spüle und wiederhole'. Die Engländer machen sich damit über den Pomp der modernen kirchlichen Trauungen lustig, die gar nichts mehr Heiliges haben."

„Was machen aber zwei Katholiken, die sich scheiden lassen wollen?", fragte Cora. „Ich glaube, keine Kirche der Welt darf zwei Menschen gegen ihren Willen bis zum Tod aneinanderbinden, oder …?"

„Na ja, um von der *Rota romana* die Erlaubnis einer Scheidung zu bekommen, musst du mindestens ein Prinz oder eine öffentliche Persönlichkeit sein" – antwortete ihre Mutter.

„Ich glaube, bei dieser Heirat brauchen die Brautleute auch ihre Personalien, nicht wahr, Tante Leah?", erkundigte sich Cora.

„Esther hat sich aus Rumänien ihren evangelischen Taufschein schicken lassen. Im großen Pavillon wird zuerst die standesamtliche Trauung sein. Bruno hat das so angeordnet, um auf jeden Fall die Legalität der Heirat festzulegen – umso mehr, wenn er nach Australien geht."

„Ich kann mir Bruno unmöglich im Beichtstuhl oder bei der Kommunion vorstellen", lächelte Cora.

„Es scheint, dass sich die Familie Monti seit Generationen diesem Konsens beugt, der die Partner bis zum Tode bindet", schlussfolgerte Tante Sarah.

„Und was wäre gewesen, wenn Esther bekennende Jüdin gewesen wäre?"

„Dann hätte sie einen Dispens gebraucht. Ebenso, wenn sie Nonne, eine Verwandte ersten Grades oder schwanger gewesen wäre", erklärte Leah, sah aber an ihrer Schwester vorbei, aus Angst, die könnte eine verletzende Bemerkung bezüglich ihrer Ehe mit Dan machen.

Doch Sarah war mit den Gedanken woanders und erklärte überheblich, dass für einen Konsens auch zwei Zeugen notwendig seien und fügte theatralisch hinzu: „*Pater sancte, sic transit gloria mundi*" und lieferte gleich die Übersetzung: „So vergeht die Glorie der Welt."

Überrascht fragte ihre Schwester: „Eben hast du noch behauptet, keine Ahnung von katholischen Trauungen zu haben."

„Hab ich auch nicht", war die Antwort, „aber der Satz gefiel mir so gut, dass ich ihn gleich beim ersten Hören behalten habe."

Dann machten sich die drei zu einem Spaziergang auf. Leah war ziemlich aufgebracht. Sie war überzeugt, dass ihre Schwester sie die ganze Zeit absichtlich provoziert hatte. Im Grunde genommen hatte sie den Verdacht, dass diese eifersüchtig war, wie in Kindertagen, als ihre Mutter sie eindeutig bevorzugt hatte. Jetzt war der Grund der Eifersucht Esther. Sie hatte den traurigen Ausdruck bemerkt, mit dem Sarah diese betrachtete und deren Bedauern, dass Esther nicht ihre Tochter war. Eigenartig, dachte sie, dass Esther das Aussehen eines Engels, aber die Charakterstärke Sarahs hat.

Sie glaubte ihr endlich gefundenes Kind würde sie für immer von ihrer Schwester trennen, von der sie überzeugt war, dass diese ihr die vom Leben geschenkten Privilegien nie verzeihen könne. Plötzlich sehnte sie sich nach der Gesellschaft ihres Mannes, um die schwarzen Gedanken zu verscheuchen und um gegen die Feindseligkeit ihrer Schwester, von der sie überzeugt war, geschützt zu sein.

Zu ihrem Erstaunen traf sie schon in der Tür mit Esther zusammen, die etwas zu besprechen hatte. Nach einer unsicheren und unklaren Einleitung begann diese: „Ich möchte, dass unsere Trauung eine wahrheitsgetreue Wiederholung von der von Brunos Eltern sei. Gestern Abend hat er mir davon erzählt und ich hatte den Eindruck von Trauer und Schwärmerei. Er verwöhnt mich so, Mutter, und verlangt so wenig von mir."

Sie war nahe daran, in Tränen auszubrechen. „Seit wir uns kennen, werde ich unentwegt beschenkt und ich kann ihm gar nichts bieten. Das stört mich sehr. Seit ich für mich denken und entscheiden kann, musste immer ein Gleichgewicht da sein, um Tante Sarah zu zitieren, zum Beispiel hier zwischen Geben und Nehmen." Das klang fast beschämt.

Ihre Mutter, von dem Gespräch mit ihrer Schwester immer noch indisponiert, versuchte ihr zu erklären, dass dies eben das normale Verhältnis zwischen einem Mann und einer Frau sei. Was Esthers Idee anbelange, so wisse keiner so recht, wie eine englische Zeremonie verlaufe, und die Zeit sei auch viel zu kurz für eine Umgestaltung. Doch Esther erwiderte, dass sie sich alles ganz gut überlegt habe, dass die Zeit reiche und dass es doch eine sehr schöne Überraschung sein könne.

„Also, wenn du so überzeugt bist", gab sich die Mutter geschlagen, „dürfen wir keine Zeit mehr verlieren. Wir müssen nur jemanden finden, der sich auskennt. Das braucht eine kleine Bedenkzeit."

Beeindruckt von dem Entgegenkommen der Mutter, ergriff Esther deren Hand, küsste sie voller Dankbarkeit und beruhigte die Mutter.

„Da habe ich mich schon schlau gemacht. Wir brauchen eigentlich nur ‚some old thing, ein some new thing', ein ‚borrowed ..., something blue and lucky sixpence in my shoe'. Englisch klingt das besser. Der arme Bruno möchte, dass ich Englisch lerne, aber ich habe so einen Respekt vor der Sprache."

Und in ihren Gedanken tauchte ihre Maestra auf, die geahnt hatte, wie sehr sie diese Sprache brauchen würde.

Gerührt tröstete sie ihre Mutter: „In Australien wirst du diese Angst sofort verlieren. Du liest doch englische Bücher, siehst englische Filme ohne Untertitel, also ist dir die Sprache nicht allzu fremd."

„Ich weiß das, aber ich möchte jetzt und gleich sprechen können, umso mehr unter den Gästen ganz viele Iren und Engländer sind, die keine andere Sprache beherrschen.

Leah zog sie an sich und flüsterte ihr Mut zu. „Sowieso wird diese Hochzeit recht babylonisch sein. Aber mit Händen und Füßen wird man sich schon verständigen können. Ich glaube, bei solchen Gelegenheiten ist die Sprache nicht das Wichtigste."

Das tröstete Esther. „Du hast Recht, Mutter. Es ist klüger, die englische Hochzeitstradition zu bedenken, damit Bruno sich über die Überraschung freuen kann."

Zärtlich sah sie die Mutter an: „Du bist die größte Freude für ihn."

„Ja, gut, aber ich möchte ihn doch überraschen. Also", zählte sie an den Finger ab: „Ich brauche etwas Altes, etwas Neues, etwas Blaues und einen Glückspfennig im Schuh."

„Warum ist das so?", fragte die Mutter, worauf Esther ihr erklärte, dass sie das auch nicht von Anfang an gewusst hatte, doch nach den Erklärungen Brunos fand sie das ganze recht simpel:

„Etwas Altes – da werde ich den Silberring von Mecky nehmen, den Sie mir zum Abschied aus Rumänien geschenkt hat. Neu ist mein Brautkleid. Von Cora werde ich ein Taschentuch borgen, als Symbol des Lebens, das wir von Gott geliehen bekommen haben. Blau werde ich ein Strumpfband nehmen. Das ist für die Engländer ein Treuesymbol. Und der Glückpfennig im Schuh soll unseren Wohlstand sichern. Na, ist das kompliziert?", fragte sie wohlgelaunt. „Es gibt nichts Einfacheres", schloss die Mutter.

Esther gab zu, die richtige Reihenfolge nicht zu kennen, doch sei das wahrscheinlich nicht so wichtig. Das Wichtigste sei, dass Bruno merke, dass sie ihm eine Freude bereiten wollte.

Cora sah, wie Bruno eben die breiten Marmortreppen hinunterlief. Schüchtern klopfte sie an die Tür von Esthers Appartement. Ihre Kusine antwortete sofort und bat sie herein. Sie hatte eigentlich ihre Mutter vermutet, denn nur die klopfte so zart an die Tür. Cora, die inzwischen eingetreten war, gewahrte auf den ersten Blick das Brautkleid.

„Mein Gott, ist das schön!"

In der Tür erschienen nun auch Leah und Sarah, die Brunos Verschwinden abgewartet zu haben schienen. Natürlich drehte sich das Gespräch nur um das Brautkleid. So eine schöne Kreation hatte keine von ihnen je gesehen – es sei denn in Filmen. Leah hatte ein australisches Brautkleid Studio ausgesucht und Esther hatte das Modell bestimmt. Beeinflusst von ihrer Mutter und Bruno hatte sie sich für ein Kleid in romantischem Stil entschieden, was die beiden für Esther am passendsten fanden. Die feine, geschmeidige thailändische Seide vermittelte ein Spiel von Licht und Schatten. Die Schweizer Stickerei war mit teurer französischer Spitze reich verziert. Doch schien es durch den betont einfachen Schnitt keinesfalls überladen. Der unterstrich wunderbar das *Etui décolleté*. Die aufwändige Applikation aus Stickerei und Spitze unterstrichen das Edle dieser Korsage. Die lange Tülle gab den Eindruck von irrealer Ätherik. Eine lange Schleppe vervollständige das Traumkleid (im SissiStil, wie Bruno es genannt hatte). Auf dem Kopf sollte Esther ein Diadem aus Perlen und echten Diamanten tragen.

Vor den matten Handschuhen fürchtete sich Esther ein wenig, weil ungewohnt, doch ihre Mutter versicherte ihr, dass sie sich schnell daran gewöhnen würde.

„Die Schleppe kann beim Tanz an der Taille befestigt werden, ohne ihren Effekt zu verlieren", erklärte Esther ihrer Kusine.

Am Abend waren auch die drei katholischen Priester wohlbehalten in einem von dem ganzen Trubel entfernten Appartement einquartiert worden.

Im Grunde genommen genoss Esther diesen Trubel sowie das Zusammensein mit ihren Verwandten. In dieser Nacht sollte noch die Balletttruppe des Maestro Popp aus Kanada ankommen. Von denen hing der Erfolg ihres letzten Auftrittes ab. Ein wenig Lampenfieber hatte sie schon. Die Gäste zu enttäuschen, davor hatte sie keine Angst. Aber ihre Familie, die von Bruno und er selbst sollten mehr als zufrieden sein. Die verstanden alle etwas von Tanz und Ballett und sie fürchtete, den hohen Ansprüchen, die sie an sich selbst im Namen der anderen gestellt hatte, nicht zu genügen. Sie fragte sich, warum sie diese Aufführung vor der Hochzeit überhaupt akzeptiert hatte. Sie hatte immer davon geträumt, ihren zukünftigen Mann zu begeistern, seiner Liebe wert zu sein. Was nun, wenn sie versagte, wenn sie ihm peinlich vorkommen würde? Sie könnte ja auf den Flamenco verzichten, wagte es aber nicht, das Felix anzutun. Sie hatten zusammen so hart an dem Tanz gearbeitet und sie hätte ihn mit einer Absage zu Tod beleidigt. Von Selbstzweifeln gequält, schlief sie schließlich ein und hörte Bruno gar nicht, der sich auch todmüde neben sie zur Ruhe begab. So war die Nacht für das junge Paar weder erholsam, noch ruhig. Immer wieder schreckten sie Gedanken und Sorgen aus dem sowieso kurzen und unruhigen Schlaf.

„Eben habe ich Bruno in einem eleganten Dinnerjacket die Treppe hinuntereilen sehen", informierte Sarah am nächsten Tag ihre Schwester. „Erzähl mir nicht, dass er den Papst persönlich begrüßen soll", stichelte sie.

„Aber nein, auf keinen Fall! Der wurde eingeladen, um nach der Trauung den letzten Segen zu erteilen." Leah zahlte mit gleicher Münze zurück. „Heute Abend treffen sich nur die Männer im Dorf zu einer Bachelorparty. Aber falls du auch hingehen wolltest, bin ich sicher, dass sie nichts dagegen hätten, auch wenn du einen Rock trägst."

„Ja wie? Will Bruno nachher noch ein amerikanisches Kolleg besuchen?" Sarah gab nicht nach.

„Aber nein", erklärte Esther, die dazu gekommen war, „dieser Bachelor ist eine Art Polterabend, eine Abschiedsparty vom Ledig sein. Mit der Ehe, das ist allgemein bekannt, legt man sich doch in Ketten, und das noch freiwillig."

„Anders rum, eine Braut opfert auf dem Alter der Ehe nichts als die Freiheit des Mannes.", spottete die Tante.

„Ich habe bloß gesagt, dass der Mann freiwillig dieses Opfer bringt", erklärte die Nichte amüsiert. „Wir, die Frauen, werden uns später auch ins *rehearsal* zurückziehen und machen uns auf unsere Art einen angenehmen Abend."

„Als ob sich Weiber einen angenehmen Bachelor machen könnten…", meinte die Tante und entfernte sich schlecht gelaunt.

Am Tag vor der Aufführung verfolgte Esther in Schlosshof die letzten Vorbereitungen. Ihre ganze Haltung verriet die ‚Lady' und überall sahen sie alle voll Bewunderung und Respekt an. Ihr Cocktailkleid war ganz ungewöhnlich, feminin und festlich. Ihr knielanges, leicht dekolletiertes Kleid umspielte sanft ihren schönen Körper. Darüber trug sie ein kurzes Jäckchen aus leichtem Stoff mit ellenlangen Raglanärmeln.

Am Nachmittag sollten sich alle Frauen der beiden Familien in der Kunstgalerie zu einer Cocktailparty treffen. Brunos Mutter hatte sie eingeladen. Hätte man Esther gefragt, hätte sie sofort erzählt, welch gelangweiltes Gesicht ihre zukünftige Schwiegermutter dabei gemacht hatte. Sie selbst befand sich in einer Art Trance und absolvierte automatisch alle gewünschten Formalitäten. Schließlich war es ihre Hochzeit, und wenn ihre Mutter auch übertrieb so war sie doch glücklich, dass sich jemand zu ihrem Wohl um alles kümmerte, so wie es sich von Kind auf gewünscht hatte. Auch wenn es manchmal zu viel des Guten war, wurde sie es doch nie satt, obwohl sie sich manchmal mit bissigen Bemerkungen gegen ihre Mutter wehren musste.

In ihrem Kleid aus dunkelgrünem Taft, mit beruhigendem Rascheln, dessen Farben beim Gehen mit den Nuancen von sattem Grün spielten, sah Leah einfach blendend schön und vornehm aus. Brunos Mutter begrüßte sie mit bewundernd anerkennendem Lächeln, frei jeden Neides. Der australische Clan hatte inzwischen die ganze Verwandtschaft angenommen; sogar Esthers zukünftige Schwägerin, die sich wegen Brunos erster Frau anfänglich sehr reserviert gezeigt hatte. Ja, sie ließ sich sogar von Leah bezüglich ihres Ballkleides beraten. Philipp und die beiden Neffen Brunos, William und Oliver, waren auch dicke Freunde geworden. Die drei sollten während der Zeremonie alle Kinder beaufsichtigen, eine Aufgabe, die sie gern übernahmen, weil das ihnen vor den Erwachsenen viel Entscheidungsfreiheit versprach. Der Tennisplatz, der Tisch für Tischtennis, der Basketballkorb, das Schwimmbecken und eine Unmenge von Spielen boten den Kindern Zerstreuung, während sich die Erwachsenen an die strengen Regeln der sozialen Etikette halten werden müssen.

In der Kunstgalerie bei der Cocktailparty bestaunte Esther zum −zigsten Mal die ausgestellten Kunstgegenstände. Außer Cocktails, Wein und kleinen Appetithäppchen gab es bei dieser Party nichts als ein bisschen Smalltalk. Die Musik im Hintergrund war weder störend noch ermüdend. Belustigt bemerkte Esther, dass sich Tante Sarah ganz provokativ ein Häppchen nach dem anderen einverleibte. Vielleicht tat sie das ganz bewusst, um nicht nach rechts und links Süßholz raspeln zu müssen. Plötzlich entschlossen nahm Esther die ganz verschüchterte Cora bei der Hand, zog sie an das Buffet und setzte sich neben Tante Sarah. Brunos Mutter schien diese Solidarität verstanden zu haben, kam dazu und nach und nach die meisten Anwesenden. So wurde Tante Sarah zum Mittelpunkt dieser Cocktailparty und unterhielt alle bestens mit ernsthaften Gesprächen statt mit langweiligem Smalltalk.

Nur Leah konnte ihren Neid kaum unter einem Lächeln verbergen. Sie hatte sich vorgestellt, dass sie und Brunos Mutter diesen Abend präsidieren würden. Sie glaubte, es sei auf der Hochzeit ihre Pflicht, aus dem Hintergrund ihre Tochter stets in den Mittelpunkt zu stellen. Aber selbst die lustige und sanfte Schwester Brunos war sofort von der etwas grobschlächtigen Natürlichkeit Sarahs gefangen. Wie auch Brunos Mutter hatte sie die gewöhnlichen Cocktailpartys reichlich satt. Die Geschäfte der Familie machten solche Gesellschaften immer wieder notwendig, und dann hieß es, die Gattinnen der Geschäftspartner bei Laune zu halten. Obwohl die Partys normalerweise nicht vor 17 Uhr begannen und nie länger als bis 19 Uhr dauerten, waren sie von dieser Pflicht alles andere als begeistert. Frau Monti zeigte offen ihren Widerwillen, sogenannte *workparties* zu organisieren. Diesmal war es ganz anders. Die Kaltschnäuzigkeit und der Humor der Tante Sarah begeisterten alle Damen. Diese als langweilig gefürchtete Party wurde zu einem lockeren Beisammensein, bei dem man sich wohlfühlte und von Herzen lachen konnte. Beim Abschied waren alle miteinander warm geworden. Sie fühlten sich befreit, dass sie nicht mehr verpflichtet waren, sich untereinander mit Höflichkeitsfloskeln anzuöden, sondern von Mensch zu Mensch sprechen konnten. Das war das klare Verdienst der Tante aus Israel, die jegliche leere Formen verweigert hatte.

Der nächste Tag, der Tag von Brunos Vorstellung, wie Tante Sarah ihn genannt hatte, ließ Esthers Lampenfieber ansteigen. Den Abend an sich hatte Bruno organisiert, unterstützt von der Balletttruppe des Maestro Popp aus

Kanada und von einigen Regisseuren, Bühnenbildnern, Schauspielern und Freunden, die ihm gerne zu Hilfe geeilt waren. Angemeldet hatten sich außerdem über hundertfünfzig Gäste aus Europa, Verwandte, Freunde, aber auch Bekannte aus Kanada, den USA, und natürlich aus Australien. Generationen nach den ersten Emigranten der Familie Monti, kehrten jetzt deren Nachkommen zurück auf den alten Kontinent, aber mit der Sicherheit einer festen Heimat und einem Zuhause.

Trotz seiner vielen Jahre in Europa hatte Bruno in Australien viele ehrliche Freunde. Schon in seiner Schülerzeit war er unter den Kollegen sehr beliebt und geachtet gewesen und das nicht wegen seiner reichen Familie, sondern wegen seines angenehmen Charakters. Auch bei den Lehrern war er beliebter als die meisten seiner Mitschüler. Seine Intelligenz und sein ungewöhnlicher Wissensdurst brachten ihm so viel Achtung ein, dass seine Herkunft vor seiner Persönlichkeit in den Hintergrund geriet. Man sprach von ihm als von Doktor Monti und nicht vom Sohn des Milliardärs Monti.

Dass alle seine Schulfreunde zur Hochzeit erschienen waren, rührte Bruno zutiefst. Er fand es aber sonderbar, dass er sich an seine Mitschülerinnen weder namentlich noch dem Gesicht nach erinnern konnte. Nicht einmal an die Mädchen, mit denen er damals geflirtet hatte. Recht erstaunt vernahm er von einem Freund, der ihn in Rom besucht hatte, dass er einst das Idol der Mädchen gewesen sei. Er war damals auf Lernen, auf Wissen, auf Reisen versessen gewesen, die Mädchen waren ihm nicht wichtig erschienen. Wahrscheinlich war das Fehlen jeglicher Erfahrungen diesbezüglich auch der Grund für die blinde Liebe zu seiner ersten Frau und die überstürzte Heirat gewesen. Alle späteren Beziehungen hatten bei ihm keine Spuren hinterlassen – er hatte sie schnell geschlossen und ebenso schnell wieder vergessen.

Bevor er Esther kennenlernte, hätte er nie geglaubt, dass die Liebe eine seltsame Mischung von Freude und Leid ist.

Oft wunderte er sich über sich selbst und seine Reaktionen. Manchmal konnte er sie morgens lange betrachten, wie sie schlief. War sie aber nicht da, wie zuletzt in den drei Wochen, als sie in Kanada übte, war er ins Schlafzimmer gegangen, um ihr Parfüm zu riechen, hatte sehnsuchtsvoll ihre Bücher durchblättert, die sie offengelassen hatte. Einmal hatte er sogar ihre Lieblingstasse, aus der Esther ihren Tee trank, aus dem Küchenschrank genommen und auf ihren Platz auf dem Tisch gestellt. Ihn hatte die Größe dieser Tasse immer schon amüsiert. Esther hatte ihm erklärt, dass sie mit dieser Tasse ihre tägliche Trinkration kontrollieren könne. Dafür bewunderte er sie und das nicht nur als Arzt, denn es war tatsächlich der einfachste Weg zur Selbstkontrolle.

Durch die halboffene Tür erblickte Bruno die schlafende Esther, die ein Bein aus der weichen, weißen Decke herausgestreckt hatte. Schweren Herzens unterdrückte er den Wunsch, sie zu umarmen, und wandte sich seinen Aufgaben als Gastgeber zu. Er musste das Buffet überwachen, wurden doch über 300 Personen erwartet. Ein Flügel des Schlosses war für die Australier vorgesehen, die jede Minute mit 4 Bussen aus Rom eintreffen sollten. Die beiden Pensionen im Dorf hatte man auch reserviert und für alle Fälle hatte er bei ein paar Familien für Unterkünfte gesorgt.

Er blickte über den von der warmen Junisonne beschienenen gepflegten Rasen auf dem eben eine Bühne aufgebaut wurde. Die Zuschauerbänke waren in Reihen so angeordnet, dass der Blick auf das Schloss und die Orangerie fiel. Die linke Seite begrenzte der terrassierte Park. Der sollte nach dem Einbruch der Dunkelheit entlang der Allee, die die Symmetrie der Blumenarrangements teilte, von –zig Fackeln beleuchtet werden. Die Bühne selbst sollte nach der Vorstellung als Tanzfläche dienen. Neben der Bühne befand sich der Gemüsegarten, daneben der Pavillon. Der war den Iren zugewiesen worden, den Nachkommen des irischen Hannan, von dem die Familie Monti den katholischen Glauben geerbt hatte, wie Brunos Großvater zu erzählen pflegte, in dessen Wesen immer wieder die

Seelenverwandtschaft mit den rebellischen Kriegern keltischen Bluts hervorgetreten war. Ebenfalls Ire war auch der Schauspieler, der die schönen Verse *Greensleeves* vortragen sollte. Bruno stellte sich die geselligen Iren vor, wie sie alle zusammen in ihrer unübertrefflichen Musikalität in den Refrain einstimmen werden. Er nannte dieses Lied ‚die Ballade des Emigranten', obwohl es sich wahrscheinlich um ein altes Liebeslied handelte, das Henry VIII Anna Boleyn, der Mutter Elisabeths der Ersten, gewidmet hatte. Das Lied war mit Erinnerungen verbunden: Kurz nachdem Bruno Esther kennengelernt hatte, hatten sie beschlossen zusammen zu ziehen. Auf der Fahrt zu Brunos Wohnung klang aus dem Radio dieses Lied. Esther, die den ganzen Weg zum Fenster hinausgeblickt hatte, wandte sich Bruno zu und sagte gerührt: „Ich glaube, dies ist und bleibt mein Lied. Ich werde es ‚die Ballade des Emigranten' nennen." Auf Brunos verwunderte Frage erklärte sie ihm leise, dass aus dem Lied sehr viel Sehnsucht nach einem Zuhause mitklinge. Daraufhin erzählte er ihr die Geschichte des Liedes, doch sie blieb bei ihrer Feststellung einer nostalgischen Ballade aller ins Exil Gegangenen, „denn sie alle tragen in ihren Herzen die Sehnsucht nach einer verlorenen Liebe, einer Stadt, einem Dorf, nach den Eltern, nach dem Vaterhaus. *Greensleeves* hat hundert Facetten. Aber alle tun weh", schloss sie mit Tränen in den Augen. Daran erinnert, fand Bruno die Nostalgie des Liedes für die kurze Begrüßungsansprache an die Gäste aus allen Ecken der Welt sehr geeignet und für den Tag, an dem sich die Nachfahren derer, die einst von der Armut oder von sozialen Vorurteilen gezwungen, ihre Heimat verlassen hatten und sich nun auf dem alten Kontinent wieder trafen.

Aufmerksam beobachtete Bruno das Kabelnetz der Beleuchtung aus vielen bunten Lämpchen, überflog mit dem Blick die Bühne, die festen Bänke mit Lehnen, die ein kleines Amphitheater bildeten und eine gute Sicht auf die Bühne erlaubten.

Gleich nach der Vorstellung war ein Feuerwerk geplant, weil Esther das so schön fand. Vortragskünstler, Kabarettisten, zwei bekannte Musikbands sollten die Gäste und die Helfer unterhalten. Er überdachte noch einmal das Buffet, erinnerte den Oberkellner daran, das Breakfest mit dem Lunch zu verbinden, damit niemand an feste Esszeiten gebunden sei. Weil die meisten Gäste englisch geprägt waren, hatte er dafür gesorgt, dass genügend Toast und Marmelade, Porridge, Würstchen, Schinken, Omelette, grüne Bohnen, gegrillter Fisch, *hash browns* und Tee vorhanden war. Besonders die Australier waren an Toast mit Vegeminte, Kaffee und Tee gewohnt.

Bei der Planung des Menüs hatte Esther ihm mit der Mitteilung genervt, dass in Rumänien *buddelparties* oder *bottleparties* durchaus bekannt waren. Das heißt, man bringt die Getränke von zu Hause mit. Das hatte sie gesehen als sie – übrigens das einzige Mal – mit Mecky am Meer gewesen war. Bruno hatte sie beruhigt, das Dorf sei nur einen Katzensprung weit, und sollten die Getränke ausgehen, könnten sie leicht welche von den lokalen Winzern kaufen. Er hatte keinen Zweifel, dass deren Weine nicht schlechter waren als die von der Reklame viel gepriesenen.

Aus der Tür zum Appartement fragte Sarah schlecht gelaunt ihre Schwester, die sich vor dem Toilettentischchen schminkte: „Ich habe nicht so gut verstanden, was Dan gesagt hat: Wann fängt das Spektakel an?"

„Ungefähr halb sechs bis sechs, das hängt davon ab, wann alle Gäste, auch die, die im Dorf wohnen, da sind", sagte Leah. Das Schminken erforderte ihre ganze Aufmerksamkeit.

„Ich hoffe, es gibt auch ein Buffet?", fragte Sarah weiter.

„Großer Gott, Sarah", erwiderte Leah ungehalten, „du tust, als ob da unten nicht Berge von Essen wären."

Doch Sarah nervte weiter:

„Eben darum interessiert es mich. Ich habe den ganzen Tag gefastet, um am Abend essen zu können. Ich wollte bloß wissen, auf welches Buffet ich mich stürzen soll, bevor ich Hungers sterbe. Das aus dem Garten, das im Schloss oder das im Wirtshaus im Dorf." Sie hatte offensichtlich Lust auf Streit. Es war ihr auch gelungen; Leah gab wütend zurück:

„Also, ich frag mich ehrlich, warum du dir nicht ein paar Brötchen in die Tasche steckst, oder noch besser in den Busen, wie die Marktfrauen in Rumänien ihr Geld."

Kaltschnäuzig kam die Antwort: „Meine Liebe, ich bin eine wohlerzogene Frau. Meine Notprovision habe ich schon am ersten Tag in einer Schuhschachtel angelegt. Und sollten die Russen oder die Amis heute Nacht einen Atomkrieg anfangen, habe ich meine Vorräte im Atomschutzkeller des Schlosses gesichert."

Leah antwortete betont gelangweilt:

„Also, deine Aussage zeigt, dass dir jeder Humor fehlt. Aber wenn ich dir einen guten Rat geben darf, erzähle niemandem von deinen Vorräten. In Notsituationen können Menschen sogar zu Kannibalen werden."

„Da bin ich aber ganz beruhigt, liebes Schwesterlein, ich bin viel zu alt und zähe, und selbst in der Not würden die Kannibalen zarteres Fleisch bevorzugen."

Jetzt reichte es Leah. „Weißt du was, Sarah, lass mich jetzt endlich in Ruhe! Das Buffet ist ab 9 Uhr abends geöffnet. Hol dir ein paar Kekse, dass du bis dann nicht in Hungerpanik fällst."

„Aber auf meiner Einladung steht doch 20 Uhr", bohrte Sarah kindisch weiter.

„Das ist falsch. Die Vorstellung beginnt nach Einbruch der Dunkelheit. Kannst du dir denn ein Feuerwerk vorstellen, wenn die Sonne scheint?"

„Aber beginnt die Hochzeit denn vor der kirchlichen Trauung?"

„Die Vorstellung ist heute Abend, oder hast du das vergessen? Eine Art sich kennenlernen, sich vorstellen, so was. Das hat dir Esther doch –zig mal schon in Rom erklärt."

Leah war jetzt des Gesprächs wirklich müde. Sarah aber nicht.

„Ich würde mich nicht wundern, wenn ich erführe, dass diese ganze Wagnerriade auf deinem Mist gewachsen ist", stichelte sie ihre Schwester giftig. „Kaum zu glauben, dass ein seriöser Mensch wie Bruno oder ein bescheidenes, praktisches Mädchen wie Esther sich so einen Pomp gewünscht hätten", sagte sie und entfernte sich leise.

Leah versuchte ihr lautstark zu erklären, dass es Brunos Wunsch gewesen sei, bis sie merkte, dass Sarah längst weg war. Diese war direkt zum Buffet gegangen, wo schon sich einige Gäste gütlich taten. Ohne Scham stopfte sie sich voll und freute sich, dass sie ihrer etepetete Schwester eins ausgewischt hatte. Das hat sie nun davon, dachte sie, und lächelte böse, dass sie mich immer bewacht, als wäre ich die dumme Verwandte vom Land, die stets ins Fettnäpfchen tritt. Auch hatte sie unter den Gästen Leute gesehen, die normale Festtagskleidung trugen und sich wohl zu fühlen schienen, obwohl sie nicht durch die überstrenge Qualitätskontrolle ihrer erlauchten Schwester gegangen waren.

„Wie wird erst der arme Dan von seiner aristokratischen Schönheit mit An und Ausziehen terrorisiert worden sein." Auf mehreren Gesichtern hatte sie Nervosität bemerkt, wenn Leah in der Nähe war. Sie hatte sogar begonnen, Cora zu bemitleiden, als sie deren Angst bemerkte, mit der sie beim Frühstück alle Handgriffe ihrer Tante verfolgte. Wütend hatte sie Cora den Teller aus der Hand genommen und ostentativ alles darauf gehäuft, was der schmeckte. Das machte sie dann auch mit Lucas Teller und mit dem des kleinen Ariel, den sie jetzt zum ersten Mal bewusst ansah. Sie musste zugeben, dass er ein außergewöhnlich hübsches Kind war. Doch leider drückte sein Gesichtchen nur Angst aus. Schon vorher hatte sie die drei beobachtet, wie sie, versteckt hinter den Mauern des Schlosses aßen, nur um dem kritischen Adlerblick Tante Leahs zu entgehen.

Der Saal mit dem Buffet füllte sich nach und nach und Sarah zog sich in einen Nebenraum zurück, wahrscheinlich das Esszimmer der Schlossherren. Bald würden auch die Verwandten, die am gestrigen Abend aus Israel gekommen waren, eintreffen. Sie hatten in einer Pension im Dorf übernachtet und sollten gegen 17 Uhr mit einem Bus zum

Schloss gebracht werden. Sie beeilte sich mit dem Essen, um sie begrüßen zu können. „In deren Gesellschaft bin ich vor den aristokratischen Allüren meiner lieben Schwester geschützt", dachte sie. Aber die hatte alle becirct, so dass sie wahrscheinlich ihre Show als Prinzessin weiter abziehen konnte. In Israel hatte Sarah kaum etwas Anderes gehört, als dass Leah eine unwahrscheinliche Schönheit sei und dass sie mit Dan ein absolutes Traumpaar seien. Trotzig dachte Sarah, „Sollen sie doch machen, was sie wollen! Sollen sie doch der Gräfin Leah auch noch die Schuhe putzen! Was geht mich das an! Nach dem ganzen Theater hier, genannt Hochzeit, ziehe ich mich in mein Appartement in Tel Aviv zurück! Dort werde ich ein paar Tage barfuß und im Schlafhemd herumlatschen und mich so richtig meiner Freiheit freuen."

Aus Angst vor einer nachträglich sicheren Moralpredigt hatte sie es hier im Schloss nicht gewagt, sich in legerer Kleidung zu zeigen. Nun, nach dem Sieg über Leah war sie ganz mit sich zufrieden, brachte den leeren Teller zu einem Abstelltisch und ging auf ihr Zimmer, um sich für die Gäste aus Israel hübsch zu machen.

Nach der kurzen Mittagspause sah Esther aus dem Fenster in den Schlosshof hinaus. Sie bemerkte eine Menschenmenge, die versuchte in den Schlosshof zu blicken. Wissend, dass das Anwesen ziemlich weit von Dorf ist, lief sie in das Schlafzimmer ihrer Mutter, die eben etwas am Diadem richtete.

„Unten sind Menschen", stotterte sie aufgeregt, „ich wollte sagen, ich habe viele Leute um das Schloss gesehen. Glaubst du, dass es harmlose Touristen oder Dorfbewohner sind?"

„Bruno hat doch mit dem Pförtner gesprochen. Es scheinen Dorfbewohner zu sein", beruhigte sie die Mutter. „Sie sind neugierig, was hier auf dem Schloss vorgeht, umso mehr es gewöhnlich leer steht. Wenn es dich stört, können wir…"

„Nein, auf keinen Fall", unterbrach sie Esther. Um ehrlich zu sein, es stört mich mehr, dass sie ausgesperrt sind."

„Aber Esther, bleib auf dem Boden! Zu einer Hochzeit kannst du nicht ganz Italien oder Europa einladen, nicht wahr? Sowieso gibt es eine Unmenge Gäste. Es ist aber normal, dass da draußen Leute stehen; man ist neugierig, wenn es eine Hochzeit auf dem Schloss gibt."

„Eben, wenn die Leute eine Hochzeit sehen wollen, möchte ich nicht, dass sie wie Bettler am Zaun stehen müssen", sagte Esther entschlossen.

„Du wirst doch nicht wollen, dass die alle hereingelassen werden?", fragte die Mutter verdutzt.

„Doch, das will ich", war die kurze Antwort.

„Das geht doch nicht!"

„Das werden wir sehen", sagte die Tochter und lief zur Tür. „Ich werde mit Bruno sprechen."

Verzweifelt versuchte die Mutter sie aufzuhalten: „Esther, Liebling, bleib doch, lass uns das doch besprechen", aber diese war schon die Treppe hinuntergelaufen.

Schnell entdeckte sie Bruno, zog ihn an der Hand zum Fenster und flüsterte aufgeregt, sie habe etwas Wichtiges zu besprechen. Dort küsste sie ihn und zeigte ihm die unten versammelten Menschen. Bruno erklärte, die seien gekommen die Hochzeit zu sehen. „Uns wollen sie sehen, Liebling."

Mit unschuldiger Miene fragte sie: „Warum lassen wir sie dann nicht herein, wenn sie uns sehen wollen? Ich kann es nicht leiden, dass auf meiner Hochzeit jemand wie ein Bettler am Zaun steht. Bitte!"

Bruno war ein wenig überfordert. „Willst du das wirklich, Esther?"

Mit fester Stimme antwortete sie: „Ich wünsche das nicht nur, ich will, dass alle, die vor dem Tor stehen, hereingerufen werden."

Bruno überflutete eine heiße Welle der Liebe. Gerührt schloss er Esther in die Arme.

„Siehst du, wieder einmal habe ich verstanden, warum ich dich unbedingt heiraten will. Ihr Wunsch, Prinzessin, ist mir Befehl", sagte er und verbeugte sich lächelnd. „Ich sage sofort dem Verwalter Bescheid. Er soll die Tore weit öffnen. Wir werden noch ein paar Bänke zu den Zuschauern stellen und das Buffet draußen vergrößern. Für dich würde ich die ganze Welt einladen, aber meine Prinzessin, du musst mit diesem Schloss vorliebnehmen. Für die Schaulustigen aus dem Dorf ist Gott sei Dank Platz genug." Verliebt küsste er sie noch einmal und eilte zum Verwalter.

Gegen Abend, vor der Begrüßung der Gäste, ging Bruno auf die Terrasse, um ein wenig auszuspannen. Von unten, von den Tischen hörte man die Gespräche der Dorfleute, die sich hin zurückgezogen hatten. Der unschuldige Humor der einfachen Leute, typische Italiener, amüsierte ihn herrlich.

„Was erzählst du da, Masimo?", fragte ein Mann in gewichtigen Ton. „Die Braut ist aus Kanada, dass weiß ich ganz gewiss von meiner Schwägerin."

„Unsinn", sagte ein anderer. „Deine Rosa ist doch fast taub. Masimo Giancarlo hat mit dem Bräutigam gesprochen. Sie kommt aus Australien, ganz gewiss!"

„Halt den Mund, Renato! Du mit deinem Australien!", mischte sich ein dritter ein. Die Braut ist eine Deutsche. Ich habe gehört, wie sie mit einer älteren Dame sprach. Sie sei Tänzerin, sagt man."

„Den Teufel auch, Tänzerin", widersprach Masimo. Ballerina ist sie, eine große Ballerina. Für Rosa ist Tänzerin, Ballerina, Sängerin das Gleiche. Aber jetzt ist sowieso Schluss mit Tanzen. Jetzt werden die Töpfe auf dem Herd und die Kinderchen um den Ofen tanzen. Das wird jetzt ihr Getanze sein1"

Bist du aber dumm! Glaubst du, der reiche Mann hat kein Geld für eine Köchin?", mischte sich eine Frau ein. Gott, ist der Bräutigam schön! Wie die Braut ausschaut, weiß ich nicht, aber über den Bräutigam muss ich sagen", schwärmte sie, „ein Bild von einem Mann."

Vom Ende des Tisches kam eine andere Stimme: „Was diese Hochzeit wohl gekostet hat! So viel Geld hat das ganze Dorf zusammen nicht. Na klar, man sagt, der Mann sei

Doktor in Rom. Da wundert es ja keinen, dass er Geld hat wie Heu. Na ja, wer hat, der hat."

„Hat er denn das Schloss gekauft?", fragte jemand.

„Quatsch", antwortete Gianina. Giancarlo sagt, er hat das Schloss speziell für die Hochzeit gemietet." Giancarlo widersprach: „Das stimmt doch gar nicht. Ich habe gesagt, er ist ein Freund vom Schlossherrn."

„Das ist deren Sache!". Gianina wurde laut: „Bestimmt ist die kirchliche Trauung in der Kapelle. Zwei Priester sollen die Zeremonie halten, einer aus Australien und einer aus Rom. Wie bei Königen!"

Wie dem auch sei, solche Leute verdienen alle Achtung", hörte man wieder Masimo. Wenn wir unseren Doktor nach Hause rufen, lässt uns seine Frau nicht mal in den Hof. Aber dieser Doktor aus Rom hat das Schlosstor öffnen lassen und uns hereingebeten. Das sind richtige Herrschaften, nicht unser pummeliger, pockennarbiger Doktor. Dieser Monti ist ein wahrer Italiener, wie wir, nicht irgendein Hergelaufener", schloss er überzeugt.

„Du bist ja genauso taub wie Rosa", empörte sich Giancarlo. „Ein wahrer Italiener, aber aus Australien!"

Für Bruno war es höchste Zeit sich zurückzuziehen. Lächelnd entfernte er sich, obwohl er gerne noch weiter zugehört hätte. Er musste sich umziehen um zusammen mit Esther die Gäste zu begrüßen.

Vor Beginn der Vorstellung kamen Bruno und Esther in den von Fackeln festlich beleuchteten Park. Bruno trug einen schwarzen Frack und ein weißes Hemd. Neben ihm ging scheu lächelnd seine wunderschöne Braut. Sie trug entgegen ihrer sonstigen Bescheidenheit an diesem Abend ein opulentes Kleid, elegant und sexy zugleich. Ihre Taille betonend rauschte der schwarze Seidenchiffon wie die geheimnisvollen Töne eines duftgetränkten Juniabends. Diesmal war ihr Dekolletee tief geschnitten. Den langen, graziösen Hals schmückte ein feines Kollier aus Rubinen.

Nachdem sich alle Gäste gesetzt hatten, stieg Bruno auf die Bühne, begrüßte alle herzlich und bedankte sich bei allen aus tiefsten Seele, auch im Namen seiner zukünftigen Frau, dafür, dass sie zu ihrem Ehrenfest gekommen waren. Dann bat er seinen Freund, den irischen Schauspieler, diesen besonderen Abend zu eröffnen. Dieser letzte Abend vor der Hochzeitszeremonie sollte ein Geschenk an alle Gäste sein. Mit ein paar Worten erzählte er die Geschichte des Liebesliedes von Henry VIII, und erlaubte sich, ihn heute Abend ‚die Ballade des Emigranten' zu nennen. Er verließ die Szene und sein Freund trat auf. Er war leicht bekleidet, mit einem weißen Hemd und schwarzer Hose. Ihn begleitete ein kleiner gemischter Chor, den natürlich Dan vorbereitet hatte.

    Alas my love; you do me wrong
    To cast me off discourteously.
    For I have loved you well and long
    Delighting in your company.

    Wie ein Gong klang seine kräftige Bassstimme über den Raum. Er vermittelte die Nostalgie und Sehnsucht aller Emigranten, die aus der ganzen Welt hier versammelt waren. Und – wie von Bruno vorgesehen – als der Chor den Refrain sang, stimmten alle Iren mit ein, klar, tief und melodiös. Andere Gäste folgten ihrem Beispiel und bald war der jahrhundertealte steinerne Schlosshof erfüllt von den berührenden Tönen der alten Liebesballade. Die Emigranten besangen die nostalgische Liebe ihrer Vorfahren zu ihrer Heimat, die sie verlassen mussten; sie besangen aber auch die Liebe zu ihrer neuen Heimat, die ihnen von denen geschenkt wurde, die die Chance nicht mehr hatten „*My Lady Greensleeves*" zu hören. Esther hatte Recht behalten, es war eine Ballade aller von der Heimat Entwurzelten. Die Intensität der Gefühle schien in der Luft mitzuschwingen.

    Alas, my love, you do me wrong,
    To cast me off discourteously.
    For I have loved you well and long,
    Delighting in your company.

    (Chorus:)

Greensleeves was all my joy
Greensleeves was my delight,
Greensleeves was my heart of gold,
And who but my lady greensleeves.

Your vows you've broken, like my heart,
Oh, why did you so enrapture me?
Now I remain in a world apart
But my heart remains in captivity.

(Chorus)

I have been ready at your hand,
To grant whatever you would crave,
I have both wagered life and land,
Your love and goodwill for to have.

(Chorus)

If you intend thus to disdain,
It does the more enrapture me,
And even so, I still remain
A lover in captivity.

(Chorus)

My men were clothed all in green,
And they did ever wait on thee;
All this was gallant to be seen,
And yet thou wouldst not love me.

(Chorus)

Thou couldst desire no earthly thing,
but still thou hadst it readily.
Thy music still to play and sing;
And yet thou wouldst not love me.

(Chorus)

Well, I will pray to God on high,
that thou my constancy mayst see,
And that yet once before I die,
Thou wilt vouchsafe to love me.

(Chorus)

Ah, Greensleeves, now farewell, adieu,
To God I pray to prosper thee,
For I am still thy lover true,
Come once again and love me.

(Chorus)

Nach einer kurzen Pause sollte Esther mit ihrem Tanzpartner Felix auftreten. Noch klang in ihr die Melodie des eben gehörten Liedes nach. Sie dachte an die bescheidene Bühne in Rumänien, wo sie ohne viel Gefühl „La Sylphide" getanzt hatte, und empfand gleichzeitig einen heißen Schmerz – Trauer um die geliebte Maestra. Und sie verglich das mit ihrer Angst jetzt, vor dem Tanz, mit dem sie sich noch nicht so richtig identifizieren konnte, weil ihre ganze Seele doch von dem Mann erfüllt war, dem sie ab morgen angehören wollte.

Ohne zu wissen wie, war sie auf der Bühne und begann zu tanzen Wie immer hatte die Musik sie auf den Tanz eingestimmt, den sie sich in den letzten Tagen nicht vorzustellen gewagt hatte. Plötzlich drückte ihre Körperhaltung Willen aus. Ihr Körper schien sich in Einzelteile aufzulösen. Das leise Schwingen der Taille und das wellenartige Schwingen der Hüfte schienen für ihre porzellanzarte Figur fast unnatürlich. Mit ungeahnter Leichtigkeit drehten sich die langen, dünnen Arme in den Gelenken. Und doch ging eine starke Kraft von ihr aus.

Während sie den Takt schlug, schienen ihre Finger losgelöst von der Hand. Ihre Schultern bewegten sich lose, während sich der Brustkorb stark und kräftig hob. Jetzt verwandelte sich der Tanz in einen intimen Akt. Zum ersten Mal tanzte sie für sich, für ihr Fest. Nein, sie tanzte für den Mann, dem sie sich ganz hingegeben hatte, mit Leib und Seele. Gebannt verfolgten alle die wundersame Verwandlung der schönen Tänzerin. Wenige hatten bis dahin die Faszination erlebt, die von einem Menschen ausgehen konnte. Von ihrem Zauber waren alle wie versteinert. Lebendig waren nur Esther und die Musik auf der Bühne. Die Spannung des Tanzes wurde fast unerträglich, was die Musik in Hintergrund noch unterstrich. Der Tanz Esthers wurde zu einem heiligen Ritual. Die intensive Sevillana ließ Felix und Esther verschmelzen. Bruno wurde von Eifersucht übermannt, die er wie den Stich eines spitzten Stachels empfand. Er nahm die Intensität des Blickkontakts der beiden Tänzer war, die jetzt Körper am Körper tanzten Nach Jahren der Trennung waren Esther und Felix wieder ein Paar. Als Kenner verstand er das besser als der Großteil der Gäste. Der verliebte Bräutigam bemerkte es mit fast körperlichem Schmerz. Ich erlebe jetzt Carmen von Bizet, schoss es ihm durch den Kopf, ich Idiot! In seinem Inneren bereute er den absurden Wunsch, seine Frau einen Flamenco tanzen zu sehen und verstand gleichzeitig die Maestra, die es dem Kind Esther verweigert hatte, einen so teuflischen Tanz zu tanzen. Wie auch die fürchtete er, dass seine ganze Liebe einen Sprung bekommen könnte. In seiner Intimität schien ihm der leidenschaftliche Zigeunertanz pervers und unverschämt, während er, der zukünftige Gatte sich offensichtlich betrogen fühlte. Ihm war es, als würde seine eigene Intimität brutal vergewaltigt. Auch der Gedanke an die indische Mythologie, die er eigentlich liebte, half ihm nicht. Vor seinen Augen tanzten Shiva und Pravati, die beiden indischen Gottheiten, und unfähig sah er ihren Liebeserklärungen zu, gezwungen bis zum Ende aushalten zu müssen. Verzweifelt sah er auf Esthers Gesicht Hass und Leidenschaft verschwimmen. Vor dem versteinerten Publikum tanzte sich das Paar in Ekstase. Es ging über Brunos Kräfte. Schon wollte er seinen Platz verlassen, als der Tanz plötzlich zu Ende war.

Esther hatte von Brunos eigentlich ungewöhnlichen Gefühlen nichts mitbekommen. Sie hatte zum letzten Mal erlebt, dass beim Tanzen die Musik das Hauptelement war. Nicht mit Felix hatte sie einen Flamenco getanzt, sie war von nur der Musik gefolgt. Diese hatte beide so beflügelt, dass sie zu einem Eins verschmolzen waren. Nur die Musik hatte die Kraft, in den Menschen einzudringen, ihn zu erwärmen, ihn zu erweichen, ihn so elastisch zu machen wie eine Stahlklinge, wie sich die Maestra auszudrücken pflegte. Die tiefe Stille, die auf dem Schlosspark lastete, hatte die Musik wie mit Elektrizität geladen.

Esthers Seele hatte sich im Takt der Musik mit einer ungewohnten Glückseligkeit gefüllt. In Wahrheit war sie kein Ballettstar, auch keine Zigeunerin, und doch verstand sie die tiefe Ekstase der für die Kunst geborenen Tänzer. Die Gabe, die Musik zu leben, kann einem nur geschenkt werden, man kann sie in keiner Schule lernen, hatte die Maestra gesagt. Das fiel ihr ein, als sie mit Felix tanzte, zwei elektrisierte Körper, geladen von der Intensität und der Spannung der Musik.

Für die Schauspieler, die nun auftraten, war es schwer, nach diesem Tanz das Publikum zu fesseln. Alle schienen nur noch auf den zweiten Tanz der Braut zu warten. Aus Pflicht wurde brav applaudiert. Bruno erholte sich langsam aus dem Schock des perversen Flamencos. Gleichzeitig aber bedauerte er unendlich, dass seine zukünftige Frau ihre Karriere für ihn aufgeben musste, für die sie geboren schien.

Beklommen wartete er auf ihren neuen Auftritt mit dem Tanz des sterbenden Schwanes. Es sollte auch ihr Schwanengesang werden, denn nie mehr würde sie sich in ein zauberhaftes, unwirklich weißes Wesen verwandeln. Sie würde als normale Frau an seiner Seite leben, in der realen Welt. Wenn auch in materiellem Überfluss, aber ohne die Ätherik und die Illusion der Unwirklichkeit. Nicht einmal seine unendliche Liebe, die er ihr zu schenken bereit war, konnte ihr Glück garantieren. Plötzlich verstand er das Tragische, Unnatürliche, Unwirkliche, das manchmal flüchtig in Leahs Gesicht zu lesen war. Ihre Tochter zeigte seelische Zerbrechlichkeit, Feinheit nur im Tanz, sowie ihre Trauer und Einsamkeit unter den Menschen, während die Mutter sie unentwegt in ihrem Wesen äußerte. Und das machte sie ungewöhnlich und einsam.

Schon die ersten Töne ließen den zukünftigen Gatten erschauern. Wieder bereute er, seinem Herzen und nicht seinem Verstand gefolgt und sich den Tanz seiner zukünftigen Frau vor dem ganzen Publikum gewünscht zu haben. Er und Leah, die Mutter, für die eigentlich dieser Schwanentanz gedacht war, waren nun die Gestraften: Sie mussten dem irrealen Tod ihres lebenden Schwanes beiwohnen. Ihre Gesichter verrieten den unausgesprochenen Schmerz derer, die verstanden hatten, dass jede Liebe eines Sterblichen für die Schönheit einer unsterblichen Liebe verraten werden kann. Der Schwan Esther würde in ein paar Augenblicken auf der Bühne sterben, die beiden aber wussten, dass mit ihm auch ein Teil des Irrealen aus Esthers Seele, das sie bisher in der Trance der Auserwählten gehalten hatte, verschwinden würde.

Die Harmonie der Körperproportionen Esthers, unterstrichen vom ätherischen Weiß, war an und für sich schon berauschend. Man merkte ihr die Schule der Maestra Venerian an, die ihre Fähigkeit, Seelenzustände auszudrücken, ausgebaut hatte. Wie auch der Maestro Popp festgestellt hatte, konnte sie durch hartnäckige und fortwährende Arbeit unter der Anleitung der gesegneten Pädagogin Fähigkeiten entwickeln, in den drei Minuten des Auftretens das Fehlen einiger Techniken zu überbrücken.

Während der Maestro ihre Mimik und Körpersprache aufmerksam verfolgte, tat es ihm in der Seele weh, dass diese schöne Sylphide nicht der Bestimmung folgen würde, die ihr in die Wiege gelegt worden war.

Ihr Gleiten und Schweben auf der Bühne erweckte in Bruno die Erinnerung an den Zauber, der von ihr ausgegangen war, als er sie im Museum zum ersten Mal gesehen hatte. „Oh hätte der große Maurice Charpentier – Mio noch gelebt, er hätte ein Standbild von ihr machen müssen, dachte er, überwältigt von Liebe. Jetzt verstand er auch die Bewunderung des Maestro Popp für Esther, der sie in dem Ballettstück „La Sylphide" zusammen mit Felix gesehen hatte.

Der Ballettmeister hatte damals gesehen, wie die noch nicht volljährige Esther die professionellen Variationen von Felix in den Schatten stellte: In diesem Tanz war sie ihrem Partner ebenbürtig, vielleicht sogar überlegen geworden.

Der große Fokin hatte einst aus dem „Karneval der Tiere" nur den Ausschnitt des sterbenden Schwanes genommen. Anna Pavlova, für die er die Solochoreographie geschrieben hatte, hatte den Tod in nur drei Minuten getanzt. Seither wird dieses Solo von den berühmtesten *etoiles de ballet* in der ganzen Welt inszeniert, aber die göttliche Anna Pavlova bleibt unübertroffen.

Esther hatte nie mit dem unerreichbaren Vorbild konkurrieren wollen. Ihr *Pas seul*, das sie noch nie getanzt hatte, sollte nur das Finale darstellen. Als der Maestro ihr den Vorschlag unterbreitet hatte, hatte sie ihn als Hommage an ihre Maestra Venerian angenommen. Jetzt, vor dem zahlreichen Publikum wusste sie, dass sie nur für ihre Mutter tanzte und für ihren Mann, für alle, die sie als ihre Familie liebte. Sie wollte ihnen ihren Traum enthüllen, den sie ohne Reue auf dem Altar der Liebe opferte. Wie damals, als sie sich entschieden hatte, bei der Maestra Venerian zu bleiben, wissend dass sie dadurch endgültig ihre Karriere opferte, für die sie mehr als hart gearbeitet hatte, so war sie auch jetzt bereit, ohne Reue, ohne seelischen Schmerz, als Schwan in diesem kurzen *Pas seul* zu sterben. Ihre Auferstehung als Gattin Brunos würde sie für alle ihre Enttäuschungen und Verzichte entlohnen. Das Glück, das sie nach diesem Tod erwartete, durchdrang ihren ganzen Körper und die

Bewegungen ihrer Arme erinnerten die, die sie länger kannten, an den unerfüllten Traum der Maestra Venerian. Sie hatte bei Maestro Popp drei Wochen hart trainiert. Aber jetzt wollte sie im Tanz wenigstens drei Minuten für die strahlen, die sie mehr als sich selbst liebte. Der Ballon war immer schon ihre Stärke gewesen, jetzt drückte jede ihrer Bewegungen, jede Position dramatische Intensität aus. So expressiv hatte sie wahrscheinlich nicht einmal die Rolle der Sylphide interpretiert. Das Licht war auf ihre zauberhafte Gestalt fokussiert, während der ganze Park in Dunkel getaucht war, was das allgemeine tiefe Schweigen noch unterstrich. Ihre Schritte, ihr *Pas de bourree sui vis* begleiteten kleine, schnelle Pointen und das sanfte Erheben ihres beeindruckenden *Port de Bras* vermittelte den Zuschauern den schmerzhaften Eindruck von weit ausgestreckten Flügeln eines unsäglich schönen sterbenden Schwanes. Der Schmerz und die tiefe Resignation ihres Gesichtes wurden von den Zuckungen des sterbenden Körpers unterstrichen und ließen das erstarrte Publikum erschauern.

So viel Applaus hatte sie nach der „La Sylphide" nicht erhalten. Leider konnte und wollte sie weiter nicht mehr tanzen, denn als Schwan war sie endgültig gestorben. Sie war überzeugt, dass irgendwo in den anderen Sphären ihre Maestra sie verstand, hatte die doch auch aus Liebe zu einem Mann ihre vielversprechende Laufbahn aufgegeben.

Es brauchte ein wenig Zeit Bruno auf den Boden der Realität zurückzuholen, ihn zu überzeugen, dass zwischen Schein und Wirklichkeit sie immer letztere bevorzugen würde. Er war ihre Wirklichkeit, ihn hatte sie gewollt, und hätte ihn gegen nichts eingetauscht.

Beglückt von der Überzeugung, dass seine Frau das, was sie sagte, auch meinte, verscheuchte Bruno die Schatten der dunklen Gedanken dieses Abends und stürzte sich, Hand in Hand mit der geliebten Frau in den Trubel der Gäste, als wollte er ihr zeigen, dass die kurze Scheinwirklichkeit auf der Bühne in Wirklichkeit war und nur ihm gehörte.

Jetzt will ich nur noch essen und trinken, dachte er sich überglücklich und wandte sich den reich gedeckten Tischen zu. Sarah erinnerte sich, dass Dan gleich am Tag ihrer Ankunft gesagt hatte, das hier die Anzahl der Gäste keine Rolle spiele. Napoleon sei nicht nur ein genialer Militärstratege gewesen, erklärte Dan, er habe auch einen außergewöhnlichen praktischen Sinn gehabt. Weil der – aus Zeitmangel – es vorzog, im Stehen zu essen, erfand er das Büfett als beste Variante, ohne Pomp und ohne Etikette schnell recht viele, der Anzahl der Gäste angepasste, sättigende Speisen anzubieten. Diese in Europa geborene Erfindung wurde bald in Amerika und Australien angenommen und war bald auch auf den entlegensten Plätzchen der Erde bekannt. „All you can eat", so nennen es die Amerikaner. Das Buffet bot dem Auge und dem Leib alles, was das Herz begehrte – von kaltem Buffet mit Käse, Wurstsorten, Fischplatten, Salaten, Patisserien, Butter, Desserts, bis zum warmen Buffet mit Suppen, Fleischspeisen, Fisch, Zutaten, Gemüse. Rechts waren Teller, Suppe, Brot, Obst, Besteck. Auch an die Vegetarier war gedacht worden. Sarah, die sich inzwischen im Schloss gut auskannte, hatte eine spezielle Kühlkammer entdeckt, wo Dutzende von Platten und Teller mit Aufschnitt, Käse oder Desserts darauf wartete, aufgetragen zu werden. Natürlich auch Hering, Pasteten, Kaviar und eine große Anzahl von säuerlichen Cremen, die sie gewöhnlich am Morgen gekostet hatte.

Sie bemerkte eine Nichte aus Israel, die sich verschämt eine Weintraube auf den Teller legte. „Also Kindchen, fang doch nicht mit Obst an. Nimm erst mal ein Häppchen und dann eine warme Suppe."

Natürlich wurde an diesem Abend Esther von allen Seiten mit Fragen, Aufmerksamkeiten, Komplimenten überhäuft. Die meisten Gäste waren ihr fremd oder sie kannte sie nur vom Hörensagen. Die Konversation in allen Sprachen ermüdete sie schließlich und im Geheimen sehnte sie den Augenblick herbei, wo alles vorbei war und sie mit Bruno zurück in die Normalität kamen. Wieder einmal wurde ihr bewusst, dass sie ein Leben im Rampenlicht mit Smalltalk und Höflichkeiten nicht hätte glücklich machen können. Sie sehnte sich nach der Intimität ihres Appartements in Deutschland, nach dem friedlichen Haushalt mit TillyTante oder nach dem Salon Brunos an einem Novemberabend mit knisterndem Kamin. Es gelang ihr, sich in ihr Appartement zu stehlen, um wenigstens ein paar Augenblicke der allgemeinen Aufmerksamkeit zu entfliehen. Aber kaum war sie im Zimmer, hörte sie Schritte hinter sich. Ein wenig unwillig sah sie zurück und entdeckte Cora, die sie erschreckt und schuldbewusst ansah.

„Was ist, Cora? Ist etwas passiert? Sag nicht, dass..." Bevor sie den Namen ihrer Tante nennen konnte, brach Cora in Tränen aus.

„Nein, nein, Esther, es ist nicht die Mutter! Wie soll ich dir das nur erklären... Ich fürchte mich so sehr vor morgen. Ich glaube sogar, ich habe mehr als Angst als du."

Liebevoll fragte sie Esther: „Warum denn, Coralein? Morgen gibt es nur ein Festessen und Schluss." Sie versuchte ihre Kusine zu beruhigen.

„Ich weiß das doch", schluchzte diese. „Aber es sind so viele Gäste! Und die meisten gehören den Oberen Zehntausend an! Ich passe da gar nicht hin – ich bin so linkisch."

„Wieso linkisch?" Ester wunderte sich noch mehr. Ihre Freundin Mecky kam ihr in den Sinn und heftiges Mitleid mit Cora übermannte sie. Sie umarmte ihre Kusine, drückte sie fest an sich und wiederholte: „Wieso linkisch?"

„Zum Beispiel beim Tisch", begann Cora unsicher. Ich vergehe vor Angst, mich lächerlich zu machen – besser gesagt – dich. Und meine Mutter! Du kennst sie ja!" Ganz tief ließ sie den Kopf hängen.

Esther war das zu viel. Unwillig rief sie aus:

„Zum Kuckuck! Immer Tante Sarah. Ignoriere sie doch ganz einfach, Cora, geh deinen Weg! Sonst wirst du immer leiden. Komm, ich sage dir lieber, wie du das morgen machen kannst. Also, wenn du dich zu Tisch setzt, schau dir zuerst das Besteck an. Die äußeren Sachen werden zuerst gebraucht, und dann geht man nach innen. Für das Dessert nimmst du die Bestecke oberhalb des Tellers. Das war Lektion eins. Jetzt folgt Lektion zwei. Hast du nicht fertig gegessen, legst du das Besteck kreuzweise auf den Teller. Bist du fertig, legst du Messer und Gabel parallel, von links oben nach rechts unten. Solltest du dir die Serviette auf die Knie legen, pass auf, dass eine Hälfte so bleibt, dass du den Mund abwischen kannst. Wichtig, du musst gerade sitzen, leicht weg vom Tisch. Die Ellenbogen dürfen nie auf dem Tisch sein. Bleibt eine Hand ohne Besteck, halte sie auch weiter auf dem Tisch – hast du verstanden? Nimm nur kleine Bissen und hebe das Essen zum Mund. Beuge dich nie zum Teller hinab."

„Was mache ich, wenn mich jemand anspricht?", fragte Cora schüchtern.

„Als Frau darfst du nicht vom Tisch aufstehen", informierte sie Esther.

„Wenn mir aber etwas runterfällt? Zum Beispiel die Gabel", fragte Cora verschämt.

Lächeln küsste sie Esther auf die Wange: „Dann lässt du sie ganz einfach liegen und bittest den Kellner, dir eine neue zu bringen. Das war so ziemlich alles."

Cora hatte sich etwas beruhigt, fragte aber noch: „Ich habe immer noch nicht gelernt, wie man elegant einen Fisch isst".

Esther lachte: „Ich auch nicht. Aber ich habe gelernt, dass man einen Kellner rufen kann, der das Entgräten besorgt. Aber sei unbesorgt, es wird keine Meeresfrüchte, keine Krabben und Muscheln geben – das hat mir Bruno versprochen."

„Da bin ich ja beruhigt", sagte Cora. „Aber wie ist das mit dem Wein?"

„Niemand zwingt dich Wein zu trinken. Aber das kannst du dir merken: Die großen Gläser sind für Rotwein, die kleinen für Weißwein. Aber das Glas immer nur am Stiel anfassen!"

„Oh Gott! Ich habe vor morgen Angst wie vor einem Examen", jammerte Cora.
„Das glaube ich dir, Cora. Meiner Freundin Mecky wäre es auch so ergangen. Aber solltest du zu unsicher sein, dann nimm dir einfach eine Schale mit Obst und nasche davon so lange du kannst. Wenn die gefürchtete Mahlzeit vorbei ist, geh einfach in den Salon mit dem Buffet und halte dich schadlos an allem, was dein Herz begehrt. Aber jetzt musst du gehen, ich habe noch etwas zu erledigen."
Doch Esther kam nicht zur Ruhe. In der Tür stand Philipp, dem auch etwas auf der Seele zu brennen schien. Auf ihre Frage sagte er: „Ich möchte mich nicht an Mutter wenden, die schulmeistert mich nur. Bitte sag du mir, wie und wen muss ich beim Tisch grüßen."
Esther küsste den geliebten Bruder auf beide Wangen.
„Schätzchen, alle musst du morgen bei Tisch ganz höflich grüßen. Du kannst dich auch kurz vorstellen."
„Aber wenn ich schon sitze und es erscheint ein Unbekannter, was mach ich dann?"
„Der Neue, egal wer er ist, muss sich vorstellen, selbst wenn er viel älter ist als du", beruhigte sie ihn mütterlich. Das gilt auch, wenn du schon isst. Weder stehst du auf, noch gibst du die Hand; du isst einfach ruhig weiter. Apropos, Brüderlein, weißt du, wie du dich einer Dame gegenüber verhältst?"
„Natürlich, das haben wir in der Schule gelernt: Ich muss warten, bis sie mir ihre Hand entgegenstreckt. Wenn ich ihre Hand küsse, muss ich mich leicht verbeugen. Wichtig ist, dass meine Lippen ihre Hand nicht berühren und ich sie ansehe", leierte Philipp das Gelernte herunter zum Entzücken seiner Schwester.
„Dass du mir dabei aber ja nicht eine andere Dame ansiehst, auch wenn sie jung, hübsch oder eine Prinzessin ist. Verstanden?", neckte sie ihn.
„Noch etwas, erinnerte sich Esther. „Jemanden, mit dem du nicht gesprochen hast, brauchst du nicht zu grüßen. Vielleicht sagst du „Auf Wiedersehen", aber das war's dann.

Mit dem Tischnachbarn musst du aber ein höfliches Gespräch führen. So, und jetzt lass mich allein."
Befriedigt ging Philipp wieder zu den Gästen.

Der nächste Tag begann mit Vorbereitungen in einer Geschwindigkeit, die Esther den Atem benahm. Wie eine Puppe ließ sie sich ausziehen, anziehen, schmücken, parfümieren, frisieren. Selbst denken hätte sowieso keinen Zweck gehabt. Kurz vor Beginn der Zeremonie erschien Bruno und schenkte ihr ein Blumensträußchen. Die Orangenblüten verbreiteten einen betäubenden Duft. Tief gerührt versteckte Esther ihr tränennasses Gesicht in den Blumen. Ab jetzt durfte sie gar nicht mehr weinen, hatte ihre Mutter dekretiert, weil sie eben von einer speziell zu diesem Zweck gerufenen Stylistin geschminkt worden war.

Hätte man sie später nach dem Verlauf der Zeremonie gefragt, hätte sie zugeben müssen, dass sie sich an nichts erinnern konnte. Insbesondere die standesamtliche Trauung hatte sie wie in Trance erlebt. Sie hatte automatisch das getan, was Bruno tat, ohne nachzudenken.

Beim Ausgang aus der Kapelle nach der kirchlichen Trauung wurde das junge Paar von den Gästen jenseits des Ozeans erwartet, die über ihre Köpfe hinweg bunte Luftballons steigen ließen. Schwebend vor Glück verfolgte sie Esther mit den Augen bis in den Himmel. Die roten waren herzförmig, und sie entzifferte auf ihnen ‚Ich liebe dich!' Es schien ihr, als ob sie heute erst jetzt wirklich erwache.

Beim Eintritt in den Festsaal am Arm ihres Gatten stockte ihr Atem, so festlich war alles geschmückt. Sarah konnte ihre Bemerkungen nicht unterdrücken:

„Sagte ich doch, diese Hochzeit wird ein aristokratisches Highlight. Ein Aufwand wie im Mittelalter. Gott im Himmel! Schau mal, sogar biblischen Szenen haben die Köche hingekriegt!" Entzückt betrachtete sie den gedeckten Tisch. „Na, so was! Auch Tierköpfe! Und das da – ein Pfau! Unberufen, als ob er lebendig wäre! Die sollen doch nicht gegessen werden?! Also, wehe dem, der diese Kunstwerke zerstört! Cora, Leah, habt ihr gehört? Schaut doch mal den Truthahn, das gibt es doch nicht!"

Leah holte sie auf den Boden der Wirklichkeit: „Beruhige dich Sarah! Alles, was am Rand ausgestellt ist, ist Dekor und nicht essbar." Ihre Schwester zischte zurück: „Du kannst einem auf die Nerven gehen, du Obergescheite! Was hat der Kopf eines Wildschweines mit dem Dekor gemeinsam, bitte schön? Oder die Kälber, die Rehe, die Lämmer, die ich unten in der Küche gesehen habe? Bedenkt man, wie dumm so ein Ochse ist und was ein Koch aus dem Kopf eines Viehs machen kann! Wie bei den Menschen. Die Dummheit wird von der Schönheit überstrahlt."

Bruno küsste Esther und flüsterte lächelnd: „Iss nicht zu viel, meine Braut. Du musst leicht wie ein Federchen schweben, wenn wir den Brauttanz tanzen."

Flüsternd erwiderte sie: „Keine Sorge, ich habe eine harte Schule hinter mir und kann mich beherrschen", und grüßte freundlich lächelnd alle Vorbeigehenden.

Als der Beginn des Balles angekündigt wurde, erhoben sich die Gäste gut gelaunt von dem Festmahl. Hand in Hand begaben sich Bruno und Esther in die Mitte des Ballsaales. Die Gäste drängten sich an den Wänden und unzählige Foto und Filmkameras hielten jeden Schritt fest.

Das Brautpaar stellte sich in Startposition und wartete auf die ersten Takte des Walzers. Das Publikum war von ihrer Grazie und Schönheit bezaubert. Wie ein Perpetuum mobile schwebte das Paar über das elastische Parkett. Wie im Flug zog es seine Kreise rings um den Saal. Bei jedem Rückschritt zeichneten sie mit ihren Beinen Spiralen und Ellipsen auf dem Tanzboden.

Vom ersten Schritt beschwingt begannen Esther und Bruno den Tanz und, von der Poesie der Musik getragen, überließen sie sich dem Rhythmus. Schon beim zweiten Schritt war kein körperlicher Impuls mehr nötig. Erst der dritte Schritt verlangte wieder körperlichen Einsatz. Die Präzision, mit der sie die Beine schlossen sowie die kontrollierten schnellen Rückwärtsschritte gaben dem Walzer Fluss und beeindruckende Uniformität.

Esther schien sich in den Armen ihres Mannes bald zu heben, bald zu senken, obwohl sich ihre Schwerpunkte beim Tanz auf dem Parkett konstant auf gleicher Höher bewegten. Brunos Rückschritte, die er anfangs sorgfältig überwacht hatte, waren jetzt fließend, unterbrochen nur bei *closed change*, wo sich der Stützfuß in den Boden zu bohren schien. Elegant kontrollierte er jeden *revers turn* und alterierte leicht den natürlichen Turnus. Seine Schultern blieben unbeweglich, auch wenn die beschleunigte Musik ihn zum Heben veranlasst hätte. Vor jedem Rückschritt änderten die beiden jeweils in Gegenrichtung ihre Bewegung. Durch ihre schnellen Bewegungen zeichneten die beiden mit ihren Tanzschritten Zykloide und wechselten kontinuierlich den passiven Part mit dem aktiven. Die starken Rückschritte beherrschen beide so gut, dass sie scheinbar ohne Anstrengung in Balance genau am Rand der Kurve blieben, die sie mit ihren rhythmisch aufeinander eingestimmten Schritten beschrieben. Es war ein Anblick für Götter!

Von der Musik im Dreivierteltakt vorgeschrieben bestand der Basisschritt aus sechs Schritten, die sie in zwei vollen Takten ausführten. Aber selbst den 6/8 Takt von ‚An der schönen blauen Donau' gelang es Bruno und Esther in einem Takt auszuführen. Sie merkten gar nicht, dass sie während der graziösen Rückschritte mit intensiver Genauigkeit dem Tanzschritt folgten. Nicht ihre Körper drehten sich in der Musik des Walzers, diese zeichneten nur fließend jeden Rückschritt nach.

Esther, irgendwo außerhalb des Kreises schwebend, flog eher in den Seitenschritt, während Bruno majestätisch einen kurzen Schritt ausführte. Das Paar schien den Boden kaum zu berühren. Am Ende schlossen sie die Beine graziös und elegant. Mit hochroten Wangen lehnte Esther ihr Gesicht an die starke Schulter dessen, den sie jetzt ohne Vorbehalt ihren Gatten nennen durfte.

Sie gingen zu ihren Plätzen am Tisch und das Fest nahm seinen Lauf. Kurz nach Mitternacht erhob sich Bruno und verkündete lächelnd mit glücksstrahlendem Gesicht, dass er und seine junge Frau sich nun mit einem von ihnen ausgewählten Tanz von den Gästen verabschieden werden. Mit bewegter Stimme sagte er, keiner solle den Eindruck haben, dass er oder seine Frau der Zeit nachtrauere, wo sie noch nicht zusammen waren. Sie würden auf das Adagio in GMoll von Albioni tanzen, weil diese Musik von der Liebe erzählte, derer sie sich sicher waren und die bis ans Ende ihrer Tage dauern werde. Hand in Hand ging er mit Esther in den Ballsaal, der speziell für sie hergerichtet worden war.

Die Art, wie Esther nun in den Armen ihres Gatten dahinschwebte, verriet allen die Studienjahre mit der Maestra Venerian. Nur ihre Fußspitzen erreichten den Boden. Ihr ganzes Wesen, die Art, wie sie die Arme ihres Partners umfasste, die Kopfhaltung, alles aus ihrem Tanz zeigte höchste Balletttechnik. Wie immer beeindruckte sie mit der eleganten Poesie ihrer fließenden Bewegungen.

Takt für Takt folgten die beiden der Melodie und schwebten mit der schweren Leidenschaft klagender Töne wie Federn im Wind dahin. Der Takt der Bassflöten der Orgel, unterstrichen von dem tiefen Pizzicato der Violine, ließ alle Gäste erschauernd schweigen. Das tanzende Ehepaar verbreitete Nostalgie, Schmerz, Glück, Liebe, alles in einem. Ihre verliebten Seelen entfernten sich auf eine Insel, die nur ihrem Glück gehörte. Die traurige Elegie verstärkte sich in immer kräftigeren Motiven zu einer Folge von Sequenzen einer Melodie. Diese Wiederholung erweckte in Esther unerwartet das starke Verlangen, irgendwohin zu fliehen, weit weg von den Gästen, nur mit ihrem Gatten. Jetzt wusste sie, wo ihr Traumland hinter den Bergen war, und war überzeugt, dass sie es in Bälde erreichen werde. Die tiefe Schwermut des Adagios erweckte in ihr das traurige Bild der kleinen Mecky, die jeden Abend zu Gott betete. „Eines Tages, Mecky, werde ich auch zu dir kommen und dich in dies Land voll Liebe und Wärme holen", gelobte sie in Gedanken und legte ihren Kopf sanft an die Brust Brunos.

Ihr tränennasses Gesicht rührte viele Gäste auch zu Tränen. Der Dialog in Kadenzen zwischen Orgel und Violine zum ruhigen Hintergrund des allgemeinen Basses der Orgel weckte in den Seelen der Zuschauergäste eine starke Leidenschaft, die die Müdigkeit nach diesem erlebnisreichen Tagt wegzauberte.

Die Musik war weder meditativ, noch beruhigend. In ihr schwang beides: die resignierte Trauer über die Vergangenheit und die brennende Leidenschaft der Gegenwart. Sie beschwor die universelle Vergangenheit der Menschheit mit ihren ewigen Leiden, gleichzeitig aber die Gegenwart eines sporadischen, kurzen Glücks. So ein kurzer Augenblick unsäglichen Glücks verband Bruno und Esther an diesem Tag zu extremer Leidenschaft, in die sie sich von der Wiederholung der Variation des ersten Teils mit den kurzen Violinsoli in die Ekstase der klagenden Schlussakkorde hineinsteigerten. Die Thematik der Bearbeitung der beiden Teile war klar und verständlich, was Wunder, dass die Augen des Paares vor Glück und Schmerz überflossen. Alle Gäste verspürten das gleiche, tiefe Gefühl der Liebe angesichts des Paares, das es ihnen mit Grazie und fast unwirklicher Schönheit vortanzte. In den Armen ihres Gatten war Esther eine Symphonie in Weiß. Sie erschien allen wie eine überirdische, immaterielle Sylphide, die sich in den tiefen Akkorden dieses Adagios ihrem irdischen Prinzen hingab. Diese außergewöhnliche gegenseitige Liebeserklärung des Brautpaares auf die schöne fließende Musik beeindruckte alle aufs Tiefste. Vor aller Augen wurde der universelle Seelenschmerz der ewigen Liebe des Menschen tanzend dargestellt. Esther und Bruno wurden zu Versen eines Gedichtes, wie aufgereihte Perlen. Ihre Vereinigung im Tanz war erotisch, aber von unbeschreiblicher Reinheit. Die Intensität ihrer Umarmung im Rhythmus des Tanzes hatte nichts Abruptes, alles war fließend und elegant. Die Aura, die sie umgab, war duftgetränkt, ein von betäubenden Wohlgerüchen lähmendes Delirium.

Es war die kurze Illusion der Unsterblichkeit ihrer Gefühle, die Illusion von Schönheit und ewiger Jugend. Es schien, als ob auch die schweren Steinmauern des Schlosses von dem Wunder der warmen Nostalgie dieser herzzerreißenden Töne erwärmt würden. So wie Esther und Felix beim Flamenco Leidenschaft in starker Intimität getanzt hatten, für Bruno unerträglich, so zeigte das verliebte Brautpaar unbewusst die Intimität ihrer unendlichen Liebe. Waren ihre Bewegungen anfangs traumhaft, fast unwirklich schwebend gewesen, so waren sie jetzt voller Leidenschaft, voller Glück und Schmerz. Immer wieder verbanden sich Traurigkeit, Genuss, Unschuld und Erotik zur Wirklichkeit des Menschen von gestern, heute und morgen in einem einzigen Gefühl. Ihr Tanz war heidnisch, aber die in den sanften Wellen der Musik vereinten Körper hatten etwas Heiliges. Die Liebeserklärung, die sie sich öffentlich auf dem Tanzparkett machten, war ohne jede Sünde.

Sogar die Leidenschaft auf dem Gesicht Brunos sprach von tiefer Pietät zur Kraft des das Weltall beherrschenden allmächtigen Gottes. Ihr Tanz entrückte sie immer mehr dem Ticktack der menschlichen Uhr, während ihre Seelen, versunken in der Melancholie der Musik Albionis das heiße Magma ihrer Leidenschaft versprühten. Dann zog Bruno mit weichen Bewegungen seine Frau an sich, umarmte sie sanft und bettete seinen Kopf auf ihre Schulter. In seinem tränennassen Gesicht spiegelten sich gleichermaßen Liebe, Müdigkeit, aber auch eine beeindruckende Traurigkeit. Doch schnell ermannte er sich, verbeugte sich graziös und, seine junge Frau an der Hand, verschwand er aus dem Saal.

Die Musik von Tränen und Leidenschaft, getanzt mit Grazie und Form hinterließ bei allen eine lastende Leere, eine Mischung von Melancholie und Trauer. Ob die Musik oder der Tanz dies hervorgerufen hatte, wusste keiner zu sagen.

Sogar die sonst so sarkastische Tante Sarah musste, nachdem sie sich gesammelt hatte, zugeben, dass die ganze Hochzeit Esthers ihre kühnsten Erwartungen überboten hatte.

„Also, eine Wagner Inszenierung hätte nicht besser sein können!", sagte sie, immer noch unter dem Eindruck des ungewöhnlichen Tanzes des neuen Paares.

Leah, mit vom Weinen geröteten Augen, antwortete: „Für mich hatte der Tanz zu viel Dramatik."

Tröstend umarmte Dan seine Frau und versuchte, ihr dessen wahre Symbolik zu erklären:

„Das sollte er auch, meine Liebste. Esther war noch ein Kind, als sie zum ersten Mal dieses Adagio gehört hatte. Sie hat mir erzählt, dass sie, so oft sie es hört, in Tränen ausbricht. Nicht aus Traurigkeit oder Seelenschmerz. Es sei, als riefe sie diese Melodie irgendwohin in die Ferne. In ihr Land, jenseits der Berge, wie sie es nannte. Darum war es richtig, dass sie jetzt mit ihrem Gatten auf diese Musik getanzt hat. Meine Teure, Esther, dein Kind ist zu Hause angekommen! Für sie bedeutet dieser Tanz ‚zu Hause'. Verstehst du das, Leah? Sie wird nie mehr weinen, wenn sie die Melodie hört, denn sie ist zu Hause. Davon bin ich überzeugt", sagte er und küsste zärtlich ihre Stirn, so wie es Bruno und Esther zu tun pflegten.

# Kapitel 14

Es waren etliche Wochen seit ihrer unvergesslichen Hochzeit im Schloss vergangen, Esther blieb jedoch – wie man sich denken kann eine bescheidene, verheiratete Frau in Brunos Haus. Das Familienleben verlief so, wie sie es sich vor der Eheschließung vorgestellt hatte. Bruno hatte seine Tätigkeit im Krankenhaus wiederaufgenommen, während sie im Haus schaltete und waltete und Augenblicke der vollkommenen Ruhe genoss, wenn sie sich in die Lektüre eines Buches vertiefen konnte. Täglich rief sie ihre Mutter und TillyTante in Deutschland an, die inzwischen mit einem ihrer Vetter aus Kanada zusammenwohnte, der dort ein Medizinstudium begonnen hatte. Allem Anschein nach wollte er nachher irgendwo in Europa sesshaft werden und war mit diesem Gedanken schon auf den alten Kontinent gekommen.

Esther sollte gleich nach den Feiertagen ihre Heimat verlassen, um sich mit Bruno endgültig in Australien niederzulassen. Dieses Vorhaben, das ihr anfangs ein wenig Angst gemacht hatte, bereitete ihr nun Freude, weil ihre ganze Familie nachkommen sollte. Die Mutter hatte bereits ein Haus in Sydney gekauft, das sie mit Hilfe von Brunos Mutter einrichtete. Dan freute sich wie ein Kind, als er entdeckte, dass sein neues Heim ihm die unverhoffte Möglichkeit bot, sich dort eine kleine Galerie mit den Bildern einzurichten, die er im Lauf der Jahre erworben hatte. Philipp sollte weiter in London in die Schule gehen, Nachricht, die ihn nicht beunruhigte, weil er sich an der Seite von William und Oliver nicht einsam fühlen würde. Auch TillyTante und Edda sollten die Auswanderer nach Australien begleiten, was die beiden Frauen beschlossen, nachdem man sie gefragt hatte.

Esthers Glück wurde nur dadurch getrübt, dass Mecky aus Rumänien nichts mehr von sich hören ließ. Seit über zwei Monaten war kein Brief mehr von ihr gekommen. Melanie telegrafierte, dass alles in Ordnung sei und wiederholte unzählige Male, dass Mecky mit dem Haus und dem Mädchen viel zu tun habe.

Nachdem Esther schon lange beschlossen hatte, ihrer Freundin behilflich zu sein auszuwandern, wollte sie spätestens im Herbst nach Rumänien fliegen. Über Bogdan Popp und Felix war es ihr gelungen durch Brunos Vermittlung, Smaranda und Angela zu unterstützen, damit sie ihre Ausreiseanträge nach Australien einreichen konnten. Es war Brunos Herzensanliegen gewesen, dass seine Frau einen Teil der Familie und ihre Freundinnen in die neue Heimat mitnehme, um sich auf dem so entfernten Kontinent nie fremd und isoliert zu fühlen. Meister Popp und Felix hatten auch die Absicht, nach Sydney umzuziehen und dort eine Ballettschule zu eröffnen. Ohne sich mit Esther darüber zu unterhalten, hatte ihr Mann das Gefühl, dass etwas Böses über dem Dasein der Freundin seiner Frau aus der Kindheit schwebte. Es musste Mecky etwas Schreckliches geschehen sein, sonst wäre der Briefwechsel, der mit den anderen Freundinnen klappte, nicht unterbrochen worden. Bruno kannte Mecky nicht, erwartete jedoch sehnsüchtig die Reise nach Rumänien, damit seine Frau endlich ihre Ruhe finden konnte, die von Meckys Phantom dauernd beeinträchtigt wurde. Er hatte auch festgestellt, dass Esther immer öfter Schuldgefühle Mecky gegenüber quälten, aber seine vielfältigen Verpflichtungen im Krankenhaus hatten ihn bis dahin gehindert, sie in ihre Heimat zu begleiten. Nach dem, was er über Rumänien in der letzten Zeit gehört hatte, kam es gar nicht in Frage, dass sie allein dahin reiste. Deshalb atmete er jetzt erleichtert auf, wenn er an Esthers Freundin dachte, weil in wenigen Wochen auch diese Angelegenheit erledigt sein würde. Im Krankenhaus war alles geregelt worden, so dass er Ende September und Anfang Oktober drei Wochen Urlaub bekam.

Nur wenige Tage nachdem diese Entscheidung getroffen wurde, die Esther unendlich freute, bekam die Familie ein Einschreiben mit rumänischem Poststempel. Als Esther den

Brief in die Hand nahm, wusste sie, ohne ihn gelesen zu haben bereits, dass Mecky etwas Schlimmes zugestoßen war. Selbst das ärmliche und deprimierende Aussehen des Umschlags zeugte von Traurigkeit und Tränen. Sie zögerte lange, den Brief zu öffnen, und machte sich unter den beunruhigten Blicken ihres Mannes, nervös im Haus zu tun. Nach mehr als einer Stunde setzte sie sich hin und begann zu lesen. Die vergilbten Blätter vollgekritzelt mit einer kindlichen Schrift deuteten eine entsetzliche Tragödie an. Weinend und mit vor Erregung zitternden Händen begann sie zu lesen:

„Liebe Esther,

in diesem Augenblick, da ich unentschlossen vor dem noch unbeschriebenen Bogen sitze, sehe ich mich, wie ich damals verzweifelt, hochschwanger, zu dir um Hilfe rannte. Heute kommt es mir vor, es sei seither eine Ewigkeit vergangen und ich würde hundert Jahre auf meinen Schultern tragen. Weshalb ist nur für mich die Zeit so schnell verflogen, wo doch das Leben um mich herum seinen üblichen Gang geht, und sich alles nach dem gleichmäßigen Rhythmus der Uhren richtet? Du bereitetest damals gerade dein Abitur vor, ich, wie gewöhnlich immer in Eile, hatte begonnen, selbständig zu werden. Ich frage mich auch jetzt noch, unfähig, mir einen Reim darauf zu machen, weshalb der Schöpfer des Menschen manchen Leuten die Fähigkeit mitgegeben hat, den Lauf des Lebens vorauszusehen, ohne es tatsächlich gelebt zu haben, andere wiederum zwingt, eine Wirklichkeit zu erdulden, die sie nicht verstehen und aus der sie nichts lernen können. Unser Schicksal zeigt mir, dass die Unterschiede zwischen den Menschen bereits bei der Geburt festgelegt wurden. Wenn ich das behaupte, denke ich nicht unbedingt an die materielle Lage, obwohl auch sie in unserem Dasein eine wichtige Rolle spielt. Aber ich bin überzeugt, Esther, dass die intellektuellen Fähigkeiten unser Schicksal am meisten beeinflussen. Unser Los auf dieser Welt hängt ausschließlich an dem Verstand, der uns bei der Geburt mitgegeben wurde, das habe ich inzwischen gelernt.

Wir beide haben in unserer Kindheit etliche Jahre in gleichen Verhältnissen gelebt, aber du hast dich ganz anders entwickelt als ich. Natürlich hast du, als du in die Ballettschule aufgenommen wurdest, andere Möglichkeiten gehabt, deinen Bildungshorizont zu erweitern, ich dagegen bin geistig vollkommen zum Stillstand gekommen, als ob ich immer die kleine Mecky bleiben sollte, die auf den Stufen vor dem Sekretariat des Waisenhauses spielte. Während deine Augen in der Zeit immer angstvoller in die Zukunft blickten, lachten mein heiter wie jene der Verrückten dem im Nebel verborgenen Unbekannten entgegen. Dein kritisch bohrendes Urteilsvermögen hat unbewusst alle Mädchen verunsichert, weil du uns unerbittlich daran erinnertest, dass unser sorgenfreies und von aller Verantwortung entbundenes Leben eines Tages plötzlich zu Ende sein werde. Du hast uns streng auf die Härte der Realität hingewiesen, die uns jenseits der Mauern des Waisenhauses erwartete. Das war auch der Grund, weshalb wir dich alle abgelehnt haben. Erst als mir das Leben die erste Wunde zugefügt hat, habe ich bei dir Hilfe gesucht. Etwas ganz tief in meiner Seele hat meine Schritte zu dir gelenkt und so wie ich es ahnte, habe ich bei dir die Unterstützung gefunden, die ich immer benötigte. Nachdem wir beide überzeugt waren, dass ich nun genug gelernt habe, um auf eigenen Beinen zu stehen, muss ich heute trotzdem wieder zu dir eilen. Nach Jahren der Lügen und Halbwahrheiten muss ich dir die Realität meines Daseins offen darlegen.

Von allem, was du über mich weißt, ist einzig und allein wahr, dass ich mit Costin verheiratet war. Ich sage „war", weil ich in diesem Augenblick keine verheiratete Frau mehr bin, Esther. Ich, die einst gute und törichte Mecky, bin jetzt eine Mörderin, die ihren Mann umgebracht hat."

Das jämmerliche Blatt glitt Esther aus den Händen, und sie begann sich wie irr umzusehen, als ob sie einen Schlag auf den Kopf erhalten habe, so dass sie nicht mehr wüsste, wo sie sie sich befände. Unheilvolle Gedanken verdunkelten ihren Verstand, und ihr Kopf fiel wie leblos auf die Lehne des Sessels. Bruno bemerkte das kreidebleiche Gesicht und den verwirrten Blick seiner Frau, eilte zu ihr, legte ihr die Hand auf die Stirn und hob ihren Arm, um den Puls zu fühlen. Mit schwacher Stimme verlangte Esther ein Glas Wasser. Er rannte sofort in die Küche und holte das Gewünschte. Voller Sorge beobachtete er, wie Esther mit Mühe trank, dann nahm er ihr vorsichtig das Glas aus der Hand und stellte es auf das Tischchen vor dem Sessel, wobei er sie dauernd anblickte. Nach geraumer Zeit wagte er es, sie zu fragen:

„Etwas Schlimmes?"

Ohne die Augen aufzuschlagen, murmelte Esther erschöpft:

„Mecky ... Mecky ...", und begann dann, laut zu weinen. Ungeheuer beeindruckt vom Schmerz seiner geliebten Frau, umarmte er sie liebevoll, wobei er ihr Mut machend zuflüsterte:

„Erzähl, erzähl, meine Liebe. Gleich, was es ist, wir werden zusammen versuchen, ihr zu helfen ..." Mit zugeschnürter Kehle hörte man Esther seufzend murmeln:

„Niemand kann jetzt Mecky noch helfen ... niemand."

Erschrocken wollte Bruno wissen, ob die Freundin krank sei. Wie eine Schlafwandlerin antwortete Esther:

„Schlimmer ... viel schlimmer ..."

Nachdenklich hob Bruno den Brief auf, steckte ihn in den Umschlag und wollte ihn in eine Schublade legen, bis Esthers Zustand sich so gebessert haben würde, dass sie ihn zu Ende lesen konnte. Sie schüttelte jedoch den Kopf und flüsterte:

„Nein ... nein ... Bitte ... Ich muss ihn ganz lesen ... Mecky braucht mich ... jetzt ..."

Zitternd nahm sie das Blatt, und etwas ruhiger setzte sie die unterbrochene Lektüre fort, wobei ihr Mann sie nicht aus den Augen ließ.

„Ja, Esther", fuhr Mecky in ihrem Brief fort, „ich erzähle dir das alles jetzt zu Beginn des Berichts, der folgt, damit du für die Geständnisse, die ich machen muss, vorbereitet bist.

Costin, meinen Mann, habe ich durch eine Arbeitskollegin kennengelernt, das weißt du bereits. Ich habe auch nicht gelogen, als ich dir schrieb, er sei Ingenieur in einer Fahrradfabrik gewesen. Ich bin immer mehr davon überzeugt, dass es mir anfangs schmeichelte, dass ein Hochschulabsolvent mich wahrnahm. Auf jeden Fall war ich sehr glücklich, als er mich fragte, ob ich ihn heiraten wollte. Das Haus deiner Großmutter erwies sich für diese Ehe als wertvolles Erbe. Costin war höchst angetan, dass er in einem solchen Haus wohnen werde. Seine Eltern stammen vom Land, für mich damals ein Grund mehr mit jemandem zusammenzuleben, der auch etwas von der Gärtnerei verstand. Das Appartement, das er sich gekauft hatte, beschlossen wir zu vermieten, so dass wir unser Monatseinkommen aufbesserten. Wie verheißungsvoll, dass alles anfangs klang!

Das erste Zerwürfnis, das wir hatten, kam durch Melanie. Kurze Zeit nachdem Costin eingezogen war, begann er sich, über ihre Gegenwart zu beklagen. Naiv, wie ich nun einmal bin, hoffte ich, er würde sich mit der Zeit an sie gewöhnen und sie akzeptieren. Leider wurden die Streitgespräche immer heftiger, bis sie nicht mehr zu ertragen waren. Als es mir klar wurde, dass ich ihn nicht beruhigen konnte, bat ich Melanie, sich eine Wohnung zu suchen. Durch eine Bekanntschaft bei der Gewerkschaft habe ich ihr eine Wohnung verschafft, Errungenschaft, die am meisten Melanie gefreut hat. Sie hatte sich damit den schönsten Traum erfüllt, nämlich, ein eigenes Heim zu haben. Für mich bedeutete ihr Umzug einen herben Verlust. Sie war doch meine Familie, meine Schwester gewesen. Außer dir war sie der einzige Mensch, den ich auf dieser Welt hatte. Trotzdem hoffte ich damals, dass ich nun meine Erfüllung in der Familie finden werde, die ich mit meinem Mann gegründet hatte.

Bald, nachdem Melanie uns verlassen hatte, stellte ich zum ersten Mal fest, dass mein Mann regelmäßig ein bis zwei Flaschen Wein leerte. Anfangs meinte ich, das sei normal und nicht gefährlich. Finanziell waren wir abgesichert, so dass das Geld, das Costin für seine Getränke ausgab, dem Haushalt nicht groß zur Last fiel. Ich vermute, dass ich auch deshalb nie eine Bemerkung in dieser Hinsicht fallen ließ. Langsam aber begann mich sein unzusammenhängendes Geschwätz während der Saufgelage zu langweilen. Es waren unendliche Monologe, die ich nicht verstand. Dazu kam, dass er in Haus und Garten keinen Finger rührte. Vom Dienstschluss und bis zum Zubettgehen rührte er sich nicht von der Flasche weg, wobei er ununterbrochen wirres Zeug redete, das niemand verstand. Ruhe gab er nur, wenn er eingeschlafen war. Zu allem Überfluss wurde ich in der Zeit auch noch schwanger. Die Aussicht, Mutter zu werden, stand aber wie beim ersten Mal unter keinem guten Stern. Von dem Augenblick an, als ich ihn darauf hinwies, dass er zu viel trinke, begann Costin aggressiv zu werden, und Schläge gehörten von da an zum Alltag. Gleich, was ich auch tat, nichts war mehr gut. Dazu kamen dann die Geldsorgen. Diesen Albtraum vervollständigten Costins Freunde, die er dauernd mit nach Hause brachte. Trinkgelage und Schläge hörten nicht mehr auf.

Im März brachte ich, wie du weißt, Esther zur Welt. Ich hoffte damals noch, naiv wie ich war, dass mein Mann sich als Vater nun endlich bessern werde, weil ich dachte, dass ein Kind jeden verändern kann. Leider war jedoch Costin nicht „jeder". Seit der Geburt wurde es mit dem Trinken noch schlimmer. Manchmal schlug er mich, während ich schlief, und aus Angst, dass er das Kind nicht erschreckte, lief ich mitten in der Nacht zu Melanie. Diese Zeit war fürchterlicher, als was ich bis dahin erlebt hatte.

Weil ich fürchtete, er würde die Sachen verkaufen, die du mir zur Aufbewahrung übergeben hattest, begann ich sie Stück für Stück, zu Melanie zu schleppen. Ich hatte jedoch Pech, denn eines Tages erwischte er mich, und wurde dann eine unbeschreibliche Bestie. Der Irre hatte sich in den Kopf gesetzt, dass alle deine Dinge ihm gehörten, und ich hätte sie ihm stehlen wollen. Über Nacht war alles, was du dagelassen hattest, sein Privateigentum geworden. Eines Tages verkaufte er Tante Sarahs Auto, das ich von dir bekommen hatte. Nach diesem Ereignis erfuhr ich, dass er überall Schulden hatte. Tatsächlich lebte mein Mann nach der Hochzeit wie ein Nabob vom Verkauf deines Eigentums und vom Geld, das wir von dir bekommen hatten. Ich wusste nicht, was der Unglückselige über mich außerhalb unseres Hauses erzählte, aber alle seine Bekannten und seine Freunde dachten, dass ich aus einem sehr reichen Hause stammte. Melanie war die Einzige aus meinem Bekanntenkreis, der ich die Wahrheit über unsere Ehe mitgeteilt hatte.

Alles ging seiner Wege, bis es eines Nachts zu dem schrecklichen Zwischenfall kam. Das Mädchen wimmerte unruhig neben mir im Bett, als Costin vom Alkohol benebelt sich schlafen legen wollte. Verärgert über das weinende Kind, stürzte er sich plötzlich wie ein Irrsinniger auf mich, riss die Kleine aus dem Bett und schleuderte sie gegen die Wand. Einige Augenblicke blieb das Kind regungslos und starrte die Decke an. Der Körper war steif wie ein Brett. Wahnsinnig vor Angst nahm ich es in die Arme und begann es zu schütteln, um es ins Leben zurückzuholen. Nach Minuten der Todesangst, begann aus dem Mund der Kleinen mit Speichel gemischtes Blut zu rinnen. Als sie die Lider bewegte, atmete ich auf, weil ich sah, dass sie lebte. Der zarte Körper zuckte noch eine Weile in meinen Armen, bis es mir gelang, Esther zu beruhigen. Wie ein verletzter und aufs Schlimmste erschreckter Spatz schmiegte sie sich an meine Brust. In dieser Nacht war die irrationale Angst vor meinem Mann verflogen und hatte einem abgrundtiefen Hass Platz gemacht.

Gleich nachdem ich das Mädchen zu Bett brachte, folgte ich ihm in die Küche, wohin er sich zurückgezogen hatte. Wie gewöhnlich stand eine Flasche Alkohol vor ihm. Ohne ein Wort nahm ich die Flasche, öffnete das Fenster und warf sie hinaus. Er verfolgte wie hypnotisiert, was ich machte und konnte nicht glauben, dass die ängstliche und unterwürfige

Mecky so viel Mut hat. Ich befand mich tatsächlich am Beginn einer ganz neuen Etappe unserer Ehe. Mit vor Hass blitzenden Augen blieb ich vor ihm stehen und zischte folgende Wörter: Wenn du noch einmal mein Kind anrührst, bringe ich dich um. Den Satz hatte ich unzählige Male wiederholt, während ich das Kind in den Schlaf wiegte, deshalb hat er sich mir so tief eingeprägt.

Unser Leben verlief seit dem Tag an noch trauriger und bedrückender, aber die Schläge hörten unerklärlicher Weise auf. Nach einem Jahr nach der geschilderten Begebenheit wurde ich krebskrank und in meiner Naivität sagte ich es der Bestie, mit der ich lebte. Meine Ehrlichkeit oder meine Dummheit haben sich jedoch wieder an mir gerächt. Wenn du wüsstest, wie ich mir deine Worte ins Gedächtnis zurückgerufen habe, man sollte kein großes Vertrauen zu den Menschen haben. Deine Lehre kann mir aber jetzt nicht mehr helfen. Ich habe sie in den wichtigsten Augenblicken meines Lebens missachtet, und nun muss ich dafür bezahlen. Von dem Tag an, als ich von meiner Krankheit erzählte, wurde unser Dasein in Lapusna zur Hölle. Ich musste fortan nicht nur seine Saufgelage ertragen, sondern unser Haus wurde eine Herberge für alle Alkoholiker der Stadt. Ich, die Krebskranke, musste den Hintereingang benutzen, damit ich nicht das ganze Haus ansteckte, erklärte er mir grinsend. An einem Sonntag hatte die fröhliche Bande meines Mannes alles getrunken, was es im Haus nur zu trinken gab. Mein Mann, noch aggressiver im seinem Suff als sonst, begann stotternd und rülpsend, lauthals Gegenstände zu versteigern. Ich hörte ihn aus dem Zimmer, in das ich mich mit dem Mädchen zurückgezogen hatte. Für eine Flasche Kognak kommt der Teppich aus dem Wohnzimmer unter den Hammer. Aber kein Trunkenbold zeigte Interesse an dem guten Stück, und für eine Weile herrschte Ruhe. Auch die Geliebte eines Mannes wollte keinen Teppich. Sie war zu uns gezogen, nur vorläufig, wie es hieß, bis ich, die Todgeweihte, geruhen würde, für immer zu verschwinden. Es wurden dann Möbelstücke ausgerufen, Geschirr und Essbesteck, bis der

Irre auch auf mich kam. Schnell zog er mich aber zurück und entschuldigte sich rülpsend bei der noblen Versammlung: Ihr seid meine Freunde, ich werde euch doch nicht mit Krebs anstecken wollen ...! Ich hörte aus meinem Zimmer deutlich das schamlose Gelächter der Anwesenden. Plötzlich erinnerte sich der Unglückselige an das Kind, und nach einer kurzen Pause brüllte er heiser: „Das Mädchen ... Wer will das Mädchen? ... Reine Jungfrau ... vollkommen unberührt!" .... Und rülpsend fügte er noch hinzu: „Unbefleckt wie die Jungfrau Maria!"

An das, was dann folgte, Esther, kann ich mich nicht mehr genau erinnern. Seit längerer Zeit hatte ich es mir zur Gewohnheit gemacht, mit einem Messer unter dem Kissen zu schlafen, um den Trunkenbold damit zu erschrecken, wenn er sich dem Bett des Mädchens nähern sollte. Ich habe heute nur noch das Bild des auf dem Boden ausgestreckten Körpers vor Augen, blutverschmiert, der noch ab und zu krampfhaft zuckte. Vielleicht komme ich dir gefühllos vor, aber ich habe seelenruhig zugesehen, bis er den letzten Atemzug getan hat. Meine einzige Sorge war, das Gesicht des Kindes zu bedecken, damit das Kind nicht etwa diesen Anblick mitbekomme. Es hatte doch genug unter dem jämmerlichen Trunkenbold zu leiden gehabt.

In dem Augenblick, da ich dir diesen Brief schreibe, befinde ich mich im Krankenhaus des Gefängnisses. Die Ärzte geben mir, Gott sei Dank, nur noch eine Frist von ein paar Wochen. Man hat mich zu „Lebenslang" verurteilt, und du kannst dir vorstellen, welches Glück ich habe, bloß so eine kurze Zeit meine Strafe abzusitzen.

Liebe Esther, wie du siehst, habe ich den Mut aufgebracht, dir schonungslos mein trauriges Dasein zu schildern, nachdem du weggegangen bist. Es scheint so zu sein, dass ich nach unserer Trennung nur noch Unglück hatte. Menschen wie ich bleiben Kinder, die nicht erwachen werden und dauernd jemanden brauchen, der sie Schritt für Schritt überwacht. Wenn sie nicht angeleitet werden, machen sie nur Dummheiten. Du erinnerst dich bestimmt an alles, was ich getan habe, wenn du mir nicht auf die Finger sahst! Andererseits kennst du mich gut und weißt, dass ich kein böser Mensch bin."

Esther unterbrach die Lektüre, um die Tränen abzuwischen, die sie am Lesen hinderten. Dann vertiefte sie sich wieder in Meckys bedrückenden Bericht.

„Ich habe stets wenig von meinem Dasein verlangt, aber auch das muss in den Augen Gottes zu viel gewesen sein. Wenn du wüsstest, wie gerne ich an den Schöpfer glauben möchte, so wie ich als Kind an ihn glaubte, aber ich kann es nicht mehr. Ich habe Angst vor Gott, nicht um mich, sondern um mein unschuldiges Kind. Ich fürchte, dass er sich eines Tages an ihm rächen wird, und trotzdem bin ich nicht in der Lage, ihn anzurufen. Er trägt die Schuld an dem, was ich auf dieser Erde durchmachen musste. Er hat mich zum Waisenkind gemacht, und er ist es, der auch mein Kind zur Waise macht. Weshalb, Esther? Was habe ich ihm getan? Womit habe ich ihn so beleidigt? Sollte etwa mein Appetit schuld daran sein? Oder dass ich nicht zivilisiert essen lernen wollte? War es ein Verbrechen, mit den Mädchen im Hof zu spielen, anstatt zu lernen?

Oder habe ich etwa gesündigt, weil ich mit den Freundinnen tanzen gegangen bin? Sag mir, Esther, welchen Verbrechens habe ich mich schuldig gemacht, von dem ich keine Ahnung habe oder das mir nicht bewusst ist! Du hast mir doch immer mein fehlerhaftes Verhalten vorgeworfen, alles, was ich vorhin aufgezählt habe, von dem ich nicht gewusst haben soll, dass es falsch ist???? Vielleicht war ich nicht ganz bei Verstand, dass ich diese Verstöße nicht als ungewöhnliches Verhalten betrachtet habe! Du, die doch alles weiß, musst mir sagen, was bei mir so unnatürlich gewesen ist! Vergiss aber nicht, dass du mir einmal erklärt hast, dass die Taten der Irren nicht verurteilt werden dürfen, denn sie wissen nicht, was sie tun. Andererseits weiß ich wirklich nicht, ob ich mich in diesem Augenblick für verrückt erklären lassen soll, nur um dem Urteil der Menschen zu entgehen. Sag mir, was soll mein Kind eher wissen, wenn es erwachsen sein wird! Dass ich von Sinnen war und nicht wusste, was ich tat, als ich seinen Vater tötete, oder dass ich bewusst gemordet habe, um es aus der teuflischen Gewalt des Unmenschen zu befreien? Im ersten Fall würde es sich meiner schämen, weil ich eine Verrückte war, im zweiten Fall würde es über die Kriminelle entsetzt sein, die ein Monster zum Mann genommen hatte. Welch entsetzliches Erbe hinterlasse ich dem unschuldigen Kind! Wenn ich daran denke, habe ich sogar Angst, Gott von ganzer Seele zu hassen, weil er sich eines Tages an der Kleinen rächen könnte.

Noch etwas musst du erfahren: Als ich dem Mädchen deinen Namen gab, bat ich den Schöpfer um nichts anderes, als dass er es mit deiner Intelligenz und deiner Kraft zur Bewältigung der Lebensaufgaben segnen möge. Alles, was ich von ihm erbat, ein wenig Liebe und Zuversicht, scheint jedoch zu viel gewesen zu sein. Du bist bei Gott gut angeschrieben, davon bin ich überzeugt, du wirst ihn so gnädig stimmen, dass er auch für mein Kind Sorge trägt. Außer dir habe ich niemanden auf dieser Welt, deshalb wage ich es auf dem Totenbett, dich zu bitten, auf das Kind zu achten, dich um das Mädchen zu kümmern, wenn ich die Augen für immer geschlossen haben werde. In dem Augenblick, in dem ich dieses Schreiben beende, werde ich niederknien und um Vergebung bitten, dass ich dir eine so schreckliche Bürde als Erbe hinterlasse, aber an wen sollte ich mich sonst wenden? Ich und meine Tochter sind zwei Wesen, die niemand haben will. Ich werde zum Glück bald dahingehen und meinen Frieden finden, Esther wird jedoch hier bleiben wie ein Blatt im Wind. Jetzt, auf diesem Krankenhausbett, ist mir bewusstgeworden, welchen Fehler ich begangen habe, als ich nur ihren Vater tötete und nicht auch sie, um mich dann selbst zu richten. Nun ist es zu spät, um noch etwas an der Sachlage zu verändern, auch weiß ich nicht, ob ich jemals die Kraft aufgebracht hätte, das zu tun, wovon ich schreibe. Seit ich im Gefängnis bin, lebt das Kind bei Melanie, damit es nicht ins Waisenhaus kommt. Melanie sorgt gut für die Kleine, aber sie ist arm und wird ihr später nichts bieten können. Darüber hinaus ist sie noch jung, hat die Zukunft vor sich und wird eines Tages heiraten, wird Kinder haben, wie soll ich von ihr verlangen, sich und ihre Familie für Esther zu opfern? Ich habe sie doch aus meinem Haus gejagt, als mein Mann es von mir verlangte. Wie soll ich ihr Leben so durcheinanderbringen, wenn ich ihr mein Kind anvertraue? Die gleiche Frage müsste ich mir auch bei dir stellen, aber ich kann es nicht. In dir spüre ich eine Kraft, die ich noch bei keinem Menschen so deutlich wahrgenommen habe, seit ich auf der Welt bin. Du bist belastbar wie ein Maulesel, der alles schleppt, was man ihm aufbürdet. Du wirst den Lebensweg nach Golgota auch mit meinem Kind auf dem Rücken meistern, so wie du mich die ganze Zeit getragen hast, in der wir zusammenwaren. Angesichts des Todes bin ich zum ersten Mal mutig. Ich verlange von dir, ohne in Verlegenheit zu geraten, dass du für mein Kind Sorge trägst. Sicherlich kannst du mir meine Bitte abschlagen, und ich würde es nie erfahren, aber ich gehe mit der Überzeugung, dass die kleine Esther in dir eine liebevolle Mutter haben wird. Ich bin mir bewusst, dass ich dir eine schwere Last auf die Schultern lade, aber die Angst, dass sie wie ich in einem Waisenhaus landet, befähigt mich alle Skrupel beiseitezulassen.

Wenn du meinen letzten Wunsch erfüllst, bitte erzähle ihr von mir, wenn sie größer ist und selbst urteilen kann. Schwindle ihr vor, ich sei schön und gescheit gewesen, hätte eine erlesene Erziehung genossen, wunderbar sticken hätte können und herrlich Balalaika spielte. Den Mädchen gefällt es so sehr, sich mit ihren Müttern zu loben. Ich wünsche mir so sehr, dass sie eines Tages auch etwas besitzt, womit sie sich rühmen kann. Sag ihr nichts davon, dass ihr Vater ein Trinker war, bitte, Esther! Glaub mir, ich ersehne keine Reichtümer für das Kind, aber ich möchte so gerne, dass es ohne Minderwertigkeitsgefühle aufwächst, selbstsicher und frei von jeder Angst. Du hast doch gesehen, wie es bei mir war! Du hast mir die wirtschaftliche Unabhängigkeit verschafft, hast mir zu einem sicheren Dasein verholfen, und trotzdem habe ich mich eines Tages verirrt, weil mir ein eiserner Wille wie der deine gefehlt hat. Es ist mir klar, dass du eines Tages deine Kinder haben wirst. Ihnen sollst du nichts wegnehmen, um es meinem Kind zu geben, gib ihm aber etwas, was kein Geld kostet, nämlich deine Charakterstärke. Ich bin sicher, dass es dann auf eigenen Beinen stehen wird.

Jetzt, Esther, ist der Augenblick da, um uns zu verabschieden. Wenn es tatsächlich ein Leben nach dem Tod gibt, so wie es Alexander glaubte, werden wir uns sicher wiedersehen. Dann werde ich dir für all das danken, was du für mein Kind getan hast. So wie ich dich kenne, wirst du für es sorgen! Weißt du, was ich in diesem Moment seltsam finde? Als ich dem Kind deinen Namen gab, wollte ich meine Erkenntnis für das zum Ausdruck bringen, was du für mich getan hattest. Es scheint aber so zu sein, dass Gott dem Kind nicht nur deinen Namen verordnet hat, sondern er hat ein Wesen in meinen Armen gesegnet, für das du nun sorgen wirst. Soll ich nun glauben, dass er mich deshalb zu sich ruft, weil ich im Leben nicht im Stande gewesen wäre, Esther so zu unterstützen, wie sie es nötig hätte? Das würde bedeuten, dass der Allmächtige mein Kind doch ein wenig liebt und es an deiner Seite in ein glückliches Leben führen will. Oh Gott, Esther, was würde ich dafür geben, in diesem Augenblick an den Vater im Himmel glauben zu können, so wie ich es einmal konnte, damit ich seine Rache nicht auf die Kleine herabbeschwöre. Jetzt aber habe ich nur noch Angst vor ihm …

Adieu, Esther, einzige Schwester, die ich auf diesem Erdenrund hatte."

Als Bruno endlich den grausamen Inhalt Meckys Brief erfuhr, blieb er wie gelähmt sitzen und konnte kein Wort über die Lippen bringen. Erst als Esther ihm laut und entschlossen mitteilte, dass sie in Kürze nach Rumänien fahren werde, kam er zu sich. In wenigen Tagen erledigte er die Reiseformalitäten und schaltete alle Freunde und

Bekannten in öffentlichen Ämtern und internationalen Foren ein, um dahingehend unterstützt zu werden, dass er in Rumänien in seiner Bewegungsfreiheit nicht behindert werde. Sein Freund, der ihm das Schloss zu Verfügung gestellt hatte, erwies sich überraschenderweise als unverhoffte Hilfe. Da er an der Abteilung für Menschenrechte in Genf arbeitete, versicherte er ihm, dass er erreichen werde, dass Mecky in einem bürgerlichen Krankenhaus behandelt und dass ihr Prozess neu verhandelt werde, weil es doch um Notwehr gegangen sei. Bruno war entschlossen, einen Fachanwalt für internationales Recht zu engagieren, damit die Freundin seiner Frau eines gerechten und fairen Urteils teilhaftig werde. Mecky in ihrem Elend beizustehen, war für ihn eine Verpflichtung als Mensch und als Weltbürger geworden, und selbst wenn diese Frau nicht Esthers Freundin gewesen wäre, er hätte für sie im Namen der Humanität und der Gerechtigkeit gekämpft. Die sogenannte Diktatur in Rumänien bereitete ihm keine Angst mehr, weil ihn nichts auf der Welt jetzt aufhalten konnte, sich für die Rettung der bedauernswerten Mecky einzusetzen. Seine Frau hatte keine Ahnung, wie tief Meckys Drama ihn erschüttert hatte, und sollte noch ein wahres Wunder während der Reise erleben, die ohne jeglichen Zwischenfall verlief. Keine Kontrolle, kein Hindernis bei ihrer Ankunft in Rumänien, so dass sie vom Flughafen direkt in Esthers Geburtsstadt fahren konnten, als ob sie zu einem gewöhnlichen Besuch gekommen wären. Sie hatte bei der Abfahrt geradezu gezittert, weil Bruno Morphium zur Schmerzlinderung mitführte, und war nun regelrecht verblüfft, dass sie an der Grenze höflich empfangen wurden, ohne dass sich jemand um ihr Gepäck gekümmert hätte. Erst als sie im Auto saßen und in die Stadt fuhren, teilte ihr Mann ihr mit, dass er einen Diplomatenpass besaß, der ihm Immunität gewährte. Diese Tatsache beruhigte sie und sie freute sich, dass Mecky bald Hilfe bekommen würde. Darüber hinaus sollten Esthers Anverwandte aus Holland und aus Israel eintreffen. Diese freiwillige, von Herzen kommende Solidarität beeindruckte sie ungemein. Sie wusste, dass Mecky in diesem Augenblick gerade die Liebe der Familie und das Zusammengehörigkeitsgefühl dringend brauchte. Auch für sie selbst würde sich die Begegnung mit der Kranken leichter gestalten, wenn tatkräftige Menschen wie ihre Eltern und Tante Sarah sie unterstützten. Sicherlich hätte Brunos Energie ihr über die schrecklichen Augenblicke, die ihr bevorstanden, hinweggeholfen, aber ihre Freundin hatte ein Leben lang keine Familie gehabt und gerade diese konnten ihr nur Mutter und Tante vermitteln. Esther war ihren Angehörigen von Herzen dankbar, dass sie ihr zu Hilfe eilten, um ein gutes Werk zu vollbringen.

Nach einer unruhigen Nacht im Hotel standen beide auf, waren jedoch nicht in der Lage ein normales Gespräch miteinander zu führen. Es war, als ob sie einander aus dem Weg gingen, um nicht in Verlegenheit zu geraten, wenn sie ihre Aufregung nicht mehr beherrschen konnten und unfähig waren, sie selbst zu sein. Abwesend naschten sie etwas vom Frühstück, das ihnen in einem fast leeren Restaurant gereicht wurde, und beeilten sich, zu Melanies Wohnung zu gelangen, bei der sie sich angekündigt hatten, nachdem sie gelandet waren.

Dem Ehepaar gelang es mit Ach und Krach das Haus zwischen den vielen grauen Wohnblocks ausfindig zu machen, die ein Bild des Elends und der Armut abgaben. Entsetzt von der Aussicht, die sich ihm darbot, murmelte Bruno fassungslos:

„Hier sieht es wie in Indien aus, nur dass es kalt ist. Wenn ich nicht wüsste, dass sich Rumänien in Europa befindet, würde ich meinen, ich sei in Afrika oder Lateinamerika. So viel Armut ..."

Tatsächlich sah das Wohnviertel, in dem sie sich befanden, so traurig und erbärmlich aus, dass es jeden Fremden erschreckte. Die Farbe der Betonwände war vom Regen und vom Schnee abgewaschen worden, so dass nur noch hie und da Reste davon sichtbar waren, was den Fassaden der Wohnblocks ein fürchterlich vernachlässigtes

Aussehen verlieh. Die Fenster mit Rahmen, die von alter Farbe verunstaltet wurden, hatten verknitterte, abstoßende Vorhänge, die die Armut im Innern der Wohnung deutlich machten. Die Balkone, die von rostigen Metallstangen verunstaltet wurden, ließen alten Krempel sichtbar werden, der den kleinen Platz vollständig einnahm. In den Ecken und dort, wo die Gebäude zusammenstießen, sah man Schimmel und Feuchtigkeit, die das Mauerwerk zerfraßen. Die Eingangstüren zu den Blocks hingen schief in den Angeln, die Fenster zerbrochen. Pfützen, Müll, verbogene Zäune aus Maschendraht, Grasbüschel, Abfallcontainer, kaputte Asphaltinseln, die direkt auf den Boden vor den Eingang der Blocks geschmiert worden waren vervollständigten die niederschmetternde Ansicht dieser Slumbehausungen.

„Und das mitten in Europa", murmelte Bruno unwillkürlich, indem er entsetzt die Umgebung betrachtete.

„Und das ist noch nichts. Du sollst erst die Wohnblocks der Unverheirateten sehen oder jene, die an den Ortsrändern der Dörfer errichtet wurden", flüsterte Esther, während sie die schwere Eingangstür aus Metall öffnete.

Im Flur blieb sie vor der Bewohnerliste des jeweiligen Stockwerks stehen. Der Name Bota Melanie war bei der 2. Etage eingetragen. Kurz ließ sie ihren Mann wissen, wo sie die Wohnung zu suchen hatten.

„Melanie wohnt im 2. Stock. Erschrick bitte nicht, wenn du die armselige Einrichtung siehst. Für sie ist diese Wohnung die größte Errungenschaft ihres Lebens", erklärte sie Bruno auf Deutsch. Er nahm sie zärtlich in die Arme, hauchte einen Kuss auf ihr Haar und flüsterte ihr ins Ohr:

„Du musst nicht denken, dass ich solche Orte nie gesehen hätte, aber ich habe es nicht erwartet, sie in diesem Land zu Gesicht zu bekommen."

Als Melanie die Eheleute vor sich in der Tür stehen sah, hatte sie sofort Tränen in den Augen. Nachdem sie sich von dem Schock erholte, machte sie verlegen Platz und bat den Besuch in die Wohnung. Bereits im Flur beeindruckte Esther und ihren Mann die außergewöhnliche Sauberkeit, die fast unnatürlich erschien im Vergleich zu dem, was sie draußen zurückgelassen hatten. Auch in dem kleinen Zimmer, das geschmackvoll eingerichtet war, herrschte eine angenehme, gastfreundliche Atmosphäre. Auf einem Sessel gebettet befand sich ein schmächtiges Kind mit großen, braunen besonders traurigen Augen, das die Fremden ängstlich betrachtete. Melanie, die die Reaktion der Kleinen wahrgenommen hatte, versuchte, sie mit sanfter Stimme zu beruhigen:

„Hab keine Angst, Esther. Die Frau ist Tante Esther aus Deutschland. Du hast doch so oft von ihr gehört, nicht wahr?"

Etwas ruhiger, drückte das Mädchen seine Puppe fest an sich, die ihr aus der Hand geglitten war, als die Beiden ins Zimmer getreten waren und verfolgte sie weiterhin.

„Ich komm nicht näher", versicherte ihr Esther sanft. „Schau, ich bleib hier stehen und setz mich ganz weit weg von dir, damit du sicher bist." Indem sie das sagte, nahm Esther am Rand des Sofas Platz und zog ihren Mann neben sich.

Die kleine Esther richtete es sich bequemer auf ihrem Sessel ein, wandte aber kein Auge von dem Ehepaar. Melanie fragte sie liebevoll:

„Sag uns, Esther, wer hat rotes Haar?"

Das Mädchen streckte die Hand und zeigte mit ihrem dünnen Finger auf Esther.

„Nun also, du weißt es ja. Die Tante ist mit ihrem Mann aus Deutschland gekommen, um dich zu besuchen. Freust du dich?"

Das Kind sah den Besuch lebhafter an, jedoch ohne jeglichen Ausdruck der Freude. Das ernste Gesicht blieb gleichgültig, nur die traurigen Augen bestimmten die Physiognomie des Gesichts. Bruno zog eine Tafel Schokolade aus der Tasche und ohne zu fragen, erhob er sich von seinem Platz. Im selben Augenblick kauerte sich das Mädchen wie ein ängstlicher Hund zusammen und drehte den

Kopf zur Sessellehne. Esther zog ihn schnell zurück und flüsterte ihm auf Deutsch zu:

„Wir müssen ihr Zeit lassen. Was muss die Ärmste alles ausgestanden haben, dass sie so schreckhaft geworden ist!" Melanie ging zum Kind, nahm es in die Arme und setzte sich mit ihm auf den Sessel.

„Sie ist so ängstlich die Kleine, weil auch die Kindergartenkinder begonnen haben, sie zu schlagen und hinter ihr herzurufen, dass ihre Mutter eine Kriminelle sei", erklärte sie Esther leise. „Seit einer Woche habe ich sie nicht mehr ins Heim geschickt. Ich bezahle ein Mädchen, das nur nachmittags Schule hat, damit es die Arme am Vormittag bis 12 beaufsichtigt. Dann bleibt Esther allein bis 4 Uhr, wenn ich vom Dienst komme. Es ist sehr brav das liebe Kind. Es beklagt sich nie, nicht einmal, dass es die Kinder geschlagen haben, hat es erzählt. Ein Mädchen aus der Nachbarschaft berichtete davon, als ich mit ihm auf dem Nachhauseweg war. Als ich das erfahren habe, durfte die Kleine nicht mehr aus dem Haus."

Esther übersetzte Bruno schnell, was Melanie berichtete, worauf der Mann ungeheuer aufgewühlt sich in die Küche zurückzog. Während weniger Minuten erfuhr Esther die grausamen Geschehnisse aus dem Leben des Kindes, seit Mecky Costin getötet hatte. Selbst Melanie wurde inzwischen von den Bewohnern des Viertels angefeindet, weil sie die Freundin einer Kriminellen sei. Deshalb wagte sie es nicht mehr, abends aus dem Haus zu gehen, um nicht womöglich von einem Irren angegriffen zu werden. Das Kind behielt sie auch aus Angst vor Lynchjustiz in der Wohnung, denn die Leute waren unberechenbar und hätten sich auch an einem Kind vergriffen. Mecky wusste von alldem nichts, ansonsten wäre sie bestimmt auf den Gedanken gekommen, ihrem Leben ein Ende zu setzen. Esther hörte überwältigt, was Melanie erzählte, während ihr Verstand ununterbrochen nach einer Lösung für diese verfahrene Situation suchte. Spontan wie immer, erhob sie sich unversehens von ihrem Platz und ordnete kurz an:

„Zieh das Mädchen sofort an. Und dich auch. Pack das Notwendigste zusammen, wir gehen weg von hier."
So unvorbereitet überrumpelt, fragte Melanie verwirrt: „Wohin? Wie?"
Ohne ausufernde Erklärungen beschied sie Esther schnell:
„Du ziehst bis auf weiteres nach Lapusna. Ich habe von Notar Danciu erfahren, dass er dir Meckys Haus überschrieben hat. Wir werden also alle bei dir wohnen. Heute ist auch meine Mutter mit meinem Bruder Philipp angekommen. In ein paar Tagen werden auch Tante Sarah, Cora und mein Stiefvater da sein."
Noch zweifelnd, hatte Melanie Bedenken wegen der Kleinen.
„Wird es das Kind verkraften, wenn wir es dahin bringen?"
Esther betrachtete das auf dem Sessel zusammengekauerte Mädchen und sagte nachdenklich:
„Meinst du, es sei gesünder für die Kleine versteckt in einer Wohnung zu vegetieren, weil sie Angst haben muss, von Verrückten gelyncht zu werden? Von zwei Dingen, die uns nicht gefallen, müssen wir das weniger schlimme auswählen. Wir werden also alle in das Haus im Garten übersiedeln, bis sich alles irgendwie beruhigt hat."
Nachdem Bruno sich den Lagebericht angehört hatte, gab er seiner Frau Recht. Es schien die beste Lösung für das Mädchen zu sein. Schließlich hatte Mecky in dem Brief geschildert, dass es den toten Vater nicht zu Gesicht bekommen habe, so dass es das Haus nicht in Verbindung mit dem Ermordeten bringen werde. Bestimmt würden seine Trinkgelage irgendwo in seiner Erinnerung schlummern, weil sie zum damaligen Alltag gehörten, aber die Sicherheit, die die Kleine nun unter so vielen Unbekannten erfahre, würden ihr guttun. In einer knappen Stunde hatte die Vier die Blockwohnung mit der Überzeugung verlassen, dass Melanie und das kleine Mädchen nie mehr dahin zurückkehrten.
Melanie öffnete zitternd die Tür des Hauses aus dem Garten, immer noch nicht überzeugt, dass sie die Nacht dort

verbringen werde. Das ungelüftete Haus, der fremde Geruch erinnerten Esther sofort an Meckys Worte aus dem Brief.

Ohne Zeit zu verlieren, begannen die drei Erwachsenen sofort Ordnung in den Räumen zu machen, die ihnen auch fremd waren. Wie durch ein Wunder gelang es Bruno, Zugang zur kleinen Esther zu finden, die, befreit von der anfänglichen Angst, ihm wie ein Schatten durch das Haus folgte. Melanie beobachtete sie freudig überrascht und erklärte Esther verwundert:

„Glaub mir, es ist das erste Mal, dass sich das Mädchen einem Mann nähert. Ich vermute, dass der Unglücksmensch ihr so viel Schrecken eingejagt hat, dass es von keinem Fremden auch nur berührt werden wollte. Das bedeutet, dass dein Ehemann, Esther, ein guter Mensch ist!" Melanie war sichtlich erleichtert.

Während sie zuhörte, was Meckys Freundin erzählte, erinnerte sich Esther an die Stelle im Brief, wo darüber berichtet wurde, wie Costin Melanie vorgestellt wurde. Das beschäftigte sie sehr, und deshalb fragte sie unvermittelt:

„Du hast Meckys Mann vom ersten Augenblick an nicht leiden können, nicht wahr?"

Verwundert hielt Melanie in ihrer Arbeit inne und fragte unsicher:

„Woher weißt du es? Hat es dir Mecky geschrieben?"

Esther bejahte, und Melanie fuhr fort, den Küchenschrank zu waschen, wobei sie versprach, die ganze Geschichte zu erzählen, wenn sie das Haus in Ordnung gebracht hätten und in Ruhe reden könnten.

Nachdem sie die kleine Esther schlafen gelegt hatten, räumte Melanie den Tisch ab und schaffte mit einer unglaublichen Geschwindigkeit Ordnung in der frisch geputzten Küche. Esther bereitete für sich und Bruno das Schlafzimmer vor und entschuldigte sich dabei, weil sie sich noch im Wohnzimmer etwas verspäten würde. Sie hatte nämlich die Absicht, mit Melanie ins Gespräch zu kommen, jetzt da das Kind schlief und das Haus soweit in Ordnung war, dass man darin wohnen konnte, ohne von den

Neugierigen der Umgebung gestört zu werden. Das Haus im Garten erwies sich wiederum als sichere Unterkunft für sie und ihre Familie, die eine Insel der Ruhe benötigte, in einer Stadt auf die der Herbst sein tristes Grau senkte. Nur die arme Mecky würde es nie mehr vertrauensvoll schützen, weil sie es gezwungen hatte, unter seinem Dach einen Menschen zu beherbergen, den die allgegenwärtigen Geister jener, die schon lange im Jenseits weilten, aber bestimmt noch in den massiven Ziegelmauern des Gebäudes herumirrten, missbilligt hatten. Daran dachte Esther, als sie in die dunkle Nacht hinaussah und die weit zurückliegende Vergangenheit in der Erinnerung durchlebte, als sie in das Land jenseits der heimischen Berge aufgebrochen war. Noch im Tor hatte sie sich damals gefragt, während sie die schweigenden Mauern betrachtete, die der kalte Nieselregen wie mit trüben Tränen peitschte, wie viele vom Schicksal Gedemütigte würden noch unter dem Dach dieses Hauses Schutz finden? Mecky war immer überzeugt gewesen, abergläubisch zu sein, und trotzdem hatte sie den Mut gefunden, den Geistern dieser Mauern die Stirn zu bieten, selbst dann als merkte, dass sie ihren Mann um keinen Preis dulden wollten.

Als ob sie Esthers Gedanken erraten hätte, flüsterte Melanie hinter ihr:

„Bereits als er zum ersten Mal das Haus betrat, wusste ich, dass er nicht hierhergehörte. Auch jetzt höre ich noch das ungewöhnliche Rauschen des Windes, das plötzlich ganz fürchterlich anschwoll. Es war ein sonniger Tag gewesen, deshalb deutete ich den Sturm aus heiterem Himmel ein böses Omen. Vielleicht glaubst du, ich sei verrückt, aber als ich hinausging, um zu sehen, aus welcher Richtung der Wind wehte, erstarrte ich vor Schreck, weil sich kein Lüftchen regte. Zuerst wollte ich gar nicht mehr ins Haus zurück, aber ich dachte, Mecky würde sich kränken, wenn ich ohne etwas zu sagen, einfach verschwände. Als wir uns zu Tisch setzten, kreuzten sich meine Blicke mit denen dieses Satans. Solche eiskalten Augen hatte ich bis dahin noch nie gesehen. Solange er sich an jenem Abend im Haus aufhielt, hatte ich immer das Gefühl, dass etwas Böses, Beunruhigendes über uns schwebte. Mecky schien wie benommen und sah ihn mit verliebten, melancholischen Kuhaugen an. Noch nie hatte ich sie in einer solchen Ekstase gesehen. Nachdem er gegangen war, löcherte sie mich mit Fragen, was ich für einen Eindruck von ihm habe, wie er mir scheine, ob er schön sei, ob sie ihn überhaupt verdiene und andere Dummheiten. Um sie nicht zu ärgern, lehnte ich es kategorisch ab, ihr zu antworten. Ich wollte immer ehrlich zu ihr sein, also versuchte ich, sie nicht zu belügen, indem ich ihre dämlichen Fantasien im Zusammenhang mit diesem Mann noch bestätigte."

„Hast du Mecky jemals die Vision mit dem Sturm an jenem Abend erzählt?", fragte Esther ernst.

Nachdenklich lächelnd, fuhr Melanie unbeirrt fort:

„Am nächsten Tag war Sonntag. Nachdem wir aufgestanden waren, setzten wir uns in die Küche, um Kaffee zu trinken. Dabei fragte ich sie, ob sie am Vorabend etwas vom Sturm mitbekommen habe, nachdem sie nach Hause gekommen war. Sie begann zu lachen, als ob ich sie etwas Unsinniges gefragt hätte. Sicher habe es einen Sturm gegeben, aber er sei nur von kurzer Dauer gewesen. Als sie Costin begleitet habe, fuhr sie fort, sei der Himmel sternenklar gewesen. Ich widersprach ihr, indem ich berichtete, was ich gesehen hatte. Da sie mich nicht ernstnehmen wollte, habe ich ihr meine ehrliche Meinung über Costin gesagt. Ich erinnere mich gut daran, dass ich sie wiederholt bat, sich von ihm zu trennen, weil er Unheil mit sich bringe. Sie hat sich über mich lustig gemacht und mich Buddhistin genannt. Ich fragte sie, was das bedeute, und sie hat mir etwas von Heiligenschein erklärt, aber auch jetzt weiß ich nicht, was das ist. Auf jeden Fall habe ich darauf beharrt, dass es sich um keinen Sturm gehandelt habe, sondern um ein ganz fürchterliches Vorzeichen. Sie ist schließlich wütend geworden, vom Tisch aufgestanden und hat mich angebrüllt, ich würde sie langweilen.

„Wie war es bei der Hochzeit? Mecky hat mir geschrieben, du seiest die ganze Zeit zurückgezogen in einer Ecke gestanden und dann plötzlich verschwunden",
fuhr Esther mit ihren Fragen fort, wobei sie sich auf das abgenützte Sofa setzte.

Seufzend legte Melanie eine kurze Pause ein, um den Rest Wein aus ihrem Glas zu trinken und berichtete dann:

„Als sie vom Standesamt kamen, drängte ich mich zwischen den vielen Leuten nach vorne, die plötzlich wie zu einem Maifest erschienen waren. Ich versuchte zu Mecky zu gelangen, um sie zu beglückwünschen. Plötzlich stand der eben angetraute Mann vor mir. Ich hatte den Eindruck, dass er mich daran hindern wollte, mit Mecky zu sprechen. Auch jetzt noch geht es mir kalt den Rücken hinunter, wenn ich an seine eiskalten Augen denke. Glaub mir, Esther, das waren Augen eines Toten oder Satansaugen, ich weiß es nicht! Auf jeden Fall waren es nicht die Augen eines lebendigen Menschen. Mein Entsetzen war so groß, dass ich mich Mecky nicht mehr genähert habe. Du kannst dir vorstellen, dass ich sofort wusste, dass ich um jeden Preis aus dem Haus ausziehen muss. Es konnte keine Rede sein, dass ich mit einem Teufel unter einem Dach wohnte."

Esther unterbrach Melanie:

„Aus Meckys Briefen ging hervor, dass ihr beide Streit miteinander hattet!"

„Das stimmt nicht!", ereiferte sich Melanie erbost. „Ich habe mit dem Monster kein Wort gewechselt. Er provozierte mich fortwährend, indem er versuchte, mir wie einem Dienstmädchen Befehle zu erteilen. „Pass auf", sagte er zu mir, „geh und hol einen Korb Holz, die Kiste ist leer", oder „vielleicht lernst du Essen für Menschen zuzubereiten und nicht für Schweine wie bei dir in der Moldau." Ein anderes Mal gab er mir die Stromrechnung in die Hand mit der Begründung, ich sei dran zu bezahlen, weil ich doch nicht den Anspruch haben könnte, in seinem Haus zu wohnen, ohne mich an den Kosten zu beteiligen. „Die Almosen haben ein Ende, Bucklige", schrie er mich eines Tages an, als ich im Begriff war, in mein Zimmer zu gehen. Alle Gemeinheiten trugen sich in Meckys Abwesenheit zu. Später habe ich von Mecky erfahren, dass er ihr genau das Gegenteil berichtete, also dass ich ihn fortwährend schwach angeredet, ihn aufgefordert hätte, das Haus zu verlassen und andere Lügenmärchen. Am meisten hat es Mecky wehgetan, als er sie anlog, ich hätte behauptet, dieses Haus würde auch mir gehören nicht nur ihr. Da begriff auch sie, dass es ein Ding der Unmöglichkeit war, dass wir zu dritt unter diesem Dach würden leben können. Kurze Zeit darauf bekam ich dann die Wohnung, in der ihr heute gewesen seid. Ich war dem Elend entronnen, sie aber, die Ärmste, blieb allein, um dem Satan zu widerstehen."

„Wusstest du, dass er ein Trinker war?", fragte Esther.

Melanie zögerte ein wenig zu antworten, aber dann erzählte sie ruhig, als ob sie von einem Schweigegelübde entbunden worden sei.

„Ja", sagte sie entschieden. Sie sei die Erste gewesen, die festgestellt habe, dass Costin trank.

„Seine Eltern waren auch Alkoholiker", murmelte sie feindselig. Als sie auf der Hochzeit erschienen, war ihr nicht die armselige Kleidung aufgefallen, weil auch sie, Melanie, aus einer armen Familie vom Land stammte. Die Gesichter waren vom Alkoholgenuss gezeichnet, und zwischen Sohn und Eltern bestand überhaupt keine Beziehung. Costin behandelte Vater und Mutter wie Ungeziefer, das sich eingefunden hatte, um seine Feier zu stören. Mecky kümmerte sich um sie, und als sie sich verabschiedeten, gab sie ihnen vieles mit und dazu auch noch Geld."

„Ich kann es nicht verstehen, dass nur du die Beobachtung gemacht hast, dass der Mann ein Trinker ist, und Mecky nichts mitbekommen hat. Das verfolgt mich ständig, weil ich es nicht hinnehmen will, dass dieses Monster sie so verblendet hat", unterbrach Esther die junge Frau irritiert.

„Mecky kannte die ganze Zeit die Wahrheit. Vielleicht hat sie anfangs nicht verstanden, welch Fluch der Alkohol im

Dasein eines Menschen sein kann, später hat sie es aber leider am eigenen Leib erfahren müssen", bekannte Melanie.

„Wann hat sie es gefühlt, als er sie zu schlagen begann?", fragte Esther scharf.

„Oh, nein! Viel früher, aber da hatte er sie noch nicht verrückt gemacht mit seinem unzusammenhängenden Geschwafel, das sie bisweilen die ganze Nacht wachhielt. Selbst als sie schwanger war, verschonte er sie mit seinen Trinkgelagen nicht. Oft kam Mecky zu mir, um sich ein paar Stunden auszuruhen, da sie zu Hause die Nachschicht erwartete."

Vollkommen unschlüssig, versuchte Esther zu ergründen, weshalb Mecky sich nicht scheiden ließ, wenn sie das alles über Costin wusste. Melanie vertraute der Freundin verlegen an, dass sie Mecky einmal geschworen hatte, ihr nie das Motiv zu nennen, das sie bewogen hatte, bei ihrem Mann zu bleiben. Jetzt, flüsterte Melanie tieftraurig, da Mecky verurteilt worden war, konnte sie das Geheimnis lüften, welches die Bedauernswerte zur Kriminellen gemacht hatte.

Entsetzt von dem, was sie hören musste, verlangte Esther, die volle Wahrheit zu erfahren, da sie ja beabsichtigte den Prozess mit einem fähigen Anwalt neu aufzurollen. Dieser sollte auf Tötung aus Notwehr plädieren und dazu brauchte man alle Einzelheiten aus dem Leben der Eheleute bis zum Tag des Mordes. Vollends überzeugt, begann Melanie, Meckys trauriges Dasein zu schildern, was sie bis nun nicht gewagt hatte, jemandem anzuvertrauen, um der Freundin nicht noch mehr Leid zuzufügen.

„Costin hatte nicht nur die Augen eines Toten, er war der leibhaftige Teufel selbst", begann sie.

Nachdem er Mecky kennengelernt hatte, entdeckte er bald, dass sie über viel Geld verfügte, und dann gab es noch den Besitz des großen Hauses. Von der Gutgläubigen erfuhr der Gewiefte bald alle Geheimnisse ihres Lebens. Dem Betrüger war rein gar nichts entgangen, aus dem er später Nutzen hätte ziehen können. Er wusste, dass Mecky im Waisenhaus großgeworden war, und später entwand er ihr auch die Geschichte mit dem Kind. Esther erfuhr mit Bestürzung, dass ihre Freundin dem Mann buchstäblich alles aus ihrem Leben erzählt hatte. Unter anderem auch, wie sie in den Besitz des Hauses gelangt sei. Nachdem sie schwanger geworden war, begann er, sie mit Drohungen zu terrorisieren, er werde sie bei der Polizei anzeigen, da sie ihr Kind umgebracht habe. Mecky hatte ihm nicht nur den Namen des Offiziers verraten, sondern auch wo die Großeltern des Kindes lebten. Costin wusste also alles, was mit ihr und dem Kind geschehen war. Voller Angst, er könnte sie ans Messer liefern, und sie würde im Gefängnis landen und das Kind für immer verlieren, nahm sie seine Trinkgelage und die Schläge in Kauf. Der Niederträchtige hatte sie davon überzeugt, dass das Gericht ihm das Kind zusprechen werde, wenn man sie eingesperrte, und das Haus würde er bis zur Volljährigkeit des Mädchens verwalten. „Wie sollte sich Mecky vor so einem skrupellosen Mann schützen?", fragte Melanie traurig. Erst als er fast das Kind umgebracht hätte, war sie so mutig, sich gegen ihn aufzulehnen. Er zwang sie, dir nach Deutschland zu schreiben und Geld zu erbetteln, aber Mecky hat in dieser Hinsicht nie nachgegeben. Seine Schläge waren manchmal so bestialisch, dass sich die Arme krankschreiben lassen musste, um zu Hause bleiben zu können, dass man an ihrer Dienststelle nichts davon erfuhr. Es wäre vielleicht besser gewesen, wenn alle Leute die Wahrheit erfahren hätten, so würden sie die Bedauernswerte heute nicht in der ganzen Stadt als Kriminelle verunglimpfen. Nach kurzer Zeit der Ruhe erkrankte Mecky an Krebs. Ich weiß bis heute nicht, was in ihrem Kopf vorgegangen sein mag, dass sie dem Widerwärtigen die Diagnose mitteilte. Von diesem Augenblick an begann für sie die Hölle auf Erden. Ich vermute, dass sie dir mitgeteilt hat, was sie durchmachen musste, nachdem sie so krank wurde. Ich hätte dir gleich davon berichtet, aber sie ließ mich nicht. Ich musste schwören, dir nie die Wahrheit über ihr Dasein kundzutun. Sie sagte immer, auch du seiest ein gequältes und einsames Kind gewesen, aber hättest nie dein Kreuz anderen aufgebürdet. Sie wie charakterschwach gewesen und habe dich immer genötigt, ihr schweres Schicksal mitzutragen. Dieses Mal müsste sie aber durchhalten, sagte sie, und bis zur letzten Konsequenz ihren Mann stehen. Esther, ich glaube, dass Mecky sich davor gefürchtet hat, dass ihr nichtswürdiger Trinker dich ins Land locken wollte, um dir Böses anzutun."

Weinend versuchte Esther unbeholfen, Melanie klarzumachen, dass der Nichtswürdige ihr nie und nimmer etwas hätte anhaben können. Wenn die Freundin frühzeitig begriffen hätte, dass sie außer Esther niemanden hatte, an den sie sich wenden konnte, um Hilfe zu bekommen, wäre sie nicht in diese aussichtslose Situation geraten.

„Und dann noch ihre Krankheit." Sogar Heilung wäre möglich gewesen, denn es gab genug Fälle, wo Brustkrebs verschwunden war, wenn man sich operieren und die Chemotherapie über sich ergehen ließ. Bruno hatte ihr erklärt, dass sich bei Mecky höchstwahrscheinlich Metastasen gebildet hätten, weil sie rein gar nichts gegen die Krankheit getan hatte.

„Ich weiß", murmelte Melanie. „Seit man ihr die Diagnose mitgeteilt hatte, hörte sie auf, gegen den Krebs anzukämpfen. Sie hat ihn wie eine Krankheit angenommen, die sie von ihrer Mutter geerbt hätte und wogegen sie nicht die Kraft aufbringen konnte, sich zu wehren. Sie wurde plötzlich sehr gläubig. Nicht dass sie vorher nicht an Gott geglaubt hätte, in ihrer Art hatte sie schon religiöse Gefühle. Nachdem sie jedoch von der Krankheit erfahren hatte, war sie oft in der Kirche, in Begleitung der armen Kleinen. Das Mädchen hatte nichts anderes kennengelernt, seit es auf der Welt war, als die Trinkgelage und die Schläge des Vaters, und vor allem jene erschreckende Traurigkeit, welche die Mutter wie ein Leichentuch einhüllte.

„Wie verhielt sich Mecky, wenn sie bei dir war?", wollte Esther erfahren.

„Was heißt „verhielt"? Sie hat nie offen über diesen Satan gesprochen. Sie nahm auf dem Sofa Platz, das Kind war neben ihr, und dann wiederholte sie jedes Mal ein und dieselbe Sache: Wie angenehm es sei, sich ein wenig Ruhe zu gönnen. Manchmal warf ich ihr vor, sie unternehme nichts, um den Elenden aus dem Haus zu jagen und endlich ihre Freiheit wieder zu erlangen. Ich kannte jedoch den Grund, weswegen sie sich nicht scheiden lassen konnte, und deshalb beharrte ich nicht sehr auf den Vorwürfen. In der letzten Zeit wurde sie immer nachdenklicher, vor allem nachdem Costins Freundin eingezogen war."

Esther konnte sich nicht mit dem Gedanken abfinden, dass Mecky sich so hatte gehen lassen, um dem Mann zu gestatten, seine Kumpanin ins Haus zu holen. Melanie erklärte sachlich, dass Costins Unmenschlichkeit auch für sie zur Normalität geworden sei. Die fremde Frau habe Meckys Dasein in gewisser Weise erleichtert. Wenigstens war sie es nicht mehr, die zuerst angepöbelt wurde. Mecky konnte Melanie öfter besuchen, ohne dass sie Rechenschaft ablegen hätte müssen, wo sie so lange geblieben sei. Trotzdem hatte sich das Verhalten der Kranken sehr verändert, bevor sie den Mann tötete. Einmal hatte sie sogar über ihre Ängste gesprochen, wenn sie daran denke, was mit dem Mädchen geschehen würde, wenn sie, die Mutter, nicht mehr da sei. Es tat ihr leid, das Kind auf die Welt gebracht zu haben, denn ein Leben im Waisenhaus, das dem gleiche, das sie geführt habe, komme ihr schrecklicher als der Tod vor.

„Ich befürchtete, Mecky könnte die Absicht haben, sich und das Kind zu töten. Schließlich fasste ich mir eines Tages ein Herz", erzählte Melanie, „und fragte sie direkt, ob sie nicht vielleicht daran denke, eine Dummheit zu begehen."

Dass sie sich nicht erst bemühte, das zu leugnen, überzeugte Melanie endgültig, dass Mecky Schreckliches vorhabe. Dabei war ihr kein einziges Mal der Gedanke gekommen, dass sie den Mann und nicht das Kind umzubringen gedachte. So grausam es auch geklungen haben mag, Melanie hatte die Tat ihrer Freundin nie als Mord, sondern als verdiente Strafe für das Tier angesehen, das sie so lange es lebte nur quälte. Nachdem sie Costin umbrachte, habe Mecky zuerst Melanie angerufen.

„So ruhig hatte Meckys Stimme seit Jahren nicht mehr geklungen", flüsterte sie tränenerstickt.

Ohne jede Einleitung habe sie ihr kurz mitgeteilt:

„Ich habe ihn getötet. Kannst du heraufkommen? Und dann nach einer kurzen Pause: Esther braucht jemanden, der auf sie aufpasst!"

„Ich legte auf, als ob mir jemand einen Schlag auf den Kopf versetzt hätte", fuhr Melanie fort. „Ich habe keine Ahnung mehr, wie ich mich angezogen habe, ich weiß nur, dass ich ein Taxi rief, wobei ich fürchtete, dass es nicht warten würde, bis ich unten angelangt wäre. Es war nach Mitternacht, daran erinnere ich mich genau, weil ich unwillkürlich auf die Uhr gesehen hatte, als das Telefon zu dieser ungewöhnlichen Zeit läutete. Als ich beim Haus ankam, standen zwei Polizeiautos vor dem Tor. Ich zahlte eilig, ohne auf die neugierigen Fragen des Fahrers zu antworten, und rannte zur Tür. Im Haus befand sich eine Menge Polizisten, welche Costins Saufkumpane umringten, die wichtigtuerisch gestikulierten und sich mit ihren Berichten zu übertreffen suchten. Abgrundtiefer Hass bemächtigte sich meiner, als ich diese Leute zu Gesicht bekam. Vom Polizisten, der die Tür bewachte, ließ ich mich nicht einschüchtern und schob ihn mit Gewalt zur Seite. Ohne einen Kommentar abzugeben, schritt ich ins Zimmer. In einer Ecke stand Mecky vollkommen ruhig mit dem Kind in den Armen, umgeben von drei Polizisten. Sie bedrängten sie mit Fragen, aber erhielten keine Antwort, als ob man nicht mit ihr sprechen würde. Einer drehte sich zu mir und fragte wütend, wer ich sei und wer mich habe eintreten lassen. Ich sagte, ich sei eine Kusine und wollte das Kind zu mir nehmen. Mecky sah mich gelassen an, und zum ersten Mal, seit sie das Kind zur Welt brachte, leuchtete auf ihrem Gesicht unendliche Freude. Es war die unausgesprochene Glückseligkeit der Mutter, die mit dem Preis des Lebens ihr Kind gerettet hatte."

Melanie hielt inne und brach in lautes Weinen aus.
„Nie werde ich das Bild des siegessicheren Lächelns vergessen, das sich auf ihrem Gesicht abzeichnete."

Esther hörte bewegt zu und murmelte dann:
„Jetzt erst verstehe ich, weshalb ich meine Mecky so sehr geliebt habe."

„Ich habe bis zu Mecky keinen so guten und ehrlichen Menschen gekannt", fügte Melanie mit tränenüberströmtem Gesicht hinzu. „Seit sie diesen Mord begangen hat, ist sie für mich eine Heilige geworden. Nur eine Heilige konnte in dieser Art ihre Existenz aufs Spiel setzen, um ein Kind vor diesem Teufel von Mann zu retten. Wenn du sie gesehen hättest, wie erhaben sie nach dem Prozess durch die Menge geschritten ist, während die Leute sie als Kriminelle, Hure, verfluchter Bastard, Räuberin beschimpften. Manche spuckten vor ihr aus, andere warfen mit Essensresten oder anderem Müll nach ihr. Es war entsetzlich."

Melanie brach ihre Erzählung ab und bat Esther, ihr zu erlauben, sich eine Tasse Kaffee zuzubereiten, weil sie sich ganz elend fühlte. Da ihre Hände zitterten, reichte ihr Esther ein Glas Wasser mit Zucker und schlug vor, den Bericht erst am nächsten Tag fortzusetzen. Melanie lehnte jedoch ab, froh, endlich jemandem vom Martyrium ihrer liebsten Freundin zu erzählen. Nachdem die beiden Frauen sich mit Hausarbeit beschäftigt und einen Blick in das Zimmer geworfen hatten, wo die Kleine schlief, nahm Melanie ihre Erzählung wieder auf:

„Glücklicherweise war das Mädchen in Meckys Armen eingeschlafen, so dass ich es langsam an mich nehmen konnte, ohne dass es aufwachte. Nur ihre Stimme verriet, dass Mecky in dem Augenblick vollkommen erschöpft war. Sie konnte mir kaum zuflüstern, ich sollte für das Kind Sorge tragen. Ich war so bewegt, dass ich mich nicht enthalten konnte und meinen Tränen freien Lauf ließ. Einer der Polizisten stieß mich weg und brüllte mich an:

„Lass die Krokodilstränen, wir haben es hier mit einem Mord zu tun! Hast du verstanden, Frau?" Ich fürchtete, dass dieses Geschrei die Kleine aufwecken könnte, aber sie war so müde, dass sie sich davon nicht gestört fühlte. So wie die Polizisten in das Nebenzimmer eintraten und auch wieder herauskamen, begriff ich, dass dort der Leichnam des Judas liegen müsste, der so viel Unglück in dieses Haus gebracht hatte. Das Zimmer war eigentlich eine Art Abstellraum, wo Mecky alles aufbewahrte, was von dir und Tante Sarah stammte. Dahin war sie vor mehr als einem Jahr eingezogen, weil das Zimmer einen Ausgang zum Hof hatte, so dass sie Costin und seiner Geliebten nicht mehr begegnen musste. Als es Mecky plötzlich übel wurde, eilte ich in die Küche und brachte ihr ein Glas Wasser. Während sie trank, flüsterte sie mir zu, ich sollte zu Herrn Danciu laufen und das Haus kaufen. Nur so würde Esther das Waisenhaus erspart bleiben. Die Polizisten beachteten uns nicht, und so konnten wir ein paar Minuten in Ruhe miteinander sprechen. Bis zu dem Augenblick, Esther, war mir nie bewusst, wie intelligent und vorausschauend Mecky eigentlich war. Sie erklärte mir, dass das Kind in ein Waisenhaus eingewiesen werde, wenn es Vermögen habe, so wie auch du es hattest, mit dem sich die von der Vormundschaft bereicherten. Ich verstand sofort, was zu tun war, denn ich kannte die Geschichte deines Lebens.

In jener Nacht habe ich die unbeschreibliche Brutalität der Polizisten kennengelernt. Mecky wurden Handschellen angelegt, man stieß sie aus dem Haus, ohne ihr zu erlauben, sich von dem Mädchen zu verabschieden. Ich will mich an die Wortwahl der Beamten nicht mehr erinnern, wenn sie sich an Mecky wandten. Hure, Niederträchtige, Elende waren die höflichsten Wörter, die sie zu hören bekam. In der Tür drehte sie sich noch einmal um und sah mich bedeutungsvoll an, so als ob sie mich an den Auftrag erinnern wollte, den sie mir erteilt hatte. Ich nickte zum Zeichen, dass alles wunschgemäß gemacht werde. Ich erfuhr am nächsten Tag, dass Mecky bis zum Prozess im Untersuchungsgefängnis bleiben werde.

Ich machte mich sofort auf den Weg zum Notar Danciu, der sich noch nicht im Ruhestand befand. Nachdem er meinen Bericht hörte, war er sofort einverstanden, den Kaufvertrag aufzusetzen. Ich hatte nicht so viel Geld, um das Haus zu bezahlen und Meckys Barschaft war irgendwo versteckt. Der Notar streckte mir die Summe vor, und beim Ausfüllen der Papiere fälschte er sogar das Verkaufsdatum, damit niemand vermuten könnte, wir hätten die Transaktion nach Meckys Verhaftung in die Wege geleitet. Wir fälschten auch ihre Unterschrift, weil niemand an eine reiche Waise gedacht hätte, von der man profitieren könnte. Es sollte so scheinen, als ob Mecky den Mord geplant habe, und das Haus deshalb verkaufte, um sich einen guten Anwalt zu leisten, der es fertigbrachte, dass sie freigesprochen würde. Eine andere Erklärung für den Verkauf des Hauses wäre eine teure Operation gewesen, die sie in der Klinik von N. zu bezahlen hatte, das erzählten die Leute später. Das Geld für den Kauf des Gebäudes befand sich beim Notar Danciu, so dass es sich in wenigen Tagen in meinem Besitz befand. Anfangs erfuhr auch niemand die wahre Geschichte über dieses Geschäft.

Mecky, die sich bis dahin nie rechtfertigt hatte, erhielt eine Pflichtverteidigerin. Nie habe ich etwas Abstoßenderes gesehen als das Gesicht dieser Frau. Beleibt, mit aufgedunsenen Wangen, kleinen, bösen Dachsaugen, ein Mund mit dicken Lippen, die gelbe, unregelmäßig gewachsene Zähne sehen ließen, wurde die Anwältin jedes Mal ekelhaft, wenn sie sich Mecky nähern musste. „Was gibt es Neues, Frau Nistor?" Mecky blieb stumm, die Anwältin jedoch tobte: „Sie tun sich leicht! Haben Ihren Mann umgebracht, und ich muss Sie verteidigen, nicht wahr? Zuhause erwartet mich ein Schreibtisch voller Akten, aber ich muss meine Zeit mit dir verschwenden. Weshalb, bitte schön, hast du deinen Mann umgebracht, Nistor? Hat sich der Armselige nicht für dich aufgeopfert, indem er dich von der Straße geholt und dir einen Namen gegeben hat? Was für ein Pech ich auch habe, dass man gerade mich ausgewählt hat, eine Kriminelle zu verteidigen! Wenn es nach mir ginge, würdest du sofort auf dem elektrischen Stuhl landen …" So klangen die Monologe der Anwältin, so oft ich auch anwesend war. Ich habe mir nicht vorstellen können, dass eine Anwältin so grausam und dumm sein kann. Bis dahin waren mir die Ärzte zuwider, weil sie so geldgierig sind, aber seit man Mecky eingesperrt hat, kann ich auch die Rechtsanwälte nicht mehr sehen. Seltsamerweise sind dabei die Frauen sehr viel roher als die Männer. Meiner Meinung nach müssten die Frauen von beiden Berufen ausgeschlossen werden. Für diese Tätigkeiten muss man „berufen" sein und nicht meinen, man verfüge über eine Lizenz zu menschlicher Grausamkeit. So eine Justiz ist doch nur ein Dolch in der Faust des Menschen, der sich gegen den Menschen richtet. Wenn du die Richterin gesehen hättest, die das Urteil verkündet hat, glaube ich, du würdest nie mehr einem Prozess beiwohnen wollen. „Im Namen des Gesetzes", brüllte sie wie ein Henker … Oh, Gott, wie abscheulich sind doch Frauen in solchen Ämtern. Während sie das Urteil verlas, hatte das Gesicht der Richterin nichts Menschliches an sich. Bis heute gellt mir ihre metallisch künstlich klingende, mitleidslose Stimme in den Ohren. Mecky war die ganze Zeit ruhig, so als ob es nicht um sie gegangen wäre. Sie machte alles, was man von ihr verlangte, ein peinliches juristisches Ritual, einer Farce nicht unähnlich, während die Anwesenden sich empört räusperten, wie gefühllos die Kriminelle sei. Niemand zeigte auch nur das geringste Mitleid mit Mecky. Sie war allein inmitten einer Horde, die Blut geleckt hatte und die bereit schien, sich jeden Augenblick auf sie zu stürzen, um sie zu lynchen. Die Liebe war aber bereits entrückt und in der Obhut Gottes. Die heitere Ruhe auf ihrem Gesicht hatte mir schon während des Prozesses gezeigt, dass Mecky jemanden neben sich wusste, der stärker war als die ganze Maskerade des Gerichts und der ihr auf dem irdischen Leidensweg Kraft verlieh. Nachdem das Urteil gesprochen worden war und Mecky in Handschellen den Saal verlassen hatte, wartete ich auf dem

Flur auf die niederträchtige Anwältin. Als sie mich sah, schrie sie mich an, noch bevor ich etwas sagen konnte: „Gott sei Dank, dass dieser Prozess zu Ende ist. Er hat mich viele Nerven und Energie gekostet, wo er doch sofort hätte geschlossen werden müssen." In einer Naivität wollte ich wissen, ob nicht eine Berufung möglich wäre, aber ich hatte den Satz noch nicht beendet, da begann die Verteidigerin schon zu brüllen, dass man sie auf dem ganzen Flur hören konnte: „Was für eine Berufung wollen sie noch, Frau? Berufung bei einem Mord? Hör an, welch Unverschämtheit, als ob man einen Toten wiederbeleben könnte! Ich verbiete Ihnen, mich noch in der Angelegenheit Nistor zu störe, sonst hänge ich Ihnen einen Prozess wegen Belästigung einer Justizbeamtin an." So, glaube ich, hatte die Dame die Drohung formuliert. Was ich dann auf den Fluren noch alles zu hören bekam, möchte ich nicht mehr wiederholen. Ich war jedenfalls wie eine Beute für die entfesselte Menge, die nicht einverstanden war, dass man Mecky nicht mit dem Tod bestraft hatte. Ich hatte immer gedacht, Szenen mit blutrünstigen Menschen, würde es nur in Filmen geben, jetzt sah ich, dass es tatsächlich Leute gibt, die Lust auf Blut, Grausamkeit und Gefühllosigkeit haben. Das alles habe ich dort im Gerichtssaal und auf den Fluren erlebt. Wenn die arme Mecky nach dem Prozess den Zuschauern überlassen worden wäre, man hätte sie in Stücke gerissen. Vielleicht begreifen wir erst in solchen Augenblicken, dass der gewalttätige Mensch viel gefährlicher ist als ein Tier. Das Tier tötet, um zu überleben, der Mensch macht aus seinem irrationalen Morden ein Fest, um seine Sinne zu befriedigen. Mecky hat mir einmal deine Geschichte mit den Gladiatoren auf der Bühne des Lebens erzahlt. Wahrend des Prozesses habe ich an diese Arena gedacht, nur ist Mecky leider zu Unrecht in das Löwengehege geworfen worden, ohne jegliche Chance, von dort jemals wieder lebendig herauszukommen."

„Nach dem, was du mir erzählst, glaube ich auch nicht, dass sie es sich noch wünscht", sagte Esther bedrückt. Dann fragte sie:
„Hast du sie seither noch gesehen?"
„Ja, zweimal. Zum ersten Mal mit Herrn Danciu, gleich nach dem Prozess. Als ob ich etwas geahnt hätte, brachte ich ihr etliche Kopfwehtabletten mit." Melanie brach in Tränen aus. „Sie sah fürchterlich aus. Sie sagte mir, sie habe Schmerzen und könne nicht schlafen, beklagte sich jedoch mit keinem Wort. Sie sprach langsam, die Krankheit hatte sie bereits sehr angegriffen. Ihr einziges Interesse galt der keinen Esther. Ich beruhigte sie, indem ich ihr versicherte, der Kleinen ginge es gut. Herr Danciu versprach, alles in seiner Macht Stehende zu tun, damit ich das Sorgerecht für das Kind erhalte."

Melanie machte eine kurze Pause, um dann etwas verlegen fortzufahren:

„Als der Notar das sagte, lächelte Mecky zum ersten Mal. Mit Mühe gelang es ihr, sich bei ihm zu bedanken, und dann flüsterte sie überzeugt: „Das wird nicht nötig sein, Esther kommt bestimmt und nimmt es zu sich. Trotzdem danke ich Ihnen von Herzen für alles, was Sie für mich getan haben. Gott schütze Sie, denn Sie sind ein guter Mensch." Dabei blickte sie den Notar voller Dankbarkeit an. Weißt du, was dann geschah? Notar Danciu kniete nieder und küsste Mecky die Hand, und sie streichelte ihm über den Kopf, als ob er derjenige sei, der Hilfe brauchte, und nicht sie. Als er sich erhob, war sein Gesicht tränenüberströmt. Nie hat er auch nur ein Wort über diese Szene jemals verloren. Ich habe es erst erfahren, als es mir gelungen war, Mecky im Krankenrevier des Gefängnisses zu besuchen, wohin sie nach seinen Interventionen gebracht worden war. Dahin schickt er ihr auch Pakete, wenn es ihm möglich ist."

„Was für Beruhigungsmittel hast du ihr gebracht?", fragte Esther.

„Nur schmerzlindernde Tabletten. Etwas Anderes wollte Mecky nicht. Vom Algocalmin würde es ihr übel, und sie müsste sich erbrechen."

„Wir werden in den nächsten Tagen sehen, was wir machen können. Mein Mann hat Beruhigungsmittel im Gepäck, die ihr bestimmt helfen", redete Esther nachdenklich vor sich hin und fragte dann:

„Hat sie ihr Kind noch gesehen, seit sie verhaftet wurde?"

„Nein. Man hat es ihr nicht erlaubt. Die widerwärtige Rechtsanwältin brüllte wie von Sinnen, dass eine Kriminelle keinen Kontakt zu einem Kind haben dürfte, selbst wenn es ihr eigenes wäre. Herr Danciu hat gesagt, dass es vielleicht so besser ist. Das Mädchen muss müsste seine Mutter nicht in diesem Zustand sehen. Das könnte ihm mehr schaden, als wenn es mit dem Eindruck verbliebe, dass sie weit weg gefahren sei und eines Tages kommen werde, um es zu sich zu nehmen. Esther, ich habe den Eindruck, dass das Kind mehr weiß, als wir ahnen. Es fragt nie, wann seine Mutter kommt, obwohl es sich früher keinen Schritt von ihr entfernte, wenn sie mich besuchten. Die Kleine hat eine höllische Angst vor Menschen, trotzdem will sie am Abend vor dem Fenster stehen. Als ich sie einmal danach fragte, wonach sie Ausschau hält, hat sie mir geflüstert: „Die Großeltern und die Mutter sind dort oben." Das hat mich tief beeindruckt, zumal sie seit einiger Zeit überhaupt nicht mehr gesprochen hatte. Während die kleine Esther sprach, zeigte sie mit dem Finger zum Himmel. Um nicht neben ihr in Tränen auszubrechen, bin ich ins Bad gelaufen, aber als ich zurückkam, stand sie noch immer ganz ruhig dort mit dem Teddybären in der Hand. Ich habe noch etwas mit ihr erlebt, was mich lange Zeit verfolgt hat. Eines Abends, als ich sie zu Bett gebracht hatte, wollte ich ihr das Bärchen reichen, damit sie ihm einen Gutenachtkuss gäbe. Sie lächelte, genauso wie auch Mecky lächeln konnte, und schüttelte den Kopf. Überrascht, fragte ich sie, ob sie den Bären nicht mehr liebhabe, und sie antwortete: „Mutter hat mir gesagt, dass der Teddy bloß ein Spielzeug aus Stoff ist, deshalb muss ich ihn nicht küssen. Ich schlafe mit ihm, weil er nach meiner Mutter riecht…", und nach einer kurzen Pause fuhr sie fort: „wenn ich ihn im Arm halte, denke ich, sie wäre neben mir!"

Dieses Kind hat, seit es auf der Welt ist, überaus ernste Augen. Mecky hat einmal gesagt, dass du als Kind auch solche Augen hattest. Sie war sehr stolz, wenn sie das erwähnte, als ob es ein Geschenk sei, das sie von dir erhalten hätte. Jetzt, wo ich dir dies alles erzähle, sehe ich die beiden verlassenen Gestalten vor mir, wie sie auf den Straßen der Stadt herumirrten, um nicht nach Hause zu dem Satan von Mann gehen zu müssen."

Esther erhob sich und schlich auf Zehenspitzen in das Zimmer des Mädchens. Das Kind schlief mit dem Teddy im Arm, ruhig atmend, als ob es wüsste, dass es Leute um sich hatte, die es im Falle einer Gefahr beschützen würden.

Sie trocknete sich das Gesicht vom Weinen und kehrte zu Melanie ins Wohnzimmer zurück. Es war Schlafenszeit. Am nächsten Tag war viel zu tun, aber Esther hatte jetzt erfahren, was sie wissen wollte, damit sie sich danach richten konnte. Ihre Mutter sollte sich fortan um Meckys Kind kümmern, natürlich mit Melanies Unterstützung. Angenehme Ruhe erfüllte ihre Seele, wenn sie daran dachte, dass dieses Haus, in dem sie mit Mecky so glückliche Tage verbrachte, bald wieder von Menschen bewohnt werde, die ihm die verlorene Wärme zurückgeben würden, die der nichtswürdige Mann zugrunde richtete. Vielleicht würde das Kind, das bisher nur Grausamkeit und Leid erfahren hatte, hier glücklich im Garten herumtollen, den seine Mutter so liebte.

Am Vormittag des nächsten Tages kamen Esthers Mutter und Notar Danciu mit Einkäufen schwer beladen. Bruno und seine Frau sollten in Begleitung des Notars zum Gefängnis, um Mecky so schnell wie möglich in ein ziviles Krankenhaus zu verlegen. Durch Verbindungen zur österreichischen Botschaft hatten sie die Erlaubnis erhalten, Mecky in das Kreiskrankenhaus zu bringen, weil es sich um einen Fall höherer Gewalt handelte. Nachdem sie der Gefängnisleitung alle notwendigen Papiere vorgelegt hatten, durften sie endlich zur Verurteilten Nistor, wo sie auf den Krankenwagen warten sollten, der Mecky ins Spital bringen musste. Der Notar betrat die Anstalt nicht mehr, um rasch ins Krankenhaus zu gelangen, von wo er mit dem Rettungswagen zum Gefängnis kommen wollte. Vor Aufregung zitternd, drückte Esther fest die Hand ihres Mannes, während sie, von einem bewaffneten Wärter begleitet, den armseligen Flur zum Krankenzimmer entlanggingen, in dem Mecky lag.

Als sie den grauen Raum betraten, der mit Eisenbetten und schmutzigen, zerfetzten Matratzen ausgestattet war, die man, ohne sich dafür zu schämen, offen hingelegt hatte, erbebten sie vor Ekel und Wut. Bloß zwei Betten der beiden Reihen, die an den Wänden aufgestellt waren, wurden gebraucht. Im ersten schlief eine Frau mit blassem, gezogenem Gesicht und tiefen, schwarzen Augenringen.

„Oh, Mecky", murmelte Esther entsetzt, als sie das magere Antlitz und die blutleeren, trockenen Lippen erkannte, durch die die Kranke mit Mühe Luft holte. Die zweite Kranke blickte verloren und ausdruckslos durch das schmutzige Fenster, vor dem ein Metallgitter angebracht war. So wie die beiden Frauen dalagen, erinnerte die jüngere der beiden im grauen Bettzeug kaum noch an die lebhafte Mecky, die vor ein paar Jahren weinend im Herbstregen auf dem Bahnsteig herumrannte, als Esther in das Land jenseits der Berge aufgebrochen war.

Auf den Zehenspitzen, ganz sacht, um sie nicht aufzuwecken, näherte sich Esther dem Bett. Mecky war aufgewacht, ihre Freundin wünschte sich jedoch, wie würde noch schlafen, weil sie ihren Seelenschmerz nicht mehr beherrschen konnte. In ihrem Kopf herrschte ein wirres Durcheinander von Sätzen, unverständlich und absurd, dazu kam noch ein unerklärlicher Angstzustand, der ihre Bewegungen und ihren Gang erschwerte. Verzweifelt, wie ein Kind, das von irgendetwas erschreckt wurde, wandte sie sich an ihren Mann und bat ihn um Hilfe. Sein Strenges Gesicht und der tadelnde Blick hießen sie jedoch, weiter zu gehen. Esther verstand zum ersten Mal, seit sie zusammenwaren, dass er der Ehegatte war, auf den man sich verlassen konnte, der einen unterstützte, wenn man vor scheinbar unüberwindbaren Hindernissen stand.

Zerstreut wanderte Meckys Blick, ohne sich aufzuhalten, um auszumachen, was das sein könnte, von der fast undurchsichtigen Glasscheibe zum Schattenbild, das sich ihr näherte. Esther war inzwischen am Kopfende des Bettes angekommen, aber die Augen ihrer teuren Freundin hatten es nicht vermocht, sie zu identifizieren. Diese stütze sich auf den Bettrand und flüsterte mühevoll ihren Namen:

„Mecky...Mecky liebe... ich bin es ... Esther!"

Als wäre sie vom Tod auferstanden, richtete die Kranke ihren bis dahin ins Leere starrenden Blick auf Esther und durchbohrte sie wie mit einem scharf schneidenden Messer, was der Freundin einen solchen Schmerz verursachte, den man mit Worten nicht beschreiben konnte. Sie musste sich sehr beherrschen, um nicht laut zu schreien, so sehr zerriss er ihr die Brust. Angsterfüllt verkrampfte sich ihre Hand an den Eisenrahmen des Bettes, während sie sich auf die Unterlippe biss und mit übermenschlicher Kraft zwang, angesichts dieses Leides, das sich vor ihr abspielte, eine würdevolle Haltung zu bewahren. Eine Spur Blut rann am Kinn herunter, und ihre Augen füllten sich mit Tränen. Einige Augenblicke lang sahen sich die Freundinnen unverwandt an, bis Mecky die bedrückende Atmosphäre unterbrach, indem sie müde sagte:

„Du bist doch gekommen..." Das reine Gesicht entspannte sich plötzlich in einem erleichterten Lächeln und wurde unsagbar schön.

Bruno umarmte seine Frau, und sie spürte wie er ihr Energie verlieh, die sie so sehr brauchte, um dieser erschreckenden Lage Herr zu werden. Wie ein Vater tupfte er ihr das Blut vom Kinn und flüsterte ihr sanft ins Ohr:

„Geh!..."

Als Esther sich wieder bewusstwurde, an welchem fürchterlichen Ort sie sich befand, kniete sie schon vor Bettys

Bett, hatte den Kopf auf die raue Decke der Kranken gestützt und ihren mageren Körper umarmt. Tränen perlten über ihr Gesicht und wischten die Apathie eines Toten von vorhin weg.

„Gott hat mir wieder sein Gesicht zugewandt", flüsterte sie nach einer Weile.

„Gott hat dich nie verlassen, Liebste. Nicht ich bin seine Auserwählte, Mecky, sondern du! Vielleicht musstest du auch deshalb so viel leiden", murmelte Esther weinend.

„In allem, was du mir bis jetzt gesagt hast, habe ich dir immer Recht gegeben, was aber Gott betrifft, kann und will ich es nicht tun. Es ist, als ob du mich überzeugen wolltest, dass du, wenn du mich bestrafen wolltest, es aus purer Liebe tätest."

„Mecky…Mecky…", wiederholte Esther mechanisch.

Sich plötzlich erinnernd, wo sie sich befand, rief sie fast schrill:

„Mein Mann…mein Mann ist da, um dich zu besuchen… Er ist Arzt… er ist Arzt!" Esther brach erschöpft ab und begann laut zu weinen, etwas für sie Ungewöhnliches.

Bruno neigte sich zu ihr und flüsterte ihr etwas auf Deutsch ins Ohr. Esther erhob sich schwerfällig, wischte sich mit dem Handrücken das verweinte Gesicht und nahm eine Tablette aus seiner Hand, die sie mit schlafwandlerischen Bewegungen schluckte. Als sie sich wieder zu Mecky drehte, sah diese das Ehepaar mit sanften, samtenen Augen leicht lächelnd lange an.

„Ich glaube, er ist ein guter Mensch", flüsterte sie.

„Ja, Mecky, er ist ein guter Mensch. Dank seiner konnten wir so rasch zu dir gelangen. Ich werde dir später mehr über ihn erzählen. Jetzt aber müssen wir von hier fort. Wir bringen dich ins städtische Krankenhaus. Die Bewilligungen sind bereits eingeholt", erklärte Esther, während sie Meckys Nachtkästchen kontrollierte. Als sie die schmerzstillenden Tabletten entdeckte, fragte sie vorsichtig:

„Hast du Schmerzen?"

„Ja", antwortete die Kranke.

„Große?"
„Ja…"
Unzufrieden mit den einsilbigen Antworten der Freundin, beharrte Esther darauf, Einzelheiten zu erfahren.
„Was heißt „ja", Mecky. Erklär es mir. Ich weiß Bescheid über diese verfluchte Krankheit, also sag mir klar und deutlich, wie es um dich steht. Hast du sehr große Schmerzen? Wo beginnen sie und wie lange halten sie an?"
Völlig erschöpft antwortete Mecky kaum hörbar:
„Anfangs tat der Unterarm weh, dass waren die Metastasen, der Arzt sagt, ich habe Knochenkrebs. Seit einigen Tagen sind die Schmerzen unerträglich geworden, und die Schmerztabletten helfen mir nicht mehr."
Wütend erwiderte Esther:
„Diese Tabletten können dir bei solchen Schmerzen gar nicht helfen!" Dann wandte sie sich deutsch an ihren Mann:
„Sie hat große Schmerzen, aber keine richtigen Schmerzmittel!"
„Es sind bereits Metastasen da, nicht wahr?"
„Ja, der Arzt hat Knochenkrebs diagnostiziert."
Ohne sich weiter zu äußern, drehte Bruno sich zur Tür, wo er seine Tasche abgestellt hatte, als sie ankamen, öffnete den Reißverschluss und holte eine Schachtel Tabletten hervor. Er erklärte Esther, dass dieses Mittel nicht nur Schmerzen linderte, sondern die Kranke auch psychisch beruhigen werde. Und tatsächlich, noch bevor sie ins andere Krankenhaus übersiedelte, veränderte sich Mecky vollkommen. Als Notar Danciu in Begleitung von zwei Krankenpflegern in den Raum eintrat, Flüsterte Mecky Esther noch schnell:
„Die Frau nebenan hat Tuberkulose. Vielleicht können wir ihr mit Antibiotika helfen, auch ein Fiebermittel bräuchte sie. Sie hat drei Kinder zu Hause, die Ärmste, es wäre tragisch, wenn sie so klein schon Waisen werden."
Esther erfuhr, dass die Armselige zu vier Jahren Gefängnis verurteilt worden war, weil sie abgetrieben hatte. Sie befand sich seit einem Jahr im Knast und hatte ihre

Kinder seither bloß ein einziges Mal gesehen. Sie wohnten irgendwo auf dem Land und hatten kein Geld für die Reise zur Mutter. Esther versprach, sich der Angelegenheit anzunehmen, so dass die Frau ihre Medikamente bekam und die Kinder gebracht würden, damit sie ihre Mutter besuchen konnten. Als sie das kalte, feuchte Krankenzimmer verließen, war Esther erleichtert, dass Bettys Bettnachbarin nicht aufgewacht war. Sie hätte deren leidvollen Blick nicht mehr ertragen können, weil sie sich auch so schuldig fühlte, wenn sie die Kranke nur ansah.

Im Spital der Stadt bezahlten Esther und ihr Mann dafür, dass Mecky ein Einzelzimmer und saubere Bettwäsche bekam.

Während Esther durch die Geschäfte lief, um einen flauschigen Morgenmantel, Nachthemden, Unterwäsche, warme Hausschuhe und ein Necessaire für Mecky zu kaufen, schlief die Kranke, so wie sie seit Jahren nicht mehr geschlafen hatte. Als sie erwachte, gewahrte sie Esther, die mit dem Ordnen des Einkaufs beschäftigt war, und versuchte, dankbar lächelnd, sie zu necken:

„So oft du mir geholfen hast, dass ich nicht aufgebe, so viele Male hast du mir Hausanzüge und Hausschuhe gekauft. Weißt du, was ich bei deinen Einkäufen vermisse?" Meckys Späße klangen traurig, Esther jedoch tat erstaunt:

„Was denn?", fragte sie und hielt in ihrer Beschäftigung inne.

„Sommerkleider ... Sandalen...", fuhr Mecky fort.

„Willst du die jetzt haben?", wollte Esther wissen und fühlte, wie das Weinen sie übermannte, konnte sich aber noch rechtzeitig beherrschen. „Sag es mir ohne Scheu, ich kaufe dir alles, was schön ist", bot ihr die Freundin an, ohne auf den todtraurigen Scherz einzugehen.

„Du weißt genau so gut wie ich, dass ich diese Sachen nie mehr brauchen werde. Während du mit dem Auspacken beschäftigt warst, habe ich mich an die alte Frau erinnert, bei der ich wohnte, als ich das Kind verlor. Auch damals hast du mir alles gekauft, was ich benötigte, dann hast du mich mit allem ausgestattet, als ich in die Stadt gezogen bin, und jetzt tust du es, Gott sei Dank, zum letzten Mal."

Esther hörte schweigend zu, war aber nicht im Stande zu antworten. Mecky hatte das ausgesprochen, woran sie sich schon die längste Zeit weigerte zu denken. Vor Jahren schalt sie sie, beriet sie, lenkte ihre Schritte auch gegen den Willen der Freundin, weil es damals noch ein Morgen gab. Das gegenwärtige Morgen war ein kurzes, bedrückendes Heute geworden, das man nicht mehr mit Ratschlägen und Vorschriften verdunkeln durfte. Esther bemühte sich, ihrer Freundin die erschreckende Gegenwart so angenehm und erträglich wie nur möglich zu gestalten. Deshalb wechselte sie das Thema und fragte aufgeräumt:

„Sag, wie gefällt dir das Zimmer?"

„Hell... sauber ...auf jeden Fall, Esther, ich danke dir aus ganzer Seele für alles. Nach Wochen fühle ich mich frisch. Der Tod ist hässlich und wenn du dann auch noch ungewaschen bist, wird er abscheulich. Ich bin bloß neugierig, wie du das alles für mich in die Wege leiten konntest."

„Das spielt keine Rolle, nachdem es mir gelungen ist ... um ehrlich zu sein, Bruno hat alles erledigt. Ich habe großes Glück mit ihm gehabt. Ich glaube nicht, dass ich alle notwendigen Bewilligungen in so kurzer Zeit erhalten hätte. Du weißt ja inzwischen auch, dass Gesetze nur für Arme gelten. Er hat gelernt, seit er auf der Welt ist, dass alles möglich ist."

„Auch du darfst dich nicht beklagen, Prinzessin. Deine Klugheit war dein Glück im Leben, auch wenn du zeitweise unter ungerechten Gesetzen leiden musstest. Ich freue mich für dich von ganzem Herzen", flüsterte Mecky und fasste nach Esthers Hand, die ihr das Kissen zurechtrückte. Die Freundin konnte der Kranken nicht antworten, weil der Schmerz ihr die Kehle zuschnürte. Sie hätte aber auch nicht gewusst, was sie ihr antworten sollte, um sie nicht aufzuregen. Schließlich kam ihr der rettende Gedanke:

„Morgen bereite ich dir eine große Überraschung. Du bekommst den Besuch, von dem so lange geträumt hast. Rate mal!"

„Die Mutter?", flüsterte Mecky berührt und brach in Tränen aus. Esther nickte.

Bruno, der gerade mit einem Arzt den Salon betreten hatte, sah seine Frau prüfend an und bat sie dann, die Kranke ein wenig vorzubereiten, damit sie untersucht werden könnte, und so lange draußen zu warten, bis sie fertig seien. Als die beiden Männer das Krankenzimmer verließen, kehrte Esther zu Mecky zurück, weil sie ihr unbedingt berichten wollte, dass Melanie und die Kleine nun im Haus im Garten wohnten. Sie erzählte Mecky auch, dass ihr Vater und der Bruder aus Amsterdam erwartet würden sowie Tante Sarah und Cora aus Israel. Die kleine Esther werde sich also inmitten einer großen Familie befinden, die für sie sorgte. Meckys glückstrahlendes Angesicht während Esther das alles beschrieb, hätte niemand mit Worten wiedergeben können.

Bruno, der in den Salon zurückgekehrt worden war, bat Esther, Mecky nun Ruhe zu gönnen, nach den Aufregungen des Tages, darüber hinaus würde das Medikament, das man der Kranken verabreicht hatte, bald wirken und deshalb wäre es besser, wenn sie jetzt alle fortgingen. Esther entfernte sich aber erst vom Bett, als sie merkte, dass Mecky eingeschlafen war.

Als sie zu Hause ankamen, war der Tisch im Wohnzimmer bereits gedeckt. Esthers Mutter hatte die kleine Esther bereits zu Bett gebracht und war jetzt in ein Gespräch mit Melanie vertieft. Man konnte erkennen, dass sich die beiden Frauen sehr nahegekommen waren und sich vieles zu sagen hatten. Esther berichtete, was sie für Mecky hatte tun können. Am nächsten Tag wollten sie dann gemeinsam die Kranke besuchen. Es musste von nun an jemand ständig bei Mecky bleiben, so dass sie sich nicht einsam und verlassen fühlte. Bruno hatte sie bereits unterwegs davon in Kenntnis gesetzt, dass Mecky tatsächlich Metastasen entwickelt habe, aber immer noch gerettet werden könnte, wenn sie einer

Operation zustimmen würde. Als ihr der Arzt diese Mitteilung machte, lehnte die Kranke aber kategorisch ab. Sie hatte sich mit dem Gedanken an den Tod abgefunden, und nichts auf der Welt hätte sie von dieser Einstellung abbringen können. Jetzt, wo sie wusste, dass ihr Kind in Esthers Händen gut aufgehoben war, sehnte sie sich geradezu nach der ewigen Ruhe. Der behandelnde Arzt erklärte dem Ehepaar, dass er so etwas in seiner ganzen Tätigkeit noch nie erlebt hatte. Wie sehr diese Frau gelitten haben musste, dass ihr der nahende Tod solche Erleichterung verhieß, habe der Mediziner nach der Untersuchung entsetzt ausgerufen.

Esther hatte das Essen kaum angerührt und war in Gedanken damit beschäftigt, ob das Mädchen ihren Teddy neben sich im Bett habe. Schließlich stand sie auf, ging in das Zimmer, in dem die Kleine mit Melanie schlief und überzeugte sich, dass das Bärchen neben ihr auf dem Kissen ruhte. Todmüde schleppte sie sich dann zu ihrem Bett, schlüpfte mühevoll in ihr Nachthemd und schlief sofort ein, ohne mehr ihrem Mann gute Nacht zu wünschen.

Am nächsten Tag klapperte Esther in Begleitung ihrer Mutter und ihres Mannes die Geschäfte ab, um für Mecky zwei Plastikwännchen und Hygieneartikel zu kaufen. Aus zehn großen Handtüchern musste sie kleine Lappen schneidern, die man für das tägliche Waschen brauchte. Verwundert beobachtete ihre Mutter, dass Esther von allen Sachen, die sie erwarb, immer zehn Stück wollte.

„Warum kaufst du zehn Stück aller Dinge auf einmal", wagte sie, die Tochter zu fragen.

Esther antwortete verlegen:

„Ich glaube ich bin in dieser Hinsicht voreingenommen, weil ich für Mecky immer auf Vorrat eingekauft habe, damit sie gut versorgt ist. Ich befürchtete, dass sie es nicht schaffen würde, für sich zu sorgen. Gestern habe ich ohne nachzudenken 40 Unterhöschen erstanden. Als sie den Haufen gesehen hat, fragte sie, ob ich dächte, dass sie noch so viele Tage zu leben habe, um sie alle zu verwenden."

Indem Esther das sagte, brach sie in Tränen aus und stieß den

Stapel Kissenbezüge, der vor ihr stand, zur Seite. Bruno beruhigte sie, hauchte einen Kuss auf ihr Haar und flüsterte ihr zu, dass sie mit dem Einkauf richtig gehandelt habe. Mutter und Tochter bezahlten die Waren, die sie ausgesucht hatten. Mit dem Taxi fuhren sie zum Krankenhaus. Esther entschied, nur gerade das Notwendigste mitzunehmen, damit die große Zahl der Wechsel Mecky nicht deprimiere und verleite, an den Tod zu denken. Die Mutter trug eine Tüte, in die Esther eine Bibel und ein paar leicht zu lesende Romane gesteckt hatte, aus denen sie der Kranken vorzulesen gedachte, wenn sie bei ihr wachte.

Mecky richtete ihre großen von schwarzen Ringen überschatteten Augen auf die Erscheinung von Esthers Mutter, gleich als sie den Raum betrat. Ein glückliches Lächeln erhellte ihr Gesicht, als sie in Leahs liebevolle Augen blicken konnte, die fühlte, dass sie tatsächlich am Krankenbett der eigenen Tochter stand. Mühevoll beherrschte sie sich, um ihren Tränen nicht freien Lauf zu lassen. Das Ehepaar beobachtete tief bewegt, wie sich die beiden Frauen umarmten. Leah flüsterte unter Tränen: mein Mädchen, mein liebes Mädchen, während Mecky entrückt Mutter, Mutter murmelte. Esther fühlte zum ersten Mal, dass es ihrer Mutter durch Meckys bedingungslose Adoption gelungen war, die Familie endgültig zu vereinen, so dass sie jetzt keinen Unterschied mehr zwischen ihrer biologischen und der seelischen Zugehörigkeit machen musste. Leah hatte Mecky die Familie zurückgegeben, die diese so früh verloren hatte. Dies hätte aber viel früher geschehen müssen, damit die bedauernswerte Schwester aus dem Waisenhaus dem Monster von Mann nicht ausgeliefert worden wäre. Vielleicht würde sie dieses auch nie verzeihen können.

Bruno war inzwischen in ein Fachgespräch mit den Berufskollegen über die von ihnen praktizierte Chirurgie eingetreten. Schnell wurde ihm klar, dass sein Spezialgebiet, die Herzchirurgie, in diesem Spital so gut wie unbekannt war. Er war den Ärzten trotzdem dankbar, dass sie es ihm ermöglicht hatten, bei der Morgenvisite dabei zu sein. Esther atmete erleichtert auf, als sie Brunos reges Interesse an dem ärztlichen Alltag wahrnahm. Sie war froh, sich nicht auch noch um ihn kümmern zu müssen, er sprach ja englisch und konnte sich mit den rumänischen Kollegen in dieser Sprache unterhalten.

Nachdem Leah mit Meckys Morgentoilette fertig war, zwang sie die Kranke, eine Scheibe Brot mit Marmelade zu essen und ein Glas Milch zu trinken. Die Mutter fütterte sie geduldig wie ein Kind, tupfte ihr den Mund ab, schüttelte das Kissen zurecht, damit sie bequemer liegen konnte. Esther wollte ihr etwas vorlesen, während die Mutter ihr mit Hilfe eines Trinkhalms Kaffee gab. Als Esther das Buch aus der Tüte zog, fragte Mecky:

„Ist es ein Roman?"

„Ja", antwortete die Freundin.

Mecky lächelte sanft, lehnte jedoch ab.

„Bitte, Esther, ich will das nicht. Sei mir nicht böse, aber bring mir eine Bibel!"

Ohne zu zögern, zeigte Esther ihr das Buch mit dem roten Umschlag. Mecky stotterte verwundert:

„Eine Bibel?"

„Was meinst du? Seit wann kennst du mich, liebes Schwesterlein?", neckte sie Esther heiter.

„Du hast immer schneller gedacht als ich, das muss ich anerkennen", bestätigte die Kranke, deren Wangen sich in diesem Augenblick wie durch ein Wunder gerötet hatten.

„Es hat aber auch Sachen gegeben, wo du mich immer geschlagen hast. Zum Beispiel beim Sticken, nicht wahr Mutter?"

Gezwungen lächelnd, gab die Mutter der Tochter Recht. Mecky hatte jedoch zu wenig Zeit, um sich noch diesen Spielchen hinzugeben, und so sagte sie geradeheraus, was sie dachte.

„Lass das, Esther. Die Tage, die uns noch beschieden sind, wollen wir nicht mit Dummheiten vergeuden. Ich habe mein ganzes Leben so verschleudert, und du siehst, wo ich gelandet bin. Ich glaube nicht, dass ich all das verdiene, was du jetzt für mich tust."

Esther wollte widersprechen, aber Mecky erlaubte ihr nicht, sie zu unterbrechen.

„Ambrosius, jetzt rede ich!", sagte sie streng. „Ich will dich daran erinnern, dass du dich nicht einmal verstellen kannst. Ich weiß nicht weshalb, aber wenn du versuchst, mich zu täuschen, bedauere ich dich. Weshalb tut sie das, frage ich mich. Du musst nicht anders sein, als du eben bist. Du hast, seit du ein Kind warst, immer nur das gesagt, was du wirklich dachtest, ohne Angst vor Strafe. Ich dagegen war immer feige. Die Menschen machten mir Angst, selbst wenn es dazu keinen Grund gab. Heute, wo ich mich vor dem Tod fürchten müsste, merke ich, dass viel ängstlicher bist als ich. Nie hätte ich gedacht, ein solches Paradox zu erleben, dass der mutigste Mensch, den ich je gekannt habe, vor dem Ende viel furchtsamer sein könnte als ich. Vielleicht ist es dir nicht bewusst, aber ich wittere deine Angst wie ein Hund."

Mecky erinnerte Esther, was sie ihr einmal über Hunde und die Angst erklärt hatte.

„Der Mensch, der sich vor Hunden fürchtet, strömt einen besonderen Schweißgeruch aus, der das Tier aggressiv macht, so dass es zubeißt."

Verwundert gestand Esther, diese Geschichte vergessen zu haben.

„Du hast vieles, von dem, was du mir vor Jahren beigebracht hast, nicht mehr gegenwärtig", seufzte Mecky traurig. „Ich lernte von dir und von dem, was du mir sagtest, wie aus der Heiligen Schrift. Heute aber möchte ich etwas aus der echten Bibel hören. Die Berichte der Menschen kenne ich alle, niemand kann mir noch etwas erzählen, was ich nicht selbst schon erlebt hätte. In der kurzen Zeit, die mir noch geblieben ist, möchte ich nur noch das Wort Gottes hören. Wenn ich es doch geschafft hätte, ihn von Anfang an zu begreifen, und dann erst die Menschen, wäre mir mein Leid auf dieser Welt erspart geblieben. Aber höchstwahrscheinlich musste es so sein, damit ich die unendliche Freude, die ich jetzt erlebe, bewusst wahrnehme. Es hat Augenblicke gegeben, in denen ich Gott abgrundtief gehasst habe. Ich konnte ja nicht ahnen, dass er mir trotz meiner vergifteten Seele ein solches Fest vorbereitet, bevor ich diese Welt verlasse. Es könnte sein, dass mich im letzten Augenblick die Angst packt, jetzt aber schwebe ich in einer Art Ekstase. Manchmal sehne ich mich geradezu danach zu gehen, um endlich zur Ruhe zu kommen. Die Reise durch diese Welt hat mich so müde gemacht. Erinnerst du dich daran, dass du mir einmal gesagt hast, dass der Mensch sich auf dieser Erde auf einer Wanderung befindet, die an einem Ort beginnt und an einem anderen endet. Ich kann es kaum erwarten, das Ziel meines Weges zu erreichen. Dort, auf dem weiten, von Licht und Wärme überfluteten Feld werde ich mich ausstrecken und unendlich lange ruhen dürfen nach dem Leidensweg, den ich gezwungen war zu gehen. Ich bitte dich deshalb, lass uns die Zeit, die mir verblieben ist, bis ich am Ziel meiner Reise bin, nicht mit Halbwahrheiten und Verstecken zu vertrödeln. Jedes Spielchen ist unnötig, und wir beide brauchen es wahrhaftig nicht."

Beschämt bejahte Esther die Aufrichtigkeit ihrer Freundin, ohne sich jedoch dazu zu äußern. Nach einer Pause erzählte sie ihr dann etwas linkisch über den Umzug in das Haus im Garten und wagte es, die Kleine zu erwähnen. Sie fragte Mecky, ob sie es wünsche, das Mädchen zu sehen. Die Ärzte würden nichts dagegen einzuwenden haben, und der Wachmann, der für die Kranke verantwortete, konnte leicht überzeugt werden, ein Auge zuzudrücken, erklärte Esther.

Außergewöhnlich gefasst, lehnte Mecky es ab, dass ihr das Kind ins Krankenhaus gebracht werde.

„Wenn es möglich wäre, würde ich es noch einmal sehen, aber nur, wenn es schläft", flüsterte sie träumerisch.

Das sei zu machen, sagte Esther, wenn das Mädchen mit Melanie unter dem Vorwand ins Krankenhaus käme, weil die junge Frau jemanden besuchen wollte. Mit den diensthabenden Schwestern könnte man es so einrichten, dass die Kleine in einem Raum spielen dürfte, bis sie einschlief.

Dann sollte Mecky dahingehen und sie sehen. Sie könnte eine Weile beim Kind bleiben, ohne gestört zu werden. Esthers Plan schien leicht in die Tat umzusetzen zu sein. Falls das Kind erwachen sollte, wäre es nicht schwer, es so zu machen, dass es die Mutter nicht erkenne. Leah war auch damit einverstanden, das Unternehmen in den nächsten Tagen auszuführen. Viel Zeit hatten sie nicht zur Verfügung, denn Meckys Zustand konnte sich von Tag zu Tag verschlechtern. So setzten sie die Kranke an jenem Abend von ihrer Absicht in Kenntnis. Bruno unterstützte Esthers Plan voll und ganz.

Das Haus sollte an den folgenden Tagen aus allen Nähten platzen. Dan und Philipp wollten zusammen mit Tante Sarah und Cora ankommen. Notar Danciu fuhr nach Bukarest, um die vier Leute abzuholen. Bruno mit seinem entschlossenen und tatkräftigen Wesen hatte mit dem Chefarzt des Krankenhauses über eine entsprechende Behandlung von Bettys Bettnachbarin aus dem Gefängnis gesprochen. Sobald es möglich war, Esther allein für ihre Freundin sorgen zu lassen, beabsichtigte er, mit einem Arzt in das Dorf der verurteilten Frau zu reisen. Er wollte Rumänien nicht verlassen, bevor er es nicht geschafft hatte, dass die Ärmste ihre Kinder sah. Alles, was er in dem Land erlebt hatte, in dem seine Frau geboren wurde, schien ihm unwirklich. Da er von Geburt an ein sorgenfreies Leben führen durfte, hatte er sich nie vorstellen können, dass es außer Krankheit und Tod auch noch andere Tragödien auf dieser Welt gab. Er hatte aus Berufung und Leidenschaft Medizin studiert, um den leidenden Menschen zu helfen, entdeckte in der Welt, die er hier kennenlernte, größeres Elend als Krankheit und Tod sein konnten. Überall sah er nur Menschen mit traurigen Gesichtern, mit grauer, ungesunder Hautfarbe, armselig gekleidet. Die unbeleuchteten Straßen, die leeren Lebensmittelläden, die minderwertige Qualität der angebotenen Waren, dass alles vermittelte den Eindruck einer beispiellosen Trostlosigkeit.

Wenn er seine Frau betrachtete, die sich mit einer ungeheuren Sicherheit in diesem hoffnungslosen, im Zerfall begriffenen Land bewegte, von dem er nicht einmal gehört hatte, begriff er, weshalb sie alles, was der Alltag ihr bescherte, als das Natürlichste der Welt annahm. Seit er sie kannte, gelang es ihm erst jetzt ihren Satz: „So hat es vielleicht sein müssen!", zu verstehen.

Sie hatten vorgehabt, das Waisenhaus, in dem Esther gelebt und gelernt hatte, zu besuchen. Nachdem Bruno jedoch alles gesehen hatte, seit er im Land war, zweifelte er daran, ob er es fertigbrächte, noch mehr Elend kennenzulernen. Er war seelisch so angeschlagen, dass er fürchtete, zu Hause in eine Depression zu geraten. Er war sich dessen sicher, dass sein Weltbild nach dieser Reise ein ganz anderes werden würde. Nachts plagten ihn Panikattacken, wenn er an Esthers Gesundheit dachte. Er wachte oft auf, indem er versuchte, sich vorzustellen, was sie als Kind durchgemacht hatte, und das allein ließ ihn furchtbar leiden. Bis zu Esther hatte er nie an einer Frau so gehangen und nun verstand er auch, woher ihre Bescheidenheit und ihr Edelmut im Alltag stammten. Darüber hatte er auch mit Esthers Mutter gesprochen, ohne seiner Frau davon zu berichten. Seit er diese Familie kannte, war er vom ganzen „Clan" begeistert. Die Mutter faszinierte ihn fast genauso stark wie die Tochter. Nicht nur ihre edle, aristokratische Schönheit fesselte, sondern vor allem ihre Ruhe und ungewöhnlich gepflegte Weiblichkeit. Sie gestand ihm, geradezu betroffen zu sein, vom Elend, das sie mit ansehen musste und manchmal daran dächte, einfach abzureisen, weil sie die Armut und das Leid um sie herum nicht mehr ertragen konnte.

„Bruno, ich fühle mich wie eine Verbrecherin", schluchzte sie verzweifelt. „Alles, was ich mitansehen muss, hat mein armes Kind erlebt. Das macht mich ganz krank. Sie hat sich nie beklagt, die Ärmste, ... immer hat sie von einem normalen Leben gesprochen, wobei sie in diesem unerträglichen Grau ein Hundedasein geführt hat..."

Bruno gelang es nur mit Mühe, seine Schwiegermutter zu trösten, indem er ihr Beruhigungsmittel verabreichte. Er, der solche Mittel verabscheute, gab sie allen aus seiner Umgebung und nahm selbst welche, damit die trostlose Realität etwas gelassener ertragen werden konnte.

Mecky war in aller Augen inzwischen eine Heilige geworden. Wenn es die Zeit erlaubt hätte, wäre Bruno nach Hause, nach Australien, geflogen, hätte Millionen für die Wiederaufnahme des Prozesses in fairer Art und Weise bezahlt und Mecky und das Kind aus diesem Land weggebracht. Leider war aber dafür keine Zeit mehr. Die junge Frau mit den samtenen Augen war verurteilt, dort im anonymen Krankenhauszimmer zu sterben. Ihre Unschuld und ihr Opfermut waren von den Menschen als Mord bezeichnet worden. Zur Würdigung ihrer mütterlichen Hingabe hatte Bruno verfügt, dass Mecky jeden Tag ein frischer Blumenstrauß ans Bett gebracht wurde. Damit sollte auch ein wenig Farbe in das kurze Dasein kommen, das ihr noch blieb. Leah ihrerseits lehnte Esthers Vorschlag ab, eine Pause bei den Besuchen am Krankenbett einzulegen. Seit sie den Raum betreten hatte, in dem Mecky lag, wusste sie, dass sie zwei Töchter hatte, zwischen denen sie keinen Unterschied machen durfte. Eines von den wiedergefundenen Mädchen, verlöschte ganz langsam, und sie verlor sie für immer.

Selbst die kleine Esther mit den samtenen Augen wich ihr auf wundersame Weise nicht von der Seite und folgte ihr wie ein Schatten durch das ganze Haus, wohin immer Leah auch ging. Melanie, die das Kind kannte, seit es auf der Welt war, staunte über dieses ungewöhnliche Verhalten des Mädchens, weil es sich bisher noch nie einem fremden Menschen genähert hatte. Selbst Melanie gegenüber war Esther zurückhaltend, und nur wenn sie ausgingen, schmiegte sie sich erschrocken an sie. Fühlte das Kind etwa, dass es seine Familie gefunden hatte, die für es sorgen werde? fragte sich Meckys Freundin. Leah erklärte lächelnd, dass die Kleine ahne, dass die Großmutter es vor allen bösen Menschen in dieser Welt beschützen würde.

„Nicht wahr, Esther", wandte sie sich an das Mädchen, das sich verschämt mit dem Gesicht in ihrem Rock versteckte.

Während sie Kaffee tranken, entschlossen sie sich abwechselnd an Meckys Bett zu wachen. Tagsüber sollten Esthers Mutter und Tante Sarah bei der Kranken sein und Melanie, Cora und Esther des Nachts. Diese Regelung fanden alle gut, weil sich Esther von vornherein geweigert hatte, eine Krankenschwester dazu zu engagieren. Bruno erklärte, die Krankheit würde jetzt rasend schnell voranschreiten, dazu habe Mecky ein schwaches Herz, und die Nieren funktionierten nur noch durch die Medikamente, damit das Wasser ausgeschieden werden könnte. Seiner Meinung nach hatte Mecky nur noch drei bis vier Wochen zu leben, vielleicht sogar weniger. Esther wollte deshalb das Kind zur Mutter bringen, damit diese es noch einmal sähe. Während des Essens begann Melanie ganz vorsichtig, das Kind für einen Besuch bei einer Freundin vorzubereiten, die im Krankenhaus lag. Im ersten Augenblick flüchtete es voller Angst zu Leah, die es schnell beruhigte:

„Wir gehen zusammen hin, mein Schatz. Du brauchst dich nicht zu fürchten, Mama Leah lässt dich nicht allein. Tante Melanie besucht ihre Freundin, und wir warten in einem anderen Zimmer, bis sie zurückkommt. Bist du einverstanden?"

Das Mädchen nickte einwilligend mit dem Kopf. Esther und Bruno beeilten sich, zum Krankenhaus zu gelangen, nachdem sie das Programm der nächsten Tage besprochen hatten. Bruno wollte dann in Begleitung eines Arztes des städtischen Krankenhauses ins Gefängnis fahren, um die Behandlung mit Antibiotika der Verurteilten, die neben Mecky gelegen hatte, in die Wege zu leiten. Mecky lächelte dankbar, als sie dies erfuhr. Sie flüsterte matt:

„Ihr vollbringt eine gute Tat für die Ärmste. Es wäre traurig, wenn die Kinder ohne Mutter blieben." Nachdem sie tief Atem geholt hatte, fuhr sie fort, den Blick ins Leere gerichtet:

„Vielleicht bin ich zu dumm, Esther, aber ich finde die menschliche Justiz sehr ungerecht! Ich spreche nicht von mir, glaub mir, ich bin eine Mörderin, ich weiß..."

„Bitte, Mecky", fiel ihr Esther weinend ins Wort, als sie das hörte, „denk nicht mehr an so etwas. Du bist keine Kriminelle, glaub es mir!"

Als ob sie den Einwand der Freundin nicht gehört hätte, setzte Mecky ihre Überlegung fort:

„Ich habe meinen Mann getötet, deshalb muss ich verurteilt werden, aber diese Frau wollte doch nur verhindern, dass ein menschliches Wesen auf die Welt käme, das sich wie sie ein Leben lang quälen müsste. Wenn du wüsstest, wie viele Frauen sterben oder zu Gefängnisstrafen verurteilt werden, weil sie abtreiben! Und weiß du, wer über diese Armseligen die härtesten Schuldsprüche fällt? Jene, die es sich erlauben können, fast monatlich legal abzutreiben, weil sie Geld und Beziehungen haben. Die armen Frauen arbeiten jedoch in Fabriken in drei Schichten, für sie ist dieser Luxus undenkbar. Sie schuften bis zum Umfallen, dann holen sie ihre Kinder von den Heimen, waschen, bereiten das Essen, stehen stundenlang in der Kälte oder im Regen Schlange, um ein Liter Milch zu ergattern, und zu Hause erwartet sie vielleicht noch ein Ehemann, der trinkt und sie aus heiterem Himmel schlägt. Ich frage mich, wenn ich diese himmelschreiende Ungerechtigkeit sehe, wieso Gott so viel Leid in der Welt der Menschen zulässt. Du hast mir gesagt, er bedeute das Gute. Sollte das Gute womöglich so aussehen?"

Mit übermenschlicher Kraft beherrschte sich Esther, um nicht wieder zu weinen, weil sie sich vorgenommen hatte, stark zu sein, obwohl der Knoten im Hals sie fast zum Ersticken brachte. Mit Mühe gelang es ihr schließlich zu sagen:

„Gott bedeutet tatsächlich das Gute, Mecky, aber wir haben ihn leider in dieser Hässlichkeit des Bösen verstümmelt. Er hat uns die Freiheit gegeben, über das zu entscheiden, was gut und böse ist, wie es auch in der Bibel steht. Wenn unsere Gesetze ungerecht sind, ist das nicht seine Schuld, sondern unsere. Vor ihm sind alle Frauen gleich, glaub mir, deshalb können wir ihn nicht dafür verantwortlich machen, dass die Menschen Gesetze haben, die nur für manche gelten. Wenn du diese Ungerechtigkeit in der Zeit betrachten würdest, könntest du feststellen, dass Gott trotzdem das unendlich Gute darstellt. Du kannst sicher sein, dass die ungerechten Gesetze von heute sich eines Tages wie ein Bumerang gegen jene wenden werden, die sie missachtet haben. Die gequälten Kinder der Ärmsten von heute werden zu einer Mehrheit anwachsen, die mit der Minderheit der gegenwärtig Privilegierten kein Mitleid haben wird. Die Bösartigkeit und die Brutalität der Erwachsenen gegenüber den wehrlosen Kindern werden sich in den kommenden Generationen fortsetzen. Ich bin überzeugt, dass der Tag kommen wird, an dem diejenigen, die heute das Recht missachten, sich bestürzt fragen werden: In was für einer Welt leben wir denn? weil sie dann selbst hilflos sein werden, vernichtet von denen, die an der Macht sind."

Mecky hörte aufmerksam mit reglosem Gesicht zu. Dann erwiderte sie:

„Mag sein, dass Gott das Gute an sich darstellt, ich frage mich jedoch, wie kann dieses Gute mit grenzenloser Kraft so viel Böses in der Welt zulassen, ohne einzugreifen und die Schuldigen zu bestrafen? Wenn Gott sieht, dass der Mensch nicht die Fähigkeit hat, zwischen Gut und Böse zu unterscheiden, weshalb bekommt er dann die Freiheit, darüber zu entscheiden? Weißt du, was ich nicht verstehe? Widersprichst du dir nicht mit dem, was du behauptest? Hast du vergessen, dass du mir beibrachtest, dass Verrückte für ihre Taten nicht verurteilt werden dürfen, weil sie nicht wissen, was sie tun? Wenn Gott den Irrsinn zulässt, sieht er nicht, dass die Menschen selbst verrückt sind? Jesus hat doch gesagt: Vergib ihnen Herr, denn sie wissen nicht, was sie tun! Das heißt, Gottes Sohn hat am eigenen Leib den Wahnsinn der Menschen erlebt, oder habe ich das nicht richtig verstanden?"

Verwundert über Meckys tiefgründige Gedanken, blieb Esther einige Minuten regungslos sitzen, ohne antworten zu können. Nach einer Weile bekannte sie dann:

„Ich gebe zu, dass viel Wahrheit in dem steckt, was du sagst, Mecky. Ich wollte immer lernen, etwas erfahren, versuchen, die Welt zu verstehen, in der wir leben. Ich sehe jedoch, dass du sie schneller entdeckt hast als ich ...!" Esther schwieg verlegen.

„Ich habe sie nicht entdeckt, Esther, du irrst dich, meine Liebe. Ich habe sie gelebt, und während dessen habe ich sie verstanden. Niemand kann das menschliche Leben aus Büchern begreifen, sondern die Bücher werden mit dem Blut derer geschrieben, die es wirklich mit Leib und Seele durchgestanden haben. Du sagst immer, das Leid sei ein Wesensmerkmal der Genies. Ich bin kein Genie, und trotzdem kenne ich das Leid bis in die letzte Faser meines Körpers. Du hast dich auch in dieser Hinsicht geirrt. Alle eingesperrten Frauen in dem Gefängnis, in dem ich war, tragen in ihren Seelen Tonnen von Leid, das sie vor der Zeit vernichten wird. Ihr Schmerz ist unsagbar hässlich. Er hat hasserfüllte Augen, einen grimmigen Blick, ungeputzte Zähne, ungekämmte Haare, er riecht nach Urin und Schweiß, und wenn er Hunger hat, ist er fürchterlicher als ein Tier ..."

„Schweig...schweig...", rief Esther. „Ich kann nicht mehr, Mecky, ... ich kann nicht mehr", weinte Esther verzweifelt.

Mecky befahl ihr mit fester Stimme, den Raum zu verlassen.

„Geh weg! Wenn du das nicht mehr hören kannst, geh weg! Irgendwann hast du auch hier gelebt und hast die Ungerechtigkeit mitbekommen, hast aber vergessen, dass man darüber ehrlich reden muss. Wenn du bloß gekommen bist, um mir Komplimente zu machen, dass ich schön sticken kann, dann kannst du auch wieder gehen. Die Tage, die ich noch zu leben habe, kann ich sehr gut damit verbringen, mir Wahrheiten einzugestehen, die ich nie den Mut hatte, sie zu äußern. Auch ich, Esther, bin schuld an dem Bösen, das ich auf dieser Welt zurücklasse, weil ich mich nie getraut habe, dagegen anzukämpfen, als ich die Kraft dazu hatte. Wenn du meinem Kind, die Welt, in die du es bringst, als Idylle anmalst, werde ich dir sehr böse sein. Es soll die menschliche Realität kennenlernen, damit es sich vor Menschen eher in Acht nimmt als vor Tieren. Es soll nicht an das bedingungslos Gute glauben, sondern soll die Wirklichkeit so sehen, wie sie ist. Du sollst das Mädchen nicht unglücklich machen, indem du es zu einem weltfremden Wesen erziehst. Vielleicht hat auch dich der Wohlstand wie alle anderen Übersatten aus dem Westen dazu gebracht, herzukommen und Tränen des Mitleids zu vergießen, aber sich dann zu beeilen, in ihr Paradies zu flüchten, um nicht depressiv zu werden. Schau dir einmal deinen Mann genau an. Ich habe bemerkt, wie entsetzt er war, als er das Krankenrevier des Gefängnisses betreten hat. Ich sehe auch die Verzweiflung in seinen Augen angesichts dessen, was in diesem Land los ist, das er sofort verlassen hätte, wenn du nicht dagewesen wärst. Ich weiß, dass er ein sehr guter Mensch und ein wahrer Arzt ist, aber seine Medizin betreibt er nur aus dem Ehrgeiz heraus, das Leben der Verwöhnten zu verlängern, unter denen er lebte. Bis er hierherkam, wusste er nicht, dass seine Kunst für den Krebs, der unsere Gesellschaft zerstört, völlig ungeeignet ist. Wenn ich eure angstverzerrten Gesichter sehe, mit denen ihr dieses Zimmer betretet, könnte ich manchmal brüllen, damit ihr aufwacht: Nicht ich sterbe. Ich gehe bloß weg. Dieses Volk aber ist am Ende, Kinder, kaum auf der Welt, sind bereits tot, Städte und Dörfer sterben, das ganze Land ist verdammt, im Dunkel des Todes unterzugehen. Tausende Jugendliche riskieren ihr Leben, um diesem todbringenden Gefängnis zu entkommen. In den Betonwürfeln, die deinen Mann so entsetzt haben, enden Nacht für Nacht Hoffnungen, Träume, Ideale. Wenn ich nicht mehr da bin, werdet ihr alle, die ihr gekommen seid, um euch zu verabschieden, erleichtert eure Koffer packen und in eure märchenhaft beleuchtete Welt zurückkehren, wie du es mir beschrieben hast. Hier aber werden weiter Kinder zur Welt kommen, die das Sonnenlicht mit dem Schein einer Kerze verwechseln. Ihr sollt mich nicht bemitleiden, sondern die trostlose Realität dieses Landes genau ansehen, damit ihr zu Hause den Glücklichen von dort von unserem Elend berichten könnt. Das Leid, das hier allgegenwärtig ist, ist so groß, dass seine Auswüchse eines Tages auch die heile Welt, aus der du kommst, erfassen werden, dessen bin ich mir sicher. Wenn dieser Planet eine Einheit darstellt wie ein menschlicher Körper, wie du es immer formulierst, dann wird der Krebs, der jetzt unsere Füße befallen hat, sich langsam bis zu dem schönen, gesunden Kopf derer ausbreiten, die im Überfluss leben. Du musst mir glauben, dass ich nach deiner Ausreise eine gewissenhafte Schülerin war. Ich habe alles gelernt, was mein armer Verstand fassen konnte. Aber die Wirklichkeit ist etwas ganz anderes als die Theorie. Leider. Als ich krank wurde, habe ich alles gelesen, was mir über diese verdammte Krankheit in die Hände fiel. Seit Esther auf der Welt war, litt ich an fürchterlichen Anfällen von Migräne und Schlaflosigkeit. Um mich zu beruhigen, begann ich eines Nachts in der Bibel zu lesen. Ich hatte sie von einer Frau von den Zeugen Jehovas bekommen. Im Psalm 55 las ich: 'Wenn ich Flügel wie eine Taube hätte, würde ich dahinfliegen, wo ich meine Ruhe fände, ich würde alles hinter mir lassen und in der Wüste wohnen, mein Herz erbebt in mir vor Todesangst." Nach diesen schönen Sätzen konnte ich nicht weiterlesen. Die Angst, die mich täglich heimsuchte, war plötzlich verschwunden. Ich hatte mich schon seit einiger Zeit entschieden, meinem Leben und dem des Kindes ein Ende zu setzen. In jener Nacht habe ich mich gegen Gott aufgelehnt. Ich, die ich ihn seit Kindesbeinen liebte und meine ganze Hoffnung in ihn gesetzt hatte, habe mir gesagt: „Du wirst ihm zeigen, dass du besser bist als er! Du musst den Guten und Unschuldigen am Leben lassen und den Bösen beiseiteschaffen, damit er nicht noch andere menschliche Leben auf dieser Welt zerstören kann." Nach einer Weile fuhr Mecky fort:

„In der Nacht, als ich ihn ermordet habe, hat er mich überrascht. Ich hatte mir sein Ende anders vorgestellt, damit er auch gefühlt hätte, wie es ist, von jemandem gequält zu werden. Er hat leider einen viel zu leichten Tod gehabt."
Esther hörte erschüttert zu. Sie begriff, dass der Niederträchtige etwas Fürchterliches getan haben musste, wenn die sanfte Mecky seinen Tod geplant hatte. Deshalb fragte sie:
„Hat er dem Mädchen etwas Böses getan?"
Mecky sah die Freundin mit einem Blick an, der sie vor Angst erschaudern ließ. Es waren nicht mehr die samtenen Augen, die Esther aus der Kindheit so gut kannte. Diese Augen schleuderten Blitze des Hasses, der Verzweiflung und der Auflehnung, und aus ihnen tönte wie Donner der unterdrückte Schrei der zu Tode verwundeten Mutter.
„Darüber darfst du niemals mit jemandem sprechen. Wenn du das tust, verfluche ich dich noch aus dem Grab heraus!"
Esther zitterte am ganzen Leib und war nahe dran, das Gleichgewicht zu verlieren. Mit letzter Kraft streckte sie sich neben Mecky auf das Bett von Brechreiz gebeutelt. Wie Hammerschläge tönten in ihren Ohren Meckys Worte, die sie mit Mühe aus der erschöpften Brust hervorbrachte:
„Weil ich nicht schlafen konnte, nahm ich ein Beruhigungsmittel bevor ich zu Bett ging. Eines Nachts erwachte ich und tastete schlaftrunken nach dem Kind. Der Platz war leer. Ich sprang auf und rannte in das Zimmer, wo Costin schlief. Das Mädchen lag im Bett in einer Blutlache stumm vor Angst. Ihr Blick, der um Hilfe rief, durchbohrte mir die Brust wie ein Messer. Auch jetzt fühle ich noch den Stich in meinem Herzen. In dieser Nacht bin ich gestorben, Esther. Ich habe den nackten Körper aus dem schmutzigen Bettzeug hochgehoben, ihn fest an mich gedrückt, aber welche Wärme soll der Leib einer Toten noch abgeben? Seiher hat mich die Kälte des Todes gezeichnet. Ich habe die Kleine gewaschen und gewaschen und gewaschen, bis sie zu schreien begann. Ich hatte nur versucht, den zarten Körper

von dem menschlichen Schmutz zu reinigen. Wie eine Irre habe ich die Prozedur wiederholt, das Wasser gewechselt, einmal, zweimal, dreimal, ich weiß nicht mehr wie oft. Plötzlich habe ich gemerkt, dass sich der kleine Körper nicht mehr rührt. Das Mädchen hatte in meinen Händen das Bewusstsein verloren, ich aber wusch es weiter. Weil ich glaubte, es sei tot, trocknete ich es mit einem sauberen Handtuch ab und legte es ins Bett. Ich setzte mich neben Esther und schlief später ein. Als ich aufwachte, war es früher Nachmittag. Erschrocken drehte ich mich zu ihr und zu meiner Verzweiflung war sie am Leben. Ich streckte die Hand aus und wollte sie berühren, aber sie zuckte entsetzt zusammen und rollte sich ins Handtuch, das sie umgab. Es vergingen Wochen, bis mein Kind es zuließ, dass ich es berührte. Leider hatte ich das Bedürfnis auch nicht mehr. Von dieser Nacht an habe ich keine Schlafmittel mehr genommen. Es war nun noch nur eine Frage der Zeit, bis ich mich und die Kleine töten wollte. So kam es, dass ich den Psalm 55 las. Ich wiederholte die Worte der Bibel, erhob mich aus dem Bett und ging zum Fenster. Dort habe ich Gott angerufen. Wenn es ihn tatsächlich gibt, dann hat er mich sicher gehört und wird seine Pflicht gegenüber dem Menschen auf dieser Welt anders erfüllen. Ich habe ihn wissen lassen, dass ich die Erde vom giftigen Unkraut befreien werde, das er zwischen die Menschen geworfen hat, damit sie die Reinheit beschmutzen. Aber auch dieses Mal war er nicht aufrichtig zu mir. Er hat es mir nicht erlaubt, das Monster nach meinem Wunsch zu bestrafen, sondern hat mich dazu gedrängt, es zwei Tage später in aller Eile zu tun, als ob er sich davor gefürchtet hätte, die Grausamkeit mitanzusehen, mit der ich vorhatte, meinen Mann zu ermorden."

Entsetzt von dem, was sie zu hören bekommen hatte, konnte Esther nur mit Mühe murmeln:

„Hast du die Kleine nachher nicht zum Arzt gebracht, Mecky?"

„Zum Arzt? Zu welchem Arzt, Esther?", flüsterte die Kranke weinend. „Unsere Ärzte können die Leiden der Armen, wie ich es bin, nicht heilen. Hast du etwa vergessen, was mir mit dem anderen Mädchen widerfahren ist? Wenn ich damals zu einem Arzt gegangen wäre, weißt du doch, was das bedeutet hätte. Frauen wie mich bitten die Ärzte zuerst zur Kasse, und dann übergeben sie sie der Polizei. Warum glaubst du wohl, befindet sich meine ehemalige Bettnachbarin im Gefängnis? Sie hat sich nach der Abtreibung eine Infektion zugezogen und musste zu einem Arzt gehen. Er hat sie bezahlen lassen und dann an die Polizei verraten. Vor Jahren hatte eine Arbeitskollegin eine Schwangerschaft außerhalb der Gebärmutter. Die Ärztin, die sie behandeln sollte, wollte sie nicht operieren, bis der Ehemann der Patientin mit dem Umschlag mit Geld angerückt ist."

„Wenn du mir geschrieben hättest, Mecky, hätte ich dir sofort Geld geschickt", seufzte Esther schmerzerfüllt.

„Nicht wegen des Geldes habe ich keinen Arzt aufgesucht, Esther. Der Elendige hat mir gedroht, mich anzuzeigen, dass ich mein Kind getötet hätte. Wenn ich wegen dieses Mädchens zur Polizei gegangen wäre, hätte er meine Vergangenheit zur Sprache gebracht. Ihn hätte man freigesprochen, weil er alles bestreiten konnte, ich dagegen hätte keine Chance gehabt. Der Offizier, von dem die Rede ist, hat eine hohe Funktion bei der Staatssicherheit. Er hätte sicher bestritten, dass seine Mutter damals mein Kind getötet habe, vor allem da er auch verheiratet ist und ein Kind hat."

„Trotzdem verstehe ich nicht, wie dich jemand mit den Geschehnissen von damals noch erpressen konnte? Du hattest doch bereits dieses Mädchen, und niemand hätte beweisen können, dass du noch einmal schwanger warst", unterbrach sie Esther ratlos.

„So wäre es gewesen, wenn der Niederträchtige nicht Zeugen gehabt hätte, die gegen mich aussagen konnten. Willst du erfahren, wer sein wertvollster Zeuge war?", fragte Mecky dumpf.

Die Freundin hauchte kaum vernehmbar:

„Wer?"

„Vera, unsere ehemalige Schulfreundin." Nachdem sie den Namen voller Ekel preisgegeben hatte, drehte sich Mecky erledigt zum Fenster. Esther blieb stumm neben ihr liegen. Nach geraumer Zeit gelang es ihr, sie zu fragen:

„Wie ist diese widerwärtige Person in dein Haus gelangt? Entweder ist das, was ich erfahre, bloß eine Schauergeschichte, oder ich erlebe einen entsetzlichen Albtraum!" Esther war so verwirrt, dass ihr sogar das Reden schwerfiel. Mecky bestätigte jedoch, dass sich alles so zugetragen habe, wie sie es gesagt habe.

„Heute kann ich sagen, dass Vera jener Satan war, der nichts Anderes im Sinn hatte, als mein Leben zu zerstören. Wenn mir etwas Schlimmes zugestoßen ist, war sie es, die direkt daran beteiligt war. Eines Tages hat sie mich angerufen. Du wirst wissen wollen, woher sie meine Nummer hatte. Durch einen Zufall. Nach der Hochzeit bin ich mit meinem Mann zu seinen Eltern aufs Land gefahren. Bei der Rückkehr habe ich auf dem Bahnhof die Kollegin getroffen, die wir den Stopfen nannten. Erinnerst du dich an sie?"

„Natürlich, erinnere ich mich!"

„Nach all den Jahren hatte sie sich überhaupt nicht verändert. Sie schien mir, nur sehr groß geworden zu sein. Mit ihrem einfältigen Lächeln hat sie sich wie ein Hündchen gefreut, als sie mich sah. Ich habe mich auch gefreut und wollte erfahren, wie es ihr geht. Mein Mann hatte nichts dagegen, dass ich bei ihr blieb, um uns noch ein wenig miteinander zu unterhalten. Sie hatte auch ein uneheliches Kind, dass sie wie eine Löwin umsorgte. Das hat mich sehr beeindruckt. Sie arbeitete im Laboratorium einer Konditorei, hatte eine kleine Wohnung, mit der sie zufrieden schien. So kamen wir auch auf Vera zu sprechen. Es fiel mir sofort auf, dass es ihr keinen Spaß machte, sie zu erwähnen, aber ich habe nicht gefragt weshalb. Auf jeden Fall erfuhr ich, dass Vera auch in dem Unternehmen arbeitete, in dem ich angestellt gewesen war. Beim Abschied habe ich ihr meine Telefonnummer gegeben. Du kannst jetzt sagen, dass das ein Fehler war, ich glaube aber, dass das Schicksal mir alles so bestimmte. Irgendwann wären wir uns doch über den Weg gelaufen. Nach drei Wochen erhielt ich einen Anruf von Vera. Sie hatte sich die Nummer von dem Stopfen geben lassen. Zuerst habe ich jede versucht, sie abzuwimmeln, damit sie nicht bei mir auftaucht. Ich habe ihr nichts von meiner Familie noch von dir erzählt, als sie mich danach gefragt hat. Es ging im Gespräch nur darum, dass ich verheiratet sei und zu dir keinen Kontakt mehr habe. Als sie merkte, dass ich sehr abweisend bin, hörte sie mit der Fragerei auf und ließ mich eine Zeit in Ruhe. Sie rief immer seltener an, so dass ich nicht mehr im Traum daran dachte, dass sie mich eines Tages überrumpeln könnte. Zwei Jahre nach der Geburt des Mädchens läutete es eines Tages an der Tür. Ich kam gerade vom Dienst und erstarrte, als ich sie sah. Ich wollte wissen, woher sie meine Adresse hatte. Lachend berichtete sie, dass sie öfter mit meinem Mann gesprochen habe, als sie mich nicht antraf, und er hätte sie eingeladen, uns zu besuchen. Nachdem ich jahrelang mit einem Trunkenbold gelebt hatte, erkannte ich einen Alkoholiker bereits aus der Ferne. Vera gehörte zu dieser Kategorie von Menschen. Ich ließ sie eintreten, machte sie jedoch aufmerksam, dass sie nicht länger als eine Nacht hierbleiben könnte, weil ich bei einer Dame in Miete wohne, die mir verboten hatte, Besuche zu empfangen. Als mein Mann von seiner Arbeit heimkam, versuchte ich, sie bei mir im Zimmer zu halten, aber das war nicht möglich. Plötzlich lud sie Costin ganz freundlich ein, mit ihm ein Glas Wein zu trinken. Sie sollten darauf anstoßen, dass sie sich kennengelernt hatten. Sie begannen zu trinken und saßen ewig am Tisch. Ich legte das Mädchen schlafen, kehrte in die Küche zurück und lud Vera höflich ein, ins Bad zu gehen, weil ich ihr das Bett vorbereitet hätte. Mein Mann fuhr mich an und beschimpfte mich wie gewöhnlich. Als er merkte, ich bestehe auf meiner Forderung, jagte er mich rülpsend und stotternd davon, weil ich dort überflüssig sei. Vera ignorierte mich frech, indem sie Costin unverschämt fragte: „Sag´, Geliebter, wem gehört dieses Haus?" Er konnte kaum antworten, denn Speichel quoll aus seinem Mund: „Der Jüdin. Hab´ ich es dir nicht schon gesagt?" „Also so ist das, Popa, die rothaarige Dirne hat dir das Haus geschenkt, nicht wahr?" Ich stürzte mich auf sie und wollte sie an den Haaren packen, um sie aus dem Haus zu werfen. Der Trunkenbold hatte aber von der Schlange Neues über mich erfahren, er erhob sich wackelnd von seinem Platz und stotterte: „Hände weg von meiner Freundin, du Verkrebste! Aktenfälschung, Mord, illegaler Valutabesitz, gestohlene Kunstgegenstände ... was hat diese Diebin von jüdischer Dirne noch alles verbrochen?" So brüllte der Verrückte, während die Niederträchtige wie eine Irre lachte. Es wurde mir in dem Augenblick klar, dass ich auf zwei Bestien hereingefallen war. Beide überlegten, wie sie dich nach Rumänien locken sollten, um dich zu erpressen oder dir noch Schlimmeres anzutun. Deshalb habe ich sofort jede Verbindung zu dir abgebrochen, damit du nicht etwa auf den Gedanken kämst, mich zu besuchen. Ich habe keine Ahnung von Akten, Fälschungen und dergleichen, deshalb habe ich Notar Danciu gefragt, ob du mir das Haus legal verkauft hättest. Er hat gesagt, dass dies nicht der Fall sei, weil das Gebäude bereits in Staatseigentum übergegangen sei. Das heißt, dass ihr beide etwas Ungesetzliches getan hattet, als ihr mir das Haus verkauftet. Seither habe ich mich bemüht, dich daran zu hindern, ins Land zu kommen. Auch Melanie habe ich verboten, dir etwas über die Realität meines Lebens zu schreiben. Dich hätte keine Gefahr der Welt aufgehalten, her zu kommen und gegen diese Monster zu kämpfen. Dessen war ich mir sicher."

„Das war dein Fehler, Mecky. Ich kann nicht nur kämpfen, wie du sagst, ich kann mich auch verteidigen. Die beiden Bestien hätten gegen mich keine Chance gehabt, und du wärst auch gerettet worden. Ich bin deutsche Staatsangehörige, Mecky, das heißt, dass ich nur vom deutschen Staat verurteilt werden kann, nach den dort geltenden Gesetzen. Es ist jetzt zu spät, um noch etwas zu ändern, aber ich möchte, dass du mir etwas sagst. Costins Freundin, die hier eingezogen ist, das war Vera, nicht wahr?"

„Ja", flüsterte Mecky. „Ich habe Melanie nicht gesagt, wer sie ist, damit sie nicht irgendeine Unvorsichtigkeit begeht, so wie sie meinen Mann hasste."

Esther vergrub ihr Gesicht im Bettlaken und stöhnte verzweifelt:

„Ich werde diese Bestie eines Tages selbst im letzten Mauseloch ausfindig machen!"

Die Freundin verstand die Drohung, und mit unerwarteter Sanftmut versuchte sie, Esther zu beruhigen:

„Wofür? Um mich zu rächen? Wenigstens ihr gegenüber war ja Gott gerecht. Sie ist eine arbeitslose Trinkerin, wohnungslos und muss sehen, wo sie eine Unterkunft findet. Den Traum, in diesem Haus zu bleiben, habe ich ihr für immer ausgetrieben. Ich werde mich bald mit ruhigem Gewissen zur Ruhe begeben, sie hat aber ein ungewisses Dasein vor sich."

Esther ließ sich jedoch von Meckys Worten nicht erweichen und war entschlossen, Vera in der ganzen Stadt zu suchen. Sie wollte die Frau so zu Verantwortung ziehen, dass sie es ihr Leben lang nicht vergaß. Esther musste noch einmal das Waisenkind werden, um eine alte Rechnung in der einzigen Art zu begleichen, die man ihr beigebracht hatte, als sie noch ein schutzloses Kind war. Mecky erriet ihre Gedanken und wandte sich in der vertrauten Sprache ihrer Jugend an die Freundin:

„Ambrosius, ich höre sehr wohl, was für Vergeltungsschläge du in deinem roten Schopf vorbereitest. Dieses Mal möchte ich aber, dass du daran denkst, dass ich der Befehlshaber bin und nicht du. Vergiss augenblicklich alle Rachepläne gegenüber jener Elenden und beschäftige dich nur noch mit

wichtigen Angelegenheiten, haben wir uns verstanden?"

Esther jedoch war nicht gewillt, ihre Feindin von einst unbestraft zu lassen, auch mit dem preis, Mecky nicht die Wahrheit zu sagen. Zuhause angelangt, seelisch und körperlich erschöpft, erwarteten sie andere traurige und deprimierende Nachrichten. Bruno war in Begleitung des Mannes und der drei Kinder der verurteilten Frau aus deren Dorf zurückgekommen. Sie hatte in mehreren Hotels vergeblich versucht, eine Bleibe zu finden, aber in einem Land der Armseligen waren die Ärmsten der Armen nirgendwo erwünscht. Überall waren sie unter dem Vorwand abgewiesen worden, es seien keine freien Zimmer vorhanden, bis Bruno angewidert sich entschloss, sie in das Haus im Garten mitzubringen. Nachdem Leah sich ihre Geschichte angehört hatte, bat sie die Familie ins Wohnzimmer und überlegte, wie sie die Leute unterbringen könnte. Sarah und Cora würden ein paar Tage bei Notar Danciu wohnen, so dass sie einen Raum für die Ankömmlinge freihätten. Leah weinte vor Mitleid, als sie die Fremden in der Tür ineinander gedrängt unbeweglich in ihren verknitterten, alten Kleidern warten sah, und sie dachte dabei: „Sie sehen wie geschlagene Hunde aus!" Sie erinnerte sich an die ängstlichen Gesichter derer, die sich in ihrer Jugend heimlich in Tante Ruths Haus schlichen. Es war alles umsonst, sagte sie sich. Die menschliche Tragödie setzt sich unter immer anderen Erscheinungsbildern fort. Mit sanfter Stimme bat sie Vater und Kinder in das freie Zimmer und brachte ihnen Handtücher für das Bad. Melanie, die sich Urlaub hatte geben lassen, schlief in der Nacht im Krankenhaus bei Mecky. Bis Esther nach Hause kam, bereitete Leah den Vieren das Badewasser, deckte den Tisch und bat sie, sich satt zu essen. Die Kinder stürzten sich auf die Speisen, ohne sich mehr schüchtern oder schamhaft zu zeigen. Der demütige Vater dankte fortwährend mit gesenktem Kopf und griff zögernd nach dem Glas Wein, das der fremde Herr vor ihn gestellt hatte. Bruno leerte sein Glas mit einem Zug, was nicht seine Gewohnheit war, und schenkte sich sofort nach. Leah verstand seine Reaktion und füllte ihm das nächste Glas. Die Flasche war bald leer, und der arme Mann sah entsetzt zu dem Fremden, der so viel trank, aber das Essen nicht anrührte. Die kleine Esther beobachtete von ihrem Stuhl aus die Unbekannten, fühlte aber instinktiv, dass sie in Sicherheit war. Mama Leah war neben ihr, und das beruhigte sie.

Nachdem die Gäste zu Bett gegangen waren, zog sich auch Bruno, nun vollends berauscht, in sein Zimmer zurück. Kurze Zeit darauf kam Esther. Die Mutter hatte die Kleine eben schlafen gelegt und heizte den Badeofen. Sie vermutete, dass die Tochter erledigt nach einem ganzen Tag im Krankenhaus erscheinen werde. Nichts würde ihr besser tun als ein heißes Bad, hatte sie überlegt, und so war es auch. Als Esther das Haus betrat, flüsterte sie erschöpft bereits in der Tür:

„Ein Bad, Mutter! Nur ein heißes Bad will ich und dann schlafen!"

Mit ihrem ausgesprochenen Feingefühl ließ Leah die Tochter, das Bad nchmen, währenddessen sie ihr einen Lindenblütentee zubereitete, der die Nerven beruhigen sollte. Dann berichtete sie über die Familie der verurteilten Frau, die sie beherbergten, und über Brunos Niedergeschlagenheit nach seiner Rückkehr von der traurigen Reise. Esther hörte teilnahmslos zu und drehte nur ab und zu die heiße Tasse hin und her. Die Mutter begriff, dass auch die Tochter an diesem Tag Fürchterliches erlebt haben müsste, und hörte deshalb mit dem Erzählen auf. Beiläufig fragte sie nur, wie es Mecky gehe.

„Gut, gut …", erwiderte Esther mechanisch.

Plötzlich brach sie in ein verzweifeltes Weinen aus und wiederholte schluchzend:

„Ich kann nicht mehr…ich ertrag das nicht mehr…wir werden alle krank nach Hause fahren…oder wir kommen überhaupt nicht mehr von hier weg…so viel Schlechtes…so viel Schlechtes, Mutter!"

Leah erhob sich von ihrem Platz, näherte sich der Tochter und strich ihr sanft über das Haar.

„Beruhige dich, mein Kind, beruhige dich. Wir sind alle hier…zusammen werden wir diese Tragödie überwinden, du wirst sehen."

Esther schmiegte sich an die Mutter und wiederholte wie ein hilfloses Kind:

„Wenn du wüsstest…wenn du wüsstest…!"

Wie ein unerwarteter Schlag trafen Esther im gleichen Augenblick Leahs Worte.

„Du hast von dem Mädchen erfahren, nicht wahr?"

Entsetzt, keines Wortes fähig, stieß Esther ihre Mutter weg, wild mit den Händen gestikulierend. Nachdem sie versucht hatte, ein paar Worte zu sagen, stotterte sie erschrocken:

„Ich weiß von nichts…ich weiß nichts…!" Esthers Stimme begann schrill zu werden, so dass ihre Mutter sie in die Arme nahm und fest an sich drückte, indem sie streng sagte:

„Es ist in Ordnung. Du weißt nichts. Du hast nichts erfahren." Dann löste sie sich von ihr, schüttelte sie mit aller Kraft und zischte ihr streng ins Gesicht:

„Das Mädchen wurde erbarmungslos vergewaltigt, Esther. Melanie hat es mir gesagt, als wir ankamen. Bruno hat das Kind bereits untersucht. Mecky hat keine Ahnung, dass Melanie alles weiß. Als Bruno gefragt hat, warum Mecky das Monster nicht angezeigt hat, hieß es, es sei aus Angst nicht geschehen. Sprich, wenn du mehr weißt, denn nur so können wir dem Mädchen helfen. Wenn wir die Zeit verstreichen lassen, könnte das fatale Folgen für das Kind haben, verstehst du, meine Liebe?"

Vollkommen hilflos murmelte Esther:

„Ich kann nicht sprechen…ich kann nicht…ich habe es Mecky versprochen!"

Wütend fauchte die Mutter Esther an:

„Was hast du ihr versprochen? Dass du es zulassen wirst, dass ihr Kind ein Leben lang traumatisiert durch dieses

Ereignis dahinvegetieren muss? Sag! Sicher, wir können Geschehenes nicht ungeschehen machen, wir können jedoch dem Mädchen helfen zu vergessen, das, was sich abgespielt hat, ins Unterbewusstsein zu verdrängen, so dass es niemals mehr an die Oberfläche gelangt. Als ob es ein Unfall gewesen wäre, der eine Narbe am Körper, aber nicht in der Seele hinterlässt. Das Kind hat monatelang kein Wort gesagt, hat eine Todesangst vor dem Wasser, als ich es in die Badewanne legen wollte, hatte es epileptische Krämpfe! Wenn du weißt, was geschehen ist, sprich! Nur Mecky kann sagen, was vorgefallen ist, niemand sonst. Wenn du heute etwas erfahren hast, teile es mir bitte mit. Ich bin nicht neugierig, irgendwelche Perversionen zu erfahren, glaub es mir, meine Teure. Aber du weißt sehr wohl, dass auch ich das alles einmal durchgemacht habe und daher die Einzige unter euch bin, die eine Ahnung hat, was das bedeutet!" Leahs Gesicht war tränennass, als sie das gesagt hatte. „Wenn es nicht unbedingt notwendig wäre, wollte ich von dem Geschehenen nie etwas gehört haben, leider muss ich es aberkennen, damit ich weiß, wie ich mich im Umgang mit dem Kind verhalten soll, um ihm nicht noch mehr Leid zuzufügen."

Von Gewissensbissen geplagt, erzählte Esther ihrer Mutter, was sie an dem Tag von Mecky gehört hatte. Leah wurde immer blasser und sah plötzlich gealtert aus. Als Esther den Bericht beendete, erhob sich ihre Mutter vom Stuhl, verließ das Wohnzimmer und kehrte mit einer Flasche Wein zurück. Nachdem sie sie geöffnet hatte, rechtfertigte sie sich gleichgültig:

„Wir können kaum etwas Besseres tun. Ich glaube, du hattest Recht, als du sagtest, dass wir eines Tages krank von hier wegfahren würden."

„Weißt du, Mutter, ich frage mich ehrlich, weshalb in diesem Land die ethischen und moralischen Werte nie eine Rolle gespielt haben", seufzte Esther erschöpft.

Leah nippte von ihrem Glas und begann dann ihrem Wesen gemäß, ruhig und klar zu sprechen:

„Vor dem Krieg hat auch Rumänien versucht, manches aus dem Denken Westeuropas zu übernehmen. Nach der Machtergreifung durch die Kommunisten jedoch vermute ich, dass die zu schnelle Beschulung der Massen des Pöbels der sogenannten rumänischen Intelligenz bloß einen Schimmer von Kultur verliehen hat. Die Gründlichkeit, mit der man die echten Werte hätte auslesen können, hat der Gesellschaft gefehlt. Wenn ich mich recht entsinne, Esther, hat die Justiz in diesem Land stets die Barbarei der Vergangenheit verteidigt. Die Zukunft heißt Leben, sie heißt Mecky und ihr Kind, diese waren aber in der rumänischen Rechtsprechung nie von Bedeutung. Das wird auch fortan das Grundproblem dieses Volkes bleiben. Es muss lernen, die versteckten Spitzfindigkeiten der wahren Gerechtigkeit herauszufischen, und nicht im Namen eines erbarmungslosen Gesetzes, worauf eine blutrünstige Horde gedrängt hat, die Unschuld und Reinheit zu vernichten, die es gewagt haben, sich selber zu verteidigen, so wie es die bedauernswerte Mecky getan hat. Solange Rumänien diese Justiz hat, wird es ein Volk der Barbaren bleiben, dem Leben und einer Zukunft gegenüber feindlich gesinnt, in denen Barmherzigkeit und Menschlichkeit herrschen sollten. In keiner Gesellschaft hat die Judikative weder die Pflicht noch die Erlaubnis, Normen der Moral und der Ethik zu bestimmen. Diese müssen bewusst von allen Bürgern gleichermaßen verteidigt werden. Nur ein Volk, das sich dessen bewusst ist, wenn man das Stehlen, das Lügen, den Betrug duldet, ohne diesen Lastern gesellschaftlich mutig entgegenzutreten, weil sie eines Tages jedem Einzelnen schaden werden, kann sich zivilisiert nennen. Umsonst werden Straßen gebaut, wenn die Verkehrsteilnehmer sie mutwillig zerstören. Vergebens bemüht sich die Müllabfuhr, die Städte sauber zu halten, wenn die Bewohner ihren Unrat überallhin werfen. Vergebens werden Krankenhäuser mit moderner medizinischer Technik ausgestattet, wenn die Ärzte keine Ahnung von Ethik im Gesundheitswesen haben, und das Personal nicht einschätzen kann, welchen Dienst es zu leisten hat, der darin bestehen sollte, in erster Reihe den Hilflosen beizustehen. Umsonst gibt es in einem unzivilisierten Land einen Beamtenapparat, wenn dieser überzeugt ist, dass die Bürger, denen er dienen sollte, seine Untergebenen sind und nicht umgekehrt. Vergebens werden Gesetze und Paragrafen der westlichen Länder übernommen, wenn sie dergestalt manipuliert werden, um Opfer von Ungerechtigkeiten betrügen und ausrauben zu können. In der Beziehung zwischen Volk und seinen Repräsentanten muss immer Gleichgewicht herrschen. Wenn die Mehrheit zusieht, ohne einzugreifen, wenn jemandem ein Unrecht geschieht, ist diese Gesellschaft barbarisch zu nennen. Man kann einer solchen Gemeinschaft nicht helfen, besser zu werden, wenn sie sich nicht selbst am Schopf aus dem Sumpf zieht. In Rumänien gibt es keinen gesellschaftlichen Zusammenhalt, der die Menschen befähigen könnte, Mut zum Widerstand aufzubringen. Deshalb wird ein Ceausescu geduldet, deshalb ist die Securitate (Staatspolizei) so mächtig, aus diesem Grund war Meckys Tragödie möglich."

„Meinst du auch, dass die Erziehung der Kinder nicht den Frauen überlassen werden sollte?", fragte Esther unvermittelt.

„Nicht nur, dass ich das glaube, davon bin ich überzeugt. Im antiken Griechenland war es nie erlaubt. Die Römer haben Kinder bereits ab frühester Kindheit wie Erwachsene behandelt. Wenn sie die Kinder verzogen hätten, wie das heute im Westen geschieht, hätten wir in der Geschichte nicht die Kraft eines Volkes gehabt, die eine Zivilisation geschaffen hat, die es auch heute noch gibt. Das solide Gebäude der abendländischen Sittenlehre erhebt sich ausschließlich auf dem Geist des antiken Griechenlands und der Stärke Roms", erläuterte die Mutter überzeugt.

„Trotzdem hat Mecky ihr Leben geopfert, um das ihres Kindes zu retten...", erwiderte Esther traurig.

„Du sprichst jetzt vom Mut und von der Opferbereitschaft der Mütter, meine Liebe", korrigierte Leah sanft. „Wenn du das Problem genau betrachtest, wirst du feststellen, dass

Costin ein widerwärtiger Feigling war. Er hätte keine Hosen, sondern einen Rock tragen müssen. Wenn er ein richtiger Mann gewesen wäre, hätte er seine Frau geachtet, sich um sie gesorgt und hätte vor allem gearbeitet, um das Einkommen der Familie zu sichern. Mecky, meine Liebe, hat sich geopfert, weil sie in dieser Ehe sowohl Mann als auch Frau sein musste. Nur eine elende Missgeburt war im Stande, ein Kind zu vergewaltigen, das bloß ein paar Jahre alt war. Ein richtiger Mann versäuft auch nicht seinen Verstand, um dann eine hilflose Frau durch Schläge zu entstellen. Nicht weil Mecky mit dem Preis des Lebens ihr Kind verteidigt hat, wird sie dem Mann gleichgestellt. Das Männchen, ihr Ehegatte, das sie nach den Gesetzen der Natur beschützen sollte, erwies sich als feiges, perverses Weib. Costin war ein Fehlgriff der Schöpfung, für den zwei unschuldige Wesen teuer bezahlen mussten."

„Ich verstehe, was du sagen willst", flüsterte die Tochter. „Du hast Recht! Vielleicht wäre Mecky in einer gesunden Gesellschaft nie in diese Lage versetzt worden." Esther erhob sich, um ihr Glas zu füllen.

Die beiden Frauen kamen nicht dazu, vom Wein zu nippen, als es gellend schellte. Leah, die die Tür öffnete, fiel geradezu in die Arme ihres Mannes, indem sie weinend wiederholte:

„Oh, Gott, gut, dass ihr da seid!" Sie löste sich schnell aus der Umarmung und stürzte sich auf ihren Sohn, den sie fest an sich drückte.

„Mein Schatz, mein geliebter Schatz!", hörte man sie verzweifelt stammeln.

Ihre Schwester hinter ihr fragte ironisch:

„Ist etwa der Krieg ausgebrochen? Wir haben die ganze Zeit bei symphonischer Musik geschlummert und keine Nachrichten gehört!"

Leah überhörte die spöttische Bemerkung und zog Philipp an der Hand ins Zimmer und zog ihm sorgsam den blauen Mantel mit Kapuze aus schwerem Wollstoff aus. Im Wohnzimmer bemerkten die Neuankömmlinge Esthers vom

Weinen geschwollenes Gesicht. Erschrocken, wagte Cora zu fragen:

„Ist sie bereits tot?"

Leah beruhigte sie aber schnell, indem sie berichtete, was an dem Tag vorgefallen war. Von der langen Reise ermüdet, aßen Tante Sarah, Cora und Notar Danciu ein paar Bissen und verabschiedeten sich schnell. Esther zog sich in ihr Zimmer zurück und schlief an den Körper ihres Mannes geschmiegt schnell ein. Die Mutter brachte Philipp zu Bett und berichtete etwas ruhiger Dan, was sie erlebt hatte, seit sie in Rumänien war. Vor ihrer Abreise von zu Hause hatte sie sich vorgenommen, das Grab ihres Mannes aufzusuchen und bis nach Dorohoi zu gelangen, wo die Mutter beerdigt war. Jetzt zweifelte sie daran, ob sie das alles machen könnte. Sie fühlte sich sehr müde, da sie von morgens bis abends ununterbrochen tätig war. Dan hatte auf ihrem Gesicht sofort die Spuren der Erschöpfung bemerkt und versicherte, ihr etwas von den täglichen Verpflichtungen abzunehmen. Während er seiner Frau zuhörte, entschied Dan, dass Philipp sich ab nächstem Tag um die Kleine kümmern sollte. Er ließ Leahs Einwand nicht gelten, dass das Kind sich unter keinen Umständen von ihr trennen werde. Dan wusste, dass sich ein Kind schnell an jemanden gewöhnt, wo der Altersunterschied nicht so groß ist. Deshalb versuchte er es auch gar nicht, seine Frau zu überzeugen, dass er Recht habe. Sie würde bestimmt ihre Ansicht ändern, wenn sie die Kinder am nächsten Tag zusammenbrächten.

Tatsächlich näherte sich Meckys Tochter zuerst ängstlich dem fremden Jungen, der ein seltsames Rumänisch sprach, das viele nicht verstanden. Melanie kehrte am Morgen nach einer schlaflosen Nacht mit geröteten Augen heim. Mecky war unruhig gewesen, so dass sich die Freundin nicht ausruhen konnte. Sie gab dafür auch dem Wetter die Schuld, weil sich ein grauer Nebel niedergelassen hatte und die Luft ganz feucht war. Während der Nacht war es im Krankenzimmer sehr kalt geworden, und es war keine Decke zu bekommen, womit man sich hätte aufwärmen können. Sie erzählte, dass Mecky plötzlich unter dem Leintuch begonnen habe zu zittern, sich aber später beruhigte und einschlief. Als Esther das hörte, machte sie zwei dicke Decken zurecht, die ihre Mutter ins Krankenhaus bringen sollte. Die Familie der Inhaftierten war auch aufgewacht, aber aus dem Zimmer vernahm man keine Bewegung. Leah begriff schnell, dass es niemand wagen würde, den Raum zu verlassen, bevor jemand von den Gastgebern sie dazu aufgefordert hätte. Sie klopfte leicht an die Tür und flüsterte, dass das Bad frei sei. Esther verschlug es die Sprache, als sie die armseligen Kleider der Kinder sah, die sich an den Tisch gesetzt hatten. Ohne etwas zu sagen, eilte sie in das Zimmer ihres Mannes, um ihm vorzuschlagen, er sollte mit den Leuten zuerst in ein Bekleidungsgeschäft gehen, um ihnen neue Sachen zu kaufen. Bruno umarmte seine Frau und flüsterte liebevoll: „Meine Prinzessin!" Esther schob ihn sanft weg und berichtete ihm, was sie am Vortag von Mecky erfahren hatte. Er hörte zu, ohne sie zu unterbrechen, dann seufzte er tief, den Blick auf den dichten Nebel von draußen gerichtet:

„Sie hat Recht, Esther. Wir können nicht einfach an so viel Tragik vorübergehen, als sei es nur ein Film. Diese Wirklichkeit muss mit allen Mitteln bekämpft werden, sonst geht die ganze Menschheit zugrunde." Bruno bekannte verlegen, dass er Angstzustände erlebt habe, seit er im Land sei, so dass er fast seine Koffer gepackt hätte und abgereist wäre. Als er aber das Dorf der armen Bauern, die sie beherbergten, gesehen habe, mit den kleinen, elenden Häusern, den ungepflasterten Straßen und den Menschen in ihren abgetragenen Kleidern, die ihn an vergangene Jahrhunderte erinnerten, dann die himmelschreiende Armut im Haus der Frau, die abgetrieben hatte, war ihm klargeworden, dass er nicht so einfach vor der moralischen Verantwortung für das, was er zur Kenntnis nehmen musste, seit er das Land betreten hatte, davonlaufen könne.

Der Vater der Kinder, der in den Ställen der Staatsfarm arbeitete, hatte keine Schuhe. Er wusch im Hof seine

Gummistiefel vom Stallmist und zog sie dann an. In die zerrissenen Schuhe der Kinder steckte er Zeitungspapier, das die Kälte und Nässe etwas dämmen sollte. Das alles erklärte ihm der Arzt, der Bruno begleitete, als er dessen Verwunderung gewahr wurde. Im feuchten Raum, in dem die Leute wohnten, gab es außer einem kaputten Eisenofen nur zwei Betten, die mit Lumpen zugedeckt waren, einen jämmerlichen Tisch, auf dem Blechteller und Tassen standen. Bruno zog die Schlussfolgerung, dass die ganze Familie in diesem Zimmer schlief, denn es gab keine andere Tür als die, durch welche er eingetreten war. Er lehnte es ab, noch andere Dinge aus dem Raum in Augenschein zu nehmen, aus Angst, dass er vor Entsetzen weglaufen könnte. In diesem Augenblick schämte er sich regelrecht, ein Mensch zu sein. Die erschrockenen, demütigen Blicke der Kinder taten ihm physisch weh. Die abgearbeiteten Hände und das Gesicht des Vaters beeindruckten ihn so sehr, dass er fast in Tränen ausgebrochen wäre. Selbst der Arzt, der mit ihm gekommen war, zeigte sich erschüttert, als er diese Realität sehen musste: „Großer Gott, welche Armut!"

Bei einem der Hotels, wo sie versuchten, die Familie unterzubringen, musste sich Bruno sehr zurückhalten, um eine arrogante Dame an der Rezeption nicht zu ohrfeigen, die einen Blick voller Abscheu auf die armen Leute warf, die sich ergeben an der Tür aufhielten. Brunos Begleiter übersetzte ihm die abfälligen Bemerkungen der Frau: „Bildet dieser sich ein, dass unser Hotel ein Nachtasyl für Arme ist?"

Esther kannte sehr wohl die Überheblichkeit der wohlhabenden Damen aus Rumänien. So wie ihr Mann hatte sie es auch nie leiden können, wenn sie angesichts eines Armen die Augen verdrehten. Einmal, als Esther im Frisörsalon war, hatte sie so eine peinliche Szene erlebt. Neben ihr hatte eine Frau gewartet, der man ansah, dass sie schwer arbeitete. Obwohl etliche der Frisörinnen nichts zu tun hatten, fragte keine die Frau, was sie wünschte. Esther war längst fertig, doch die Kundin saß noch immer da, mit einem gequälten, demütigen Lächeln, das ihr Gesicht entstellte, unbeachtet von den Angestellten des Salons.

Später hatte es Esther leidgetan, dass sie nicht hingegangen war, die Unbekannte an der Hand genommen und sie aus dem Geschäft herausgeführt hatte. Sollte der Mensch von seinem Wesen her bösartiger als ein Tier sein? fragte sie sich enttäuscht. Sollte der Verstand, auf den der Mensch so stolz ist, nur dazu dienen, den Nächsten zu demütigen? Bedrückt schmiegte Esther sich an ihren Mann, um sich noch einmal zu versichern, dass er sie vor den Artgenossen beschützen werde, die ihr plötzlich Angst machten. Er verstand ihre Furcht, und sagte sanft: „Keine Bange, meine Liebe, ich bin ja da, ich bin da!"

Melanie und die Kinder sollten zu Hause bleiben, Leah und Dan hatten vor, bei Notar Danciu vorbeizuschauen, von wo sie dann gemeinsam mit Tante Cora und Sarah ins Krankenhaus aufbrechen wollten. Esther und Bruno beabsichtigten, in Begleitung des Vaters und der Kinder Einkäufe zu tätigen. Damit Melanie nicht mit Arbeit überlastet werde, schickte ihr Notar Danciu eine Frau, die ihr im Haushalt zur Hand gehen sollte. Als sie von ihrer Einkaufstour zurückkehrten, konnten sich Esther und Bruno an den strahlenden Gesichtern der drei Kinder und des Vaters, der ein Paar neue Lederschuhe trug, nicht sattsehen. Die gute Melanie half ihnen dann, die Geschenke auszupacken. Dabei dachte sie, dass nur Esther es verstand, so einzukaufen. Sie war überwältigt von der Vielzahl der Dinge, die mit Bedacht ausgewählt wurden. Selbst für ihre Mutter hatten die Kinder eine dicke Wolljacke und ein großes Paket Wäsche. Während nun alle um den Tisch versammelt waren, bemerkte Bruno verwundert, dass auf den Gesichtern der Kinder nichts mehr von der Apathie und der demütigen Verschlossenheit von gestern zu sehen war. Philipp und die Jungen freundeten sich schnell an und wetteiferten, wer am schnellsten seinen Teller Suppe auslöffeln würde. Der Sieger, der Kleinste von den Knaben, erhielt als Belohnung Brunos Uhr. Esther, die ihren Wert kannte, fragte ihn:

„Ist es tatsächlich ein Geschenk?" Er versicherte ihr, dass er keine dummen Späße mit Kindern mache, vor allem nicht mit solchen wie diese hier. Die Uhr sollte bei Notar Danciu aufbewahrt werden, damit sie dann verwendet werde, wenn man dringend Geld brauchte.

Melanie erfuhr bei dieser Gelegenheit, dass Bruno sich entschlossen hatte, die Internatskosten für die Jungen zu übernehmen, damit sie eine bessere Schule irgendwo in der Stadt besuchen konnten. Eine Kusine von TillyTante hatte eine große Summe rumänischen Geldes bei ihrer Ausreise nach Deutschland bei ihrer Schwester hinterlegt, da es damals nicht gewechselt werden konnte. Bruno wollte ihr in Deutschland den Gegenwert von 3000 Lei monatlich überweisen, während Notar Danciu, dem das Geld ausgehändigt wurde, die Spesen für das Internat bezahlen sollte, was dann noch übrigblieb, ging als Geschenk an den Vater.

Sie saßen noch beim Abendessen, als Leah, Dan und Tante Sarah erschienen. Cora war bei Mecky geblieben und sollte am Abend von Esther abgelöst werden. In dem warmen Haus schien sich die Atmosphäre ein wenig entspannt zu haben. Am Abend des nächsten Tages hatten Leah und Melanie zusammen mit dem kleinen Mädchen vor, Esther vom Krankenhaus abzuholen. Melanie würde anschließend über Nacht bei Mecky bleiben. Dan und Bruno in Begleitung von Tante Sarah begaben sich zu Notar Danciu. Sarah wusste am besten, in welches Internat die Kinder gebracht werden konnten. Sie war der Meinung, es wäre am günstigsten, wenn sie dort in der Stadt blieben, so wäre Notar Danciu in der Lage, nach ihnen zu sehen. Dazu kam, dass der Notar sich auch um das Berufungsverfahren für die verurteilte Frau kümmern musste, damit man die Strafe wegen ihrer schweren Krankheit milderte. Esther, die mit Leah im Haus geblieben war, streckte sich todmüde auf dem Sofa aus und legte ihren Kopf in den Schoß der Mutter. Die Kinder hatten im Arbeitszimmer einen guten Spielplatz gefunden, während der Vater unbedingt etwas arbeiten wollte und draußen, im Garten, Äste und Laub aufsammelte.

Melanie und Letitia, die Haushaltshilfe, die Notar Danciu geschickt hatte, machten in der Küche Ordnung, wo sich eine Menge Geschirr angesammelt hatte.

„Stimmt es, dass Sie das Haus von der Dame gekauft haben…?" Melanie unterbrach ihre Arbeit und fragte die Frau misstrauisch:

„Wer hat Ihnen das gesagt?"

„Frau Sarah hat es mir gesagt, als sie mich fragte, ob ich Ihnen ein paar Tage behilflich sein könnte", antwortete sie heiter. „Wissen Sie, ich habe früher auch bei Frau Süssmann gearbeitet, bei Frau Sarahs Mutter. Die alte Dame war kein schlechter Mensch, hatte aber leider ein böses Mundwerk. Eines Tages hat sie mich Diebin genannt, und es war aus mit uns. Seit jenem Tag habe ich das Haus nicht mehr betreten. Welches Unglück, welches Unglück", stieß Letitia plötzlich aus heiterem Himmel hervor. „Und wenn man bedenkt, wie jung die Frau ist. Dann ist auch noch das arme Kind da." Die Frau redete unbekümmert vor sich hin, und Melanie hörte nur zu und wusste nicht, was sie dazu sagen sollte. Letitia fuhr fort:

„Sie sind nacheinander gegangen, die Bedauernswerten! Den alten Herrn habe ich nicht gekannt, er ist bereits vor langer Zeit gestorben. Über die alte Dame hat man in der Stadt viel geredet. Als ich sie kennenlernte war sie hochbetagt. Gott, wie sie die Damen beschimpfte, die sie besuchten. Manchmal schämte ich mich geradezu für das, was sie sagte. Vor allem eine Popescu oder Petrescu, nein Lupescu war das Ziel der verbalen Angriffe. Wenn sie sich hier auf der Terrasse versammelten, war es wie beim Karneval. Die Herrschaften trugen wundersame Hüte. Und erst die Männer! Man hatte den Eindruck, es wären Geister aus alten Filmen. Alle waren sie abgemagert und heruntergekommen… es hieß, sie seien Legionäre gewesen und hätten viele Jahre in Gefängnissen verbracht…"

Melanie, die Geschirr abtrocknete, unterbrach sie unvermittelt:

„Ich bezweifle, dass ein Legionär jemals dieses Haus betreten hat. Die Familie Süssmann war jüdischer Herkunft."

„Ja, natürlich, ich habe es vergessen. Na, so etwas! Aber woher wusste ich das mit den Legionären? Waren die nicht gegen die Juden? Das habe ich noch nie gehört! Ist ja interessant! Ich persönlich habe nichts mit den Juden. Für mich sind sie ja auch Menschen, nicht wahr?", fragte sich Letitia nachdenklich.

Melanie fuhr sie feindselig an:

„Also so etwas, als ob jemand schon einmal behauptet hätte, es seien Tiere!"

„Nein, selbstverständlich nicht", setzte die Frau ungestört ihre Überlegungen fort. „In unserem Dorf lebten ein paar von ihnen. Die Mutter erzählte, sie seien mit Eimern voll Kot gekommen und hätten sie in den Graben des Dorfes ausgeleert. Fürchterlich schmutzig seien sie gewesen!"

Zutiefst erbost fauchte Melanie Letitia an:

„Hören Sie mit diesen Geschmacklosigkeiten auf! Vielleicht hört Sie jemand von den Familienmitgliedern, wie sie über ihre Vorfahren sprechen, dann können Sie etwas erleben." Dann murmelte sie vor sich hin: „Als ob die Rumänen so sauber wären, pfui!"

Unbeeindruckt verteidigte sich die Frau:

„Natürlich sind die Rumänen viel reinlicher. Wir stammen doch von Trajan ab, und der war doch ein Römer. Die armen Juden aber…"

„Halten Sie endlich den Mund, Frau! Man hört Sie doch von drüben!"

„Und wenn? Habe ich etwas Schlimmes gesagt? Oder etwas Unwahres?"

Bestürzt von der Dummheit des Weibes, entgegnete Melanie zähneknirschend:

„Die Leute sind Juden, haben Sie jetzt verstanden?"

Verblüfft entgegnete Letitia gekränkt:

„Wie sollen die Herrschaften Juden sein? Ich kenne doch Frau Sarah seit Jahren. Ich habe auch bei ihrer Mutter gearbeitet..."

„Und bitte sehr, was war die Mutter von Frau Sarah? Frau Süssmann, was war sie?"

„Frau Süssmann war Jüdin, das stimmt... aber Frau Sarah... sollte sie auch Jüdin sein...also so etwas! Daran habe ich nie gedacht. Sie ähnelt doch nicht einer Jüdin, ich kenne sie seit langer Zeit ... wenn der Herr Notar das wüsste!"

Melanie fuhr Letitia wütend an:

„Ich glaube, sie sind nicht richtig im Kopf. Noch nie habe ich ein so idiotisches Gespräch geführt. Solange Sie hier im Haus arbeiten, verbiete ich Ihnen, noch etwas über die Juden zu sagen, haben Sie mich verstanden?"

Die Frau zuckte gleichgültig die Schultern und brummte unschuldig:

„Warum sollte ich nicht über die Juden reden? Ist es etwa verboten?" Nach einer kurzen Pause fuhr sie fort:

„Als die alte Dame noch lebte, hörte man die Musik bis auf die Straße. Welch Heidenlärm, mein Gott! Ich musste mir Watte in die Ohren stopfen, wenn ich zur Arbeit kam, um nicht taub zu werden. Sie hatte Geld, die alte Hexe, wie alle Juden..."

Melanie warf das Geschirrtuch hin, mit dem sie Teller abtrocknete, und verließ die Küche, indem sie „Rindvieh" brummte.

Letitia, die allein geblieben war, wiederholte starrköpfig:

„Also so etwas, ich soll nicht über die Juden reden ... unerhört!"

Im Wohnzimmer sprachen Leah und ihre Tochter gerade über Meckys Kind. Verlegen, weil sie störte, wollte Melanie sich zurückziehen, aber Esther bat sie zu bleiben:

„Bring dir einen Kaffee und setz dich zu uns. Wir sprachen gerade über die kleine Esther." Melanie goss sich in der Küche Kaffee ein, sah Letitia aber so böse an, dass diese es nicht wagte, auch nur ein Wort zu sagen, und verließ unter den stumpfsinnigen Blicken der Haushaltshilfe den Raum.

„Zieh den Sessel aus der Ecke etwas näher heran, damit du bequem sitzt", riet Esther Melanie. „Mutter und ich, wir sind beide so müde, als ob man uns die Knochen mit dem Waschbleuel bearbeitet hätte. So sagt man doch?", fragte sie unsicher.

„Ich glaube schon, aber was soll´s?", antwortete Melanie, während sie den Sessel brachte. „Wir sind alle am Ende unserer Kräfte. Ich habe gerade überlegt, in den Garten zu gehen und dem Mann beim Laubsammeln zu helfen, damit ich wieder einen klaren Kopf bekomme."

Der Gedanke gefiel Esther gut, so dass sie sich an ihre Mutter wandte:

„Genau das müssten wir in den nächsten Tagen machen. Die Arbeit an der frischen Luft würde uns bestimmt guttun. Anstatt Beruhigungsmittel und Schlaftabletten zu nehmen, sollten wir uns lieber im Garten betätigen, wenn wir Zeit haben."

Auch die Mutter fand die Überlegung, sich draußen zu beschäftigen, hervorragend, denn nur so konnte man vermeiden, dass es zu Unstimmigkeiten im Haus komme, wenn alle auf einem Haufen versammelt seien.

Esther wollte wissen, ob die Frau das Aufräumen der Küche beendet habe. Melanie war nicht erbaut, darüber Auskunft zu geben und murmelte bloß gelangweilt:

„Sie hat noch ein wenig zu tun. Jedenfalls bin ich noch nie so einer Schwachsinnigen begegnet. Sie gibt doch nur Dummheiten von sich…ihr Mund hat sich verselbstständigt und redet ohne sie."

Leah erklärte lächelnd:

„Notar Danciu hat uns gleich wissen lassen, dass wir nicht erschrecken sollen, wenn sie irres Zeug redet. Er hätte uns gerne jemand anderes geschickt, konnte aber niemanden finden. Er hat mir gesagt, sie sei sehr beschränkt, aber fleißig und sauber. Mehr dürfen wir von ihr auch nicht verlangen."

Esther ergänzte:

„Wir haben auch etwas von eurem Gespräch mitbekommen, aber mach dir deshalb keine Sorgen. Solchen Stumpfsinn muss man einfach überhören. Es wäre ein Fehler, wenn du so etwas ernstnehmen würdest. Diese Frau ist nicht gerade...", und Esther deutete mit der Hand an, dass Letitia leider nicht sehr hell im Kopf sei.

Melanie pflichtete dem bei und schloss dann kurz:

„Das ist sicher so. Deshalb habe ich sie auch allein gelassen. Ich bin nicht in der Stimmung, die Entgleisungen einer Närrin anzuhören!"

Esther und ihre Mutter versuchten, Meckys Haltung zu verstehen, das was Costin mit dem Mädchen getan hatte, nicht in die Öffentlichkeit gelangen zu lassen. Melanie erklärte, das sei die beste Lösung sowohl für die Mutter als auch für das Kind gewesen. Bevor alle Welt davon erfahren hätte, wäre es besser gewesen, das Mädchen zu töten, und Melanie hätte der Mutter Recht gegeben. Diese Angelegenheit sei eine Frage der Mentalität. Wenn die Umgebung den Missbrauch gekannt hätte, wäre das Kind für sein ganzes Leben gebrandmarkt gewesen, denn alle hätten dann gesagt, dass sei die, die mit ihrem Vater geschlafen habe. Damit schloss Melanie fast flüsternd.

„Du hast vielleicht vergessen, Esther, wie die Menschen hier denken, und das ist leider die Realität. Ich habe erst begriffen, was geschehen ist, als ich das Mädchen zu mir brachte, und es baden wollte. Beim Ausziehen sah ich bereits die blauen Flecken auf den Beinen, und als ich es in die Wanne legen wollte, begann es zu zittern, als ob ich es ertränken und nicht waschen sollte. Sorgsam berührte ich die Selle zwischen den Beinen, um zu sehen, wie es reagierte. Meine Vermutung bewahrheitete sich, denn das Mädchen stöhnte vor Schmerzen, ohne dass ich es angefasst hätte. Ich fragte es, ob es ihm etwas wehtäte, und die kleine Esther nickte mit dem Kopf. Dann habe ich sie neben der Badewanne stehend mit einem flauschigen Handschuh gewaschen, einem von denen, die du mir geschickt hast. Erst nach einigen Tagen habe ich begonnen, sie mit einer

Beruhigungscreme einzureiben, nachdem sie Vertrauen zu mir gefasst hatte und wusste, dass ich ihr nichts Böses tun würde."

Esther war gezwungen, Melanie Recht zu geben. Gleichzeitig wurde es ihr bewusst, wie überlegt Mecky gehandelt hatte. Sie rief sich die Hartherzigkeit und die Absurdität in der Art zu denken der Menschen in diesem Land ins Gedächtnis zurück. Wenn es der Mutter nicht gelungen wäre, das Mädchen zu töten, hätte man es in ein Waisenhaus gebracht, wo es weiter durch den Missbrauch gebrandmarkt leben musste. Später hätte es die Übergriffe jener dulden müssen, die die Macht hatten, über es zu entscheiden. Welche Zukunft so ein Kind erwartete, wollten sich Mutter und Tochter in ihrer Fantasie gar nicht vorstellen. Indem Mecky den Mann tötete, löschte sie jede Spur, die zum Mädchen als Grund für die Tat geführt hätte. Die Trunkenbolde, die in jener Nacht anwesend waren, fürchteten sich, etwas über die Verlosung des Kindes zu erzählen. Vera hätte aus Angst geschwiegen, weil sie nicht preisgeben wollte, dass sie keine Arbeit und keine Wohnung hatte. So kam es, dass man das Mädchen aus den Untersuchungen der Justiz herausgehalten hatte. Die Mutter wurde des Mordes für schuldig befunden, weil sie schon immer eine Asoziale gewesen war, die in Waisenhäusern gelebt hatte, früher einmal aus dem Dienst entlassen wurde, weil sie unentschuldigt fehlte. Sie galt als eine Person, die in die Gesellschaft nicht zu integrieren war, mit einem bösen, gefährlichen Charakter, die ihren Mann kaltblütig ermordete, der ihr einen Namen und eine Stellung in der Gemeinschaft gab, die sie nicht verdient hatte, so lautete das Plädoyer der Richterin bei Meckys Urteilsverkündung.

Die drei Frauen durchleuchteten Meckys Verhalten gegenüber dem Kind, und es gelang ihnen für den Reflex, das Kind zu waschen, eine Erklärung zu finden. In ihrem Wahn hatte die Mutter versucht, das Mädchen verzweifelt von den Spuren des Missbrauchs zu reinigen, die die Bestie von Vater auf seinem Körper zurückgelassen hatte. Es grenzte an ein

Wunder, dass die kleine Esther nach dieser unbewussten Folter überhaupt noch am Leben geblieben war. Mecky hatte selbst gesagt, dass sie den Tod des Kindes in Kauf genommen hätte. Es hatte ihr regelrecht leidgetan, als sie aufwachte und sah, dass das Mädchen noch lebte.

Wenn das Kind bis zu dieser Nacht immer bei der Mutter Schutz suchte, begannen es nun beide Eltern, in Angst und Schrecken zu versetzen. Beide hatten es mit großer Grausamkeit gequält, so dass es sich von keinem mehr behütet fühlte. Das Mädchen befand sich in einer Art Trance, es war stumm und achtete wie ein gejagtes Tier auf jede Bewegung um es herum aus Angst, jeden Augenblick von der einen oder anderen Seite angegriffen zu werden.

Das Kind, erklärte Bruno, steckte in einer ungeheuren körperlichen Spannung. Seine Atmung war oberflächlich und schnell wie bei jenen, die Panikattacken aushalten müssen. Bruno machte Esther auf das Bauchfell des Mädchens aufmerksam, das buchstäblich blockiert war und eine bis zum Magen gehende Atmung verhinderte. Er riet seiner Frau, wie die Psychiatrie in Deutschland es lehrte, und den Bauch des Kindes vor dem Schlafengehen zu streicheln, damit es sich entspannte und tief atmen könnte. Das blasse Gesicht rührte auch von der fehlerhaften Atmung und der Angst des Mädchens her.

Leah hörte die Empfehlungen ihres Schwiegersohnes und erinnerte sich an die eigenen Angstzustände von damals, als sie nach Amsterdam gekommen war. Der Arzt hatte auch ihr gesagt, sie solle immer auf die Atmung achten, weil sie das nicht korrekt machte. Alle, die in ihrem Leben Terror und Angst ausgestanden hatten, waren nicht im Stande richtig zu atmen, wurde ihr erklärt. Von daher kam mit der Zeit das sogenannte nervöse Asthma. Wer an Klaustrophobie litt, bekam aus heiterem Himmel Asthmaanfälle beim Anblick einer Brücke oder in einem Tunnel. Im unkontrollierbaren Zustand der Angst versagte die Atmung des Kranken automatisch, was bei manchen sogar zum Tod führen konnte. Die neurovegetativen Störungen kamen vor allem bei den

Menschen vor, die in ihrer Kindheit oft Ängste durchstehen mussten. Esther erklärte Melanie, dass die Heilung dieser Kranken nur durch die Stärkung ihres Selbstbewusstseins, durch Diäten, Spaziergänge, Musik und die Vermeidung aller Situationen möglich sei, die Panikattacken auslösen könnten. Bruno betonte, dass die Klaustrophobie bedeute, dass auch der Körper nicht mehr funktionieren könnte, so als ob er sich selbst vergiften würde. Deshalb müsste man auch eine strenge Diät einhalten. Melanie, die von dieser Krankheit nie gehört hatte, verstand nun Esthers Sorge um die Gesundheit von Meckys Tochter.

Philipp wurde damit betraut, jeden Tag mit der Kleinen im Garten zu spielen. Der Junge war über sein Alter hinaus bereits erwachsen und nahm ernst, dass was man ihm auftrug. Esther beobachtete ihn aus der Ferne und sagte sich zum wiederholten Mal, dass sie und ihre Eltern vom Leben kein schöneres Geschenk als Philipp bekommen konnten. Seine Ausstrahlung begeisterte sie schon beim ersten Zusammentreffen. Esther hatte den Eindruck, dass es wie durch ein Wunder überall heller wurde, wo dieses Kind hinging. Oftmals war ihr auf den Straßen von Amsterdam aufgefallen, wie Erwachsene und auch Jugendliche Philipp zulächelten. Als sie das einmal Leah erzählte, hatte diese ihr erklärt, dass jene, die die Gabe besitzen, Unbekannte froh zu stimmen, Kinder der Sonne sind. Sie brächten ihr ganzes Leben Ausgeglichenheit in ihre Umgebung, seien aber leider überempfindliche Charaktere, die wie Pflanzen eines Gewächshauses beschützt werden müssten. Ihre innere Schönheit könnten die anderen Menschen nicht schätzen genau wie den teuren Kaviar, bis sie erschöpft verblassten. Die Mutter wischte sich verschämt die Tränen vom Gesicht und bat Esther, auf den kleinen Bruder achtzugeben.

„Du bist, gottlob, charakterstark wie meine Mutter. Du ähnelst Sarah mehr als die arme Cora. Ihr könnt mehr auf eure Schultern laden als andere. Philipp wird immer ein empfindsamer, leicht verletzbarer Mensch bleiben. Ich fürchte immer, dass er nicht als ein vom Leben Besiegter dastehen wird..."

Esther erinnerte sich daran, wie sehr sie darunter gelitten hatte, dass man von ihr immer behauptete, sie habe einen eisernen Willen. Für andere hätte diese Bemerkung ein Kompliment sein können, für sie war es bloß ein Mangel ihrer Weiblichkeit. Sie hatte sich immer gewünscht, ganz Frau zu sein, von einem Mann dominiert zu werden, und auf keinen Fall zu herrschen oder zu befehlen. Deshalb hatte sie sich jahrelang auch keinem Mann genähert, weil sie es nicht haben konnte, die Rolle der Frau zu spielen, die die Hosen anhat. Als sie Bruno kennenlernte, wusste sie bald, dass sie jemanden getroffen hatte, der stärker war als sie. Seit dem Tod der Meisterin hatte sie keinen Menschen mehr getroffen, der so charakterfest gewesen wäre wie Bruno. Nachdem sie geheiratet hatte, verstand sie auch, warum ihre Mutter gerade Dan zum Mann genommen hatte. Dan war zwar ein Träumer, hatte aber die Willensstärke eines richtigen Kämpfers. Leah hatte Bruno gleich korrekt charakterisiert:

„Etwas Besseres hättest du nie antreffen können. Er hat alle Eigenschaften, die auch Dan hat, die ich aber leider viel zu spät erkannt habe. Vermeide den Fehler, den ich gemacht habe. Sei dir bewusst, dass er dich von ganzem Herzen liebt, aber verlass dich nie ausschließlich darauf. Damit eine Frau einen solchen Mann behält, muss sie danach trachten, ihm ebenbürtig zu sein. Sonst verliert sie ihn so schnell, wie sie ihn erobert hat. Ich hatte Glück, meine Liebe, dass ich schön, sanft und wissbegierig war. Bloß mit meinem schönen Gesicht wäre es mir nie gelungen, Dan an mich zu fesseln. Die Seele des Menschen ist voller Unruhe und immer auf der Suche. Die Frauen erwerben mit einem Mann nicht ein Möbelstück, das ihnen ein Leben lang gehören soll, sondern ein Trugbild, das ihnen jeden Augenblick entgleiten kann. Auch die Männer sehen in uns keine Statue, von der man den Staub wischen muss. Um ein harmonisches und stilvolles Leben zu führen, bedarf es vieler Dinge, sonst sehen die Ehen wie Wohnungen aus, die mit ähnlichen

Möbeln eingerichtet wurden, die in jedem Kaufhaus angeboten werden. Du musst danach trachten, dass die Beziehung zu deinem Mann eine einmalige Einrichtung darstellt, und die Atmosphäre des Zusammenlebens das Licht und den Duft eines Königshauses ausstrahlt. Bemühe dich, auf deinem Thron einer Königin zu bleiben, damit du jeden Tag einen Blumenstrauß von deinem Herrn, dem König, überreicht bekommst. Wenn du dich auch nur ein einziges Mal in eine Hausfrau verwandelst, die herumbrüllt und hysterisch gestikulierend ihre Rechte als Herrin einfordert, verlierst du deine Vorzugsstellung im Herzen des Königs. Am schwersten zu erlangen und zu behalten ist der Respekt eines Mannes gegenüber seiner Frau. Das darfst du, mein Mädchen, nie vergessen!"

In einem Gefühlsüberschwang beugte sich Esther zu Leah und küsste sie, indem sie ihr zuflüsterte:

„Wenn du wüsstest, wie sehr ich dich liebe, Mutter!"

Leah erwiderte die freundliche Geste und sagte:

„Ich weiß, mein Kind, ich weiß!"

Melanie verfolgte diese wunderbare Szene, aber es war ihr ein wenig peinlich, gerade zu diesem Zeitpunkt dort anwesend zu sein. Leah rettete taktvoll die ungewöhnliche Situation, indem sie sich freundlich an die junge Frau wandte:

„Gönn uns diese Vertrautheit, Melanie, das Leben hat uns so lange Jahre getrennt. Esther ist für mich das Mädchen geblieben, das ich verlassen habe, als sie noch nicht einmal fünf war."

Die Stille im Raum wurde durch den schrillen Ton der Türglocke jäh unterbrochen. Melanie stand sofort auf und beeilte sich nachzusehen, wer da war. Leah beschwichtigte Philipp, der seinen Kopf neugierig durch den Türspalt steckte, um zu erfahren, wer gekommen sei. Im Kinderzimmer spielten sie „Mensch ärgere dich nicht", ein Brettspiel, womit Mecky und ihre Tochter sich oft die Zeit vertrieben hatten. Das Mädchen, das die Zahlen noch nicht kannte, verließ sich dabei immer auf die Ehrlichkeit der

Mutter, um beim Zählen nicht betrogen zu werden. So machte es die kleine Esther auch jetzt, wenn sie mit den Jungen spielte. Philipp zählte korrekt, nachdem er den Würfel zeigte, hatte aber immer Pech und verlor zur Freude der Kinder.

Melanie öffnete die Eingangstür, bevor es Letitia tun konnte. Vor ihr stand die unsympathische Gestalt von Meckys Pflichtverteidigerin. Mit der bekannten Unverschämtheit grüßte sie unfreundlich und stellte sich mit ihrem Familiennamen vor, um dem Besuch einen noch offizielleren Anstrich zu verleihen, wobei sie die Tür weiter aufstieß, um einzutreten. Sie wünschte mit der Familie zu sprechen, die aus dem Ausland angereist war, und sich mit der Verurteilten Nistor beschäftigte.

Melanie fragte die Frau beißend, was sie das Schicksal der Inhaftierten Nistor angehe, und hinderte sie am Betreten des Hauses.

„Machen Sie sofort den Weg frei, haben Sie verstanden? Ich bin eine Amtsperson, also habe ich das Recht, mit dieser Familie über den Fall zu sprechen, den ich bei Gericht vertreten habe."

Als Melanie hörte, was die Anwältin von sich gab, fuhr sie sie wütend an und stieß sie auf den Flur zurück, wohin es ihr gelungen war einzudringen.

„Sie haben die Nistor verteidigt? Den Teufel haben Sie getan! Beschuldigt und verurteilt haben sie die Frau, das haben Sie fertiggebracht!"

Überrascht von Melanies Kühnheit schrie die Anwältin hysterisch:

„Wie wagst du es, ein Niemand, so mit mir zu sprechen? Hast du vergessen, dass ich dich auch dahin bringen kann, wo sich deine Freundin befindet?"

„Wirklich, du Aufgeblasene?", stieß Melanie die Frau weg. „Mach es, wenn du kannst, aber vergiss nicht, dass du hier nicht beim Gericht bist. Bis auf weiteres bist du in meinem Haus, und ich kann mich nicht erinnern, dich hierher eingeladen zu haben. Verschwinde zu deinen Gaunern im

Gericht und versuch noch etliche dahin zu bringen, wohin ihr alle Unschuldigen verfrachtet, damit nur noch ihr, die Niederträchtigen, in Freiheit herumlaufen dürft."

Bei dem Lärm trat Esther aus ihrem Zimmer und hörte dem Gespräch gereizt zu. Die Anwältin, vor Wut feuerrot im Gesicht, wandte sich nun direkt an sie:

„Gnädige Frau, ich bin…"

Eiskalt unterbrach sie Esther:

„Ich weiß, wer Sie sind, meine Dame. Sie haben gehört, was meine Freundin Ihnen gesagt hat, also bitte ich Sie, das Grundstück unverzüglich zu verlassen. In diesem Haus hat niemand das Bedürfnis, mit Ihnen zu sprechen, also bestehen Sie nicht mehr darauf."

Zu Melanie gewandt, die die Anwältin hinausdrängte, um die Tür zu schließen:

„Komm, Melanie, es wird kalt im Haus!"

Sie hörten noch die Drohung der „Amtsperson", die etwas von einer Anklage wegen Verleumdung einer Vertreterin der Justiz sagte. Belustigt betraten sie das Haus und beschrieben Leah das beleidigte und gleichzeitig überraschte Gesicht der Anwältin, die Esther kurz und bündig abgefertigt hatte.

Die Frauen freuten sich, dass sich der Zwischenfall vor dem Eintreffen der Männer ereignet hatte. Esther bereitete sich dann etwas Leichtes zum Essen, um sich anschließend ein wenig auszuruhen, weil sie an der Reihe war, in der folgenden Nacht bei Mecky im Krankenhaus Wache zu halten.

Als sie munter wurde, war Melanie bereits bei der Kranken, und der Rest der Familie war im Wohnzimmer zum Gespräch versammelt. Leah hatte die Kinder nach dem Mittagessen zur Ruhe geschickt und darauf bestanden, dass auch ihr Vater sich nach der anstrengenden Arbeit im Garten hinlegen sollte.

Seit sie sich im Land befand, war die Familie zum ersten Mal vollzählig beieinander. Cora erzählte gerade, wie tief Mecky sie beeindruckt habe.

„Ich glaube nicht, dass ich angesichts des Todes so tapfer sein würde. Vermutlich gibt es wenig Menschen, die mit so viel Würde die letzten Augenblicke des Lebens verbringen. Ich hatte fast Angst, ihr zu zeigen, dass ich sie bemitleide. Die ganze Zeit habe ich versucht, Gespräche über den Tod zu vermeiden, obwohl ich bemerkte, dass sie gerade dieses am meisten irritiert."

Esther unterbrach sie jäh:

„Bemühe dich nicht mehr, Mecky auf diese Art zu schonen. Sie hasst es, wenn jemand ihr etwas vorspielt, als ob sie unzurechnungsfähig wäre. Wir sind da, um bei ihr zu sein, wenn sie stirbt, also dürfen wir vor ihr keine Vorstellungen wie im Puppentheater geben. Sie hat diesen Weg bewusst gewählt, so dass jeder Versuch, zum Leben zurückzukehren, vergeblich ist."

„Für Menschen, die so viel durchmachen mussten wie Mecky", sagte Bruno den Blick auf das Parkett geheftet, „machen die Beschwerden nie Ferien, und deshalb sehen sie im Tod die langersehnte Ruhe. Als Arzt konnte ich nichts tun, um ihr zu helfen, weil der Tod schon vor mir bei ihr war. Es scheint, als ob sie einen lieben Gast erwartet hätte, dem sie entgegengeilt ist. Wir können nichts Anderes tun, als bei ihrem letzten Fest dabei zu sein."

Tante Sarah, die den Wohnzimmerschrank mit dem Kristall, den Nippsachen aus Porzellan und den alten Uhren nicht aus den Augen gelassen hatte, seufzte:

„Leah, erinnerst du dich noch an die Standuhr, deren Schlag des Pendels im ganzen Haus zu hören war?"

„Mir hat das Ticken der Uhren immer Vergnügen bereitet. Mutter wurde geradezu hysterisch, wenn sie sie hörte", erinnerte sich lächelnd die kleine Schwester. „Sie nannte alle, die Uhren tragen, Menschen ohne Fantasie. Jemand, der die Zeit nicht ignorieren kann, macht nichts anderes, als die Sekunden bis zu seinem Tod zu zählen, hat sie mir einmal gesagt."

„Seltsam, als ich sie kennenlernte, fragte sie mich dauernd, wie spät es ist", sagte Cora.

„Deshalb, weil auch sie die Sekunden zählte, die ihr noch bis zum Tod blieben", erklärte ihr die Mutter.

„Weißt du, wie das Haus aussah, als sie hier lebte?", wandte sich Sarah an Bruno. „Schränke voller Lumpen, Papiertüten mit Tees, zusammengerollte Teppiche, Fenster ohne Vorhänge und neben dem Bett, das in der Mitte des Raumes thronte, Regale mit Platten und ein Abspielgerät, das dauernd Wagner schepperte."

„Nicht nur Wagner, Mutter. Die Großmutter hörte jede Musik außer Strauß", widersprach die Tochter gutmütig.

„In Vaters Familie waren alle sehr musikalisch", entsann sich auch Dan. „Für mich war es immer ein Rätsel, dass Tante Rachel in Sachen Musik so beschlagen war. In ihrem Elternhaus hat sich doch niemand um musikalische Bildung gekümmert. Vater erzählte, dass von allen Geschwistern sie allein in dieser Richtung sehr begabt gewesen sei, und ich habe das von ihr geerbt. Ich befinde mich in diesem Haus zum ersten Mal seit über zwanzig Jahren und habe den Eindruck, als ob alles gestern erst geschehen sei. Auch gestern meinte ich immer wieder, dass Tante Rachel jeden Augenblick eintreten könnte. Bruno, du wirst es noch nicht gehört haben, aber ich habe mich nach dem Krieg in diesem Haus versteckt. Oh, Gott, wie habe ich damals Tante Rachel bewundert. Sie war unbewusst außerordentlich mutig, wie Kinder, die Gefahren nicht einschätzen können. Dass ich meine Mission erfüllen konnte, verdanke ich zum größten Teil ihr. Ich, der ich Soldat gewesen war, hatte das Gefühl für Gefahren, ich konnte sie erahnen, sie dagegen sah das Böse, aber ignorierte es bewusst mit einer Arroganz, als ob sie dagegen und allen Gesetzen gegenüber immun sei. Ich werde nie vergessen, wie sie auf dem Kopf eines Polizisten eine Melone zertrümmerte, als er ihr Haus nach Schmuck und Gold durchsuchen wollte. „Du willst mein Haus betreten, du Hungerleider?", schrie sie ihn an. „Mich haben die Deutschen nicht fertiggemacht, und du bildest dir ein, dass es dir gelingen wird?", und dann folgte der Angriff mit der Melone. Ich befand mich im Schrank im anderen Zimmer, von wo ich beobachten konnte, was sich in der Küche zutrug. Was die Tante alles sagte, weiß ich nicht mehr, aber der Polizist rannte mit blutendem Gesicht davon, denn er meinte, es mit einer Irren zu tun zu haben. Nach dem Zwischenfall kam sie zu mir und holte mich aus dem Schrank, um mich in Wagners Keller in Sicherheit zu bringen. Das war ein trockner Raum, du erinnerst dich doch Sarah, der neben diesem Garten irgendwo tief in die Erde gegraben worden war und wo die Tante während des Krieges Juden aus Dorohoi versteckt hatte, die sie um Hilfe baten, als dort die Deportationen nach Transnistrien begannen."

„Was sagst du da?", fragte Leah nachdenklich. „Dass Mutter Juden in Wagners Keller versteckt hat, habe ich gehört, mehr wolltest du mir aber nie erzählen, Dan. Ich versuche auch jetzt, mir vorzustellen, wie und wann sie das fertiggebracht hat, weil wir beide doch immer zusammen waren."

„Die ganze Zeit wohl kaum", neckte er sie. „Tante kaufte alle Lebensmittel auf dem Schwarzmarkt oder von der Familie Wagner, also konntest du nicht wissen, wohin sie tatsächlich ging. Dieser Keller, der wie ein Bunker aussah, hatte Betonwände, die mit Bitumen bestrichen waren. Drinnen gab es Betten und Bettzeug und auch Regale mit Konserven. Die Temperatur war stets konstant, weil der Bau perfekt ausgeführt worden war. Da alle Gärten der Umgebung nicht bearbeitet wurden, kam auch niemand auf den Gedanken hier ein Versteck zu suchen. Dazu war der Eingang durch Himbeersträucher so gut getarnt, dass nur ein in die Örtlichkeit Eingeweihter die Betonhöhle hätte ausfindig machen können."

„Einen Augenblick", meldete sich Tante Sarah mit einem Kommentar zu Wort. „Ich kenne alle Gärten der Nachbarschaft, und trotzdem habe ich nicht gewusst, dass es hier ein Versteck für Juden gegeben hat. Was soll man über die Familie Wagner sagen? Alle ihre Mitglieder schienen mir kalt und abweisend zu sein, deshalb wundere ich mich, dass du von Beziehungen unserer Mutter zu ihnen sprichst."

Dan bestätigte das Gehörte und fuhr dann fort:

„Tante benutzte den Namen Cohen absichtlich, wenn es um den Eigentümer des Gartens ging, damit nie jemand erfuhr, wo sich das Versteck befindet. Der Garten gehörte tatsächlich der Familie Wagner, dem Onkel von Esthers Vater."

Augenblicklich wurde es totenstill im Raum, nur Leah murmelte traurig:

„Der arme Bernd!"

„Ich habe einen mutigen und hilfsbereiten Bernd gekannt, deshalb denke ich mit viel Respekt an ihn", sagte Dan. „Er versorgte monatelang die in der Grotte Zuflucht gefunden hatten. Deine Mutter und er haben etliche Familien vor der Deportation bewahrt, soviel!", schloss Dan lächelnd.

Tante Sarah sah betreten zu Boden, überzeugt davon, dass der Bericht über ihre Mutter seine Richtigkeit hatte. Sie wusste sehr wohl, wo sich das Versteck befand, obwohl sie persönlich sich nie dorthin vorgewagt hatte, weil sie annahm, dass die Familie Wagner dort Holz lagerte, damit sie Feuer machen konnte, wenn sie sich im Sommer im Garten aufhielt.

Leah wiederholte ihr „armer Bernd" und seufzte dann tief. Nur Cora bemerkte, dass sie etwas Sonderbares im Wesen der Großmutter vermutet habe. Es sei ihr dauernd daran gelegen gewesen, die Umgebung zu provozieren, wie ein verspieltes Hündchen, das nicht weiß, wie weit es gehen darf.

Bruno verstand nicht, weshalb Esthers Familie von Dans Erzählung so ergriffen war. Für ihn blieb die Großmutter ein böser Mensch, der im Stande gewesen wäre, einen Mord zu begehen, um das zu erreichen, was er wollte. Ihre Tat blieb bewundernswert, aber niemand wusste, wie sich die Dinge tatsächlich zugetragen hatten. So dachte auch Tante Sarah, die sich nach dem ersten Schock an ihre Mutter erinnerte, so wie sie die alte Frau erlebt hatte.

„Ich will das, was Dan gesagt hat, in keiner Weise kommentieren, ich habe aber eine Frau Süssmann gekannt, die leider meine Mutter war, aber nie jemand Gutes getan hat. Wenn das, was du erzählst, wahr ist, kann ich mich nur für sie freuen, weil in der Hölle, wo sie bestimmt gelandet ist, wird man die Hitze ein wenig mildern müssen, damit sie die Frau nicht ganz und gar verbrennt, nach den unzähligen Sünden, die sie im Leben begangen hat."

Höchst vorwurfsvoll widersprach Leah, um ihre Mutter zu verteidigen:

„Sarah, du musst versuchen, ihr zu verzeihen für das, was sie dir angetan hat, weil sie..." In dem Augenblick aber begegnete sie den Blicken ihrer Tochter und wie vom Blitz gerührt, verstummte sie plötzlich. Die beiden Schwestern hatten jahrelang die Grausamkeit ihrer Mutter ertragen müssen. Ihre Schuld war, dass Leah gegen den Willen der Mutter den Mann geheiratet hatte, den sie liebte, und das Gleiche auch ihrer Tochter angetan hatte, die ihren Mann tief und innig verehrt hatte. So entschuldigte sie sich verlegen:

„Sei mir nicht böse, Sarah, und auch du, Esther, verzeih mir bitte!"

Im darauffolgenden Gespräch stellte sich heraus, dass alle der Meinung waren, dass es notwendig gewesen war, Rumänien zu verlassen. Dass sich das Land in einer solchen Armut befinde, die sie erlebten, seit sie hier waren, hätten sie nie erwartet. Besonders Esther, die als Letzte weggezogen war, musste zugeben, dass sie die Verschlechterung der Verhältnisse erschütterte. Vorher gab es in den Geschäften immerhin das Notwendigste, was man zum Leben brauchte, und auf den Straßen sah man nicht so viele blasse und apathische Kinder. Sie wurden „Ceausescus Sprösslinge" genannt, weil sie nach einem Dekret des Diktators zur Welt gekommen waren, in dem er verfügt hatte, dass jede Frau im Land vier Kinder zu gebären hatte. Seit dieser Gesetzgebung erlebten die Frauen die Hölle auf Erden. Junge, unverheiratete Mädchen stürzten sich ins Unglück, indem sie selbst die Abtreibung vornahmen, wobei viele starben. Die Verheirateten quälten sich mit drei oder vier Kindern und riskierten ihre Gesundheit, wenn sie noch eines zur Welt bringen mussten. Die Armut in diesem großen Land gestattete es den Leuten nicht, drei oder mehr Kinder großzuziehen. Selbst wenn sie nicht Hungers gestorben wäre, hätte eine Familie die Ausgaben für die Ausbildung der Kinder nicht aufbringen können, weil die Elendslöhne kaum reichten, die Mieten zu bezahlen. Viele der Kleinen waren unterernährt, bekamen bloß mit Wasser verdünnte Milch und dünne Suppen, waren rachitisch und litten an Rheumatismus, den sie sich in den kalten, feuchten Wohnungen zugezogen hatten. Selbst in der Zeit, die sie in der Schule verbrachten, konnten sie sich nicht erwärmen, weil die Klassen unbeheizt waren, seit eine Energiekrise eingesetzt hatte. Der Irre, der das Land führte, reiste durch die Welt und erzählte, dass Rumänien seine Schulden bei den reichen Nationen bezahle, wobei er den biologischen Verfall seines Volkes ganz und gar wegsteckte.

Esther musste Tante Sarah rechtgeben, die die moderne Migrationsbewegung logisch erklärte. Unfähige Politiker und Unternehmer, die nur am Gewinn interessiert sind, zerstören unbewusst die soziale Ordnung, die auf langjährige Traditionen aufgebaut ist, und benachteiligen ganze Völker mit Hilfe einer bestechlichen Justiz. Miliz und Geheimpolizei mit ihrer unbegrenzten Macht beherrschen die Menschen in den kommunistischen Ländern und verwandelten sie in Sklaven. Die Folgen dieser politischen Tragödie würden mit Sicherheit noch Jahrzehnte nachwirken, überlegte Sarah, die als Einzige in der Lage war, die Katastrophe einzuschätzen, in der sich Rumänien befand. Sie verglich die Situation, in der sich das Land jetzt war, mit dem Schicksal der Juden. Unabhängig von den Schwierigkeiten, die sie in den Ländern zu überwinden hatten, in denen sie sich aufhalten mussten, hatte ihr Gefühl der nationalen Zusammengehörigkeit nie gelitten. Die Rumänen betonten ihren Patriotismus und den Nationalismus viel zu heftig, leider sah die Realität dieser Vaterlandliebe aber so aus wie die Familie, die sich jetzt im Nebenzimmer aufhielt. Ein Rumäne, der es zu etwas gebracht hatte, wollte mit einem Bauern oder einer Bäuerin nichts mehr zu tun haben, da hörte jede Liebe zum Volk auf. Ein junger Arzt ist beleidigt, wenn er jemanden vom Land behandeln soll, weil er fürchtet, sich die Hände schmutzig zu machen, so wie jene Dame vom Hotel, die es abgelehnt hatte, die Armseligen vom Dorf zu beherbergen, weil sie befürchtete, sie würden die Teppiche mit ihren kaputten Schuhen verunreinigen. Das Denken dieses Volkes war rätselhaft, sinnierte sie verstimmt. Einerseits bemühten sich viele, eine Schule zu besuchen und gebildet zu erscheinen, andererseits schämten sie sich, Rumänen zu sein, weil sie ungehobelte Bauern kannten. Obwohl die armen, zurückgebliebenen Dörfer sie daran erinnerten, woher sie kamen, unternahmen die sogenannten „Städter" nichts, um diejenigen, die man auf dem Land vergessen hatte, zu zivilisieren. Es war ein Volk von Straußen, das den Kopf in den Sand steckte und meinte, so würde sich die Realität verändern. Bis die Franzosen und die Deutschen ihren wahren Nationalstolz entfalten konnten, mussten sie zunächst einen „Jean" und „Hans" durch die Schulen bilden lassen, dann erst war es möglich, Kreativität und Intelligenz zu ernten. Ein Volk, das durch die eigenen Privilegierten gedemütigt wird, kann niemals für andere ein Vorbild werden. Ein Sklave lernt nur aus Angst vor der Peitsche, sich zu beugen, niemals jedoch sich zu etwas Höherem berufen zu fühlen.

Wie Tante Sarah dachte auch Esther, während sie sich in Gedanken versunken Kaffee aufbrühte. Bruno, der ihre Traurigkeit spürte, schloss sie in die Arme und versuchte, ihr Mut zu machen. Er hatte sich entschieden, sie zum Krankenhaus zu begleiten, obwohl es eine beträchtliches Stück Weg bi dahin war, nur um die Gelegenheit zu haben, mit seiner Frau allein zu sprechen. Der Vorschlag gefiel Esther, denn sie fühlte, dass sie nervlich sehr angeschlagen war. Sie musste mit jemandem reden, und Bruno war in dieser Hinsicht der Richtige, denn er verstand es, ihr immer wieder Energie zu geben, die sie in letzter Zeit nicht mehr hatte. Esther hatte vor, am nächsten Tag im Garten zu arbeiten, denn sie fühlte, dass körperliche Arbeit ihrer Psyche guttun würde. Seit Dan über Professor Wagner und dem Versteck im Garten gesprochen hatte, dachte sie nur noch an diesen Mann. Ihre Mutter wollte am Sonntag das Grab von Esthers Vater auf dem Friedhof besuchen. Sie wollte die Mutter begleiten und machte sich Vorwürfe, dass sie sich nie aufgerafft hatte, schon früher zum Grab zu gehen. Friedhöfe, die sie kannte, waren für sie eher Orte der Ruhe und der Erholung. Ein einziges Mal hatte sie das Grab der Meisterin besucht, und das Alexanders hatte sie auch nur flüchtig in Augenschein genommen, weil Mecky das so geplant hatte. Bei beiden Verstorbenen hatte sie rein gar nichts von deren Wesen verspürt, die nun unter den schweren Steinen ruhten. Sie hatte mit dem Besuch eine Pflicht erfüllt, denn die zwei Menschen lebten nach wie vor in ihrer Seele unverändert weiter. Sie sprach mit ihnen, hörte ihren Rat und bewegten sich vor ihrem inneren Auge. Vielleicht war das der Grund, dass sie das Grab des Vaters nie aus nächster Nähe betrachtet hatte. Sie hatte den Eindruck, dass der Besuch am Grab sie dann gezwungen hätte, seinen Tod anzuerkennen. Er war ihr zu fremd geblieben, um jetzt schon endgültig von ihm Abschied zu nehmen. Wenn sie ihre Mutter nun begleitete, war der Vater inzwischen so unsterblich wie alle, die sie geliebt hatte und von denen sie sich trennen musste.

Professor Wagners Geist aber verfolgte sie unentwegt und faszinierte sie auf unerklärliche Weise. Es schien ihr, als ob sie seelenverwandt seien. Seine Persönlichkeit hatte sie stärker als die des Vaters beeindruckt. Er und die Urgroßmutter mussten zweifellos die bedeutendsten Persönlichkeiten gewesen sein, die in der Villa „Margaretha" gelebt hatten. Das vor allem in ihrer Fantasie.

In dem langen Spaziergang mit ihrem Mann durch den Herbstnebel erzählte sie ihm von dieser geheimnisvollen Welt, die ihr einst gehört hatte, aber nun verschwunden war. Er hörte ihr aufmerksam zu, davon überzeugt, dass diese Familiengeschichte einzigartig war und ihresgleichen bestimmt nicht kannte. Er war neugierig auf die Villa, die etwas von dem märchenhaften Zauber englischer

Erzählungen zu haben schien. Das neblige Wetter und die traurige Aufgabe, die ihn in dieses Land geführt hatte, bewirkten, dass Bruno sich immer mehr für diese geheimnisumwitterten Orte interessierte, in denen er sich jetzt befand.

Im Krankenhaus desinfizierte sich Esther die Hände, damit sie Mecky die schmerzstillende Spritz geben konnte. Unheimlich feinfühlig, ertastete sie die Stelle, wo sie vermutete, dass die Kranke weniger empfindlich war, und mit sicheren Bewegungen impfte sie ihre Freundin in die Hüfte, die nur noch Haut und Knochen war. Mecky blieb die ganze Zeit unbeweglich während der ganzen Prozedur.

„Warum hast du nicht Medizin studiert, Esther? In deiner Familie waren doch genug Ärzte, und Wissen hattest du mehr als genug?", fragte die Freundin, als Esther ihr das Kissen aufschüttelte.

„Hab ich nicht genug Leid um mich herum gesehen, seit ich auf der Welt bin? Sollte ich es auch noch in den Spitälern bei den Kranken mitansehen?", entgegnete Esther, während sie eine Thermosflasche mit Fleischbrühe auspackte, die ihre Mutter vorbereitet hatte. Sie schüttete etwas davon in eine Tasse, setzte sich zu Mecky, breitete ein sauberes Handtuch über ihre Brust und begann, ihr mit einem Löffelchen das heiße Getränk einzuflößen, bis die Tasse leer war. Meckys Gesicht war noch von der Krankheit gezeichnet, hatte aber nicht mehr die Leichenblässe, die es im Krankenzimmer des Gefängnisses gehabt hatte.

„Wenn du magst, kannst du dich auch hinlegen, wenn ich eingeschlafen bin", schlug ihr die Kranke vor. „Cora habe ich heute Nacht ganz wenig schlafen lassen. Ich weiß nicht, was sie mir verabreicht hat, aber ich habe wie ein Stein geschlafen, ohne zu träumen. Du musst wissen, Esther, dass ich mich viel besser fühle, wenn ich nicht träume. Ich glaube, dass meine Schlaflosigkeit von den Träumen herrührt. Früher hatte ich schöne Träume, aber seit geraumer Zeit habe ich fürchterliche Albträume, so dass ich froh bin, wenn ich erwache, dass sie nicht wahr sind. Seit ich eingesperrt bin, haben sogar die Albträume ihr Schrecken verloren. Der Albtraum, der mich tagsüber quält, unterscheidet sich von dem der Nacht überhaupt nicht mehr."

Esther hörte zu, während sie das Bettzeug aufschüttelte und die Kranke dann gut zudeckte. Sie wollte Mecky für die Nacht gut vorbereiten, auch weil Bruno das Morphium gegen Schmerzen höher dosiert hatte. Deshalb hatte sie auch ohne Träume geschlafen, da der Körper an so starke Beruhigungsmittel noch nicht gewöhnt war.

„Morgen Abend kommen Mutter und Melanie und bringen die kleine Esther mit", sagte Esther und füllte ein Glas mit Wasser beim Waschbecken.

„Ich möchte sie nicht sehen, während sie noch wach ist", bat Mecky ruhig.

„Deshalb kommen sie am Abend, um mich abzulösen. Wir wollen sie im Zimmer der Nachtschwestern lassen, wo sie spielen kann, bis sie einschläft. Den Besuch haben wir eigens zu ihrer Schlafenszeit geplant", erklärte die Freundin.

„Morgen Nachmittag sollt ihr mir keine Schmerzmittel geben. Wenn ich die Kleine zum letzten Mal sehe, möchte ich einen klaren Kopf haben. Ganz wichtig ist es für mich, nicht vom Schlaf übermannt zu werden", schloss Mecky.

Esther war mit diesem Prozedere einverstanden, wollte aber trotzdem auch Bruno fragen, ob sie korrekt vorgingen. Sie billigte stillschweigend Meckys Entschluss, während sie sich den Stuhl zurechtrückte, auf dem sie Platz nehmen sollte.

„Was macht Ursei?", hörte sie plötzlich Mecky fragen.

„Ursei? Ich weiß nicht, wer ist denn Ursei?", erwiderte Esther verwirrt.

„Mein Hund", antwortete Mecky lächelnd. „Er hat in jener Nacht die ganze Zeit gejault, der Ärmste", flüsterte die Kranke.

Esther murmelte überrascht:

„Im Garten habe ich keinen Hund gesehen. Vielleicht ist er auf und davon, das Haus stand doch eine Zeitlang leer... das könnte ich mir vorstellen", stotterte sie unsicher.

„Mach dir nichts draus, Melanie weiß sich mehr über ihn. Ich werde sie morgen Abend fragen, wenn sie kommt. Bis zu diesem Hund habe ich nicht geglaubt, dass Tiere besser als Menschen sein können. Wenn ich vor dem Tor stand, begann er, voller Freude zu bellen. Wenn ich traurig und gekränkt dasaß, konnte ich in seinen Augen lesen, dass er mich verstand und mir beistehen wollte. Nie rührte er Essen an, das Costin ihm zuwarf", flüsterte Mecky traurig lächelnd. „Wie hätte er es auch anrühren sollen? Das Monster von Mann erinnerte sich nur selten an ihn, wobei er dann auch noch wie ein Irrer brüllte: Friss, Hund, obwohl du für das, was du leistest, nicht einmal so viel verdienst, Straßenköter, verdammter. Du bist wie deine Herrin. Ihr werft unnütz Schatten auf die Erde."

Esther versprach, sich gleich am nächsten Tag um das Schicksal des Tieres zu kümmern. Mecky, die vom Beruhigungsmittel müde geworden war, gelang es noch, einen letzten Wunsch zu äußern, den ihr die Freundin erfüllen möge, wenn sie entschlafen sei.

„Ich möchte, dass du den Ehering und das Ringlein, die ich von dir habe, für die kleine Esther aufbewahrst. Das Brautkleid und das Kleid zu meiner Verlobung, die ich von der Mutter erhalten habe, befinden sich bei Melanie. Bewahre sie auf, und wenn du es für richtig befindest, gib sie der Kleinen, wenn sie irgendwann heiratet. Ich habe sie immer als wertvolle Erinnerungen an euch betrachtet. Du wirst Zeit haben, darüber nachzudenken, wenn der Augenblick da sein wird. Deine Entscheidung ist bestimmt richtig ... wie immer", schloss Mecky müde lächelnd.

Die Wirkung der Spritze machte sich auf dem Gesicht der Kranken bemerkbar, und so fragte Esther, ob sie noch etwas aus der Bibel vorlesen solle, bevor sie einschlief. Es sei das, was sie sich jetzt wünschte, versicherte Mecky, aber es sollte ein schöner Abschnitt sein, der ihr zu angenehmen Träumen verhelfe. Esther hatte sich ein paar Psalmen notiert, nachdem sie Meckys Geschichte mit dem 55. Psalm vernahm, also dauerte es nicht lange, bis sie die entsprechenden Seiten gefunden hatte und zu lesen begann. Nach wenigen Minuten war die Kranke mit einem sanften Lächeln um die Mundwinkel eingeschlafen. Ganz leise erhob sich Esther und zog aus ihrer Tasche eine Biografie von Einstein.

Am Morgen, als Cora erschien, um Esther abzulösen, bereitete sie sich gerade zum Weggehen vor, fühlte sich aber in keiner Weise müde nach der Nacht, die sie am Krankenbett der Freundin verbrachte. Sie freute sich trotzdem, ein paar Stunden zu schlafen, bevor sie am Nachmittag wieder ins Krankenhaus kommen musste. Esther wusste nicht, wie lange es mit Mecky noch dauern würde, deshalb musste sie jemanden finden, der Melanie vertreten konnte, weil sie ihren Dienst wiederaufnahm. Ihre Mutter und Tante Sarah wollte Esther über Nacht nicht am Krankenlager wissen, damit sie sich nicht überanstrengten. Keine der beiden Frauen waren bisher über Nacht im Krankenhaus geblieben, und es ihnen jetzt abzuverlangen, würde bedeuten, ihre Gesundheit aufs Spiel zu setzen.

Als Esther zu Hause ankam, waren Bruno und Dan gerade im Begriff mit dem Vater und den drei Kindern zu Notar Danciu zu gehen. Sie wollte dann alle die eingesperrte Mutter besuchen. Die Kinder standen in einer Reihe neben der Tür. Man sah, dass sie traurig waren, weil sie dieses geheimnisvolle Haus verlassen mussten, das für sie wie ein Märchenschloss gewesen war. Philippe hatte jedem eine Kleinigkeit als Erinnerung an ihn geschenkt. Zudem wollten sie sich schreiben, was die plötzliche Trennung weniger traurig ausfallen ließ. Die kleine Esther, die sich an Philipps Pullover geheftet hatte, verfolgte die Szene hinter dessen Rücken. Für die arme Familie war der Aufenthalt bei den ungewöhnlichen Menschen ein außergewöhnliches Ereignis gewesen. Vater und Kinder hatten begriffen, dass es jenseits des Dunkels und der Trostlosigkeit ihres Dorfes noch eine hellere und bessere Welt gab. Der Vater dankte mit Tränen in den Augen allen für die Hilfe, die er hier bekommen hatte. Er wollte mit Notar Danciu in Verbindung bleiben, damit die Kinder in ein Internat kämen. Leah bestand darauf, dass auch das Mädchen, genau wie die Jungen, in einer guten Schule lernen könnte, damit sie eine gesicherte Zukunft habe. Alle hofften, dass der Prozess der Mutter wiederaufgenommen und sie aus dem Gefängnis entlassen werde, damit sie zu ihren Angehörigen zurückkehre. Mit viel Gepäck, aber auch mit einem Funken Hoffnung in der Seele auf eine bessere Zukunft, verließen Vater und Kinder das Haus.

Die Räume leerten sich bloß für zwei Tage, denn Smarandas und Angelas Familien hatten ihre Ankunft bereits angekündigt. Esther, die Meckys Schicksal sehr mitnahm, freute sich dennoch, ihre alten Freundinnen nach vielen Jahren wiederzusehen. Diese Besuche ergriffen sie sehr, so wie sie damals als Heranwachsende aufgeregt war, als sie sich mit Tudor traf.

Als sich Esther auf ihrem Bett ausstreckte, beschäftigte sie die Begegnung mit den Freundinnen mehr als der Besuch der Kleinen bei ihrer kranken Mutter. Sie wollte nicht daran denken, was an diesem Abend noch geschehen könnte. Der endgültige Abschied entsetzte sie über alle Maßen. Es war, als ob sich Mecky nachdem sie ihr Kind gesehen hatte, für das Schafott vorbreiten müsste. Die angenehme und positive Vorstellungswelt, in der sie sich sonst bewegte, verließ sie dieses Mal. Sie erzeugte nur noch furchterregende Bilder, die Esther mit aller Gewalt bekämpfte, indem sie es ablehnte, an eine Mecky nach der Begegnung mit ihrem Kind zu denken. Sie schlief nur schwer ein und sprach in Gedanken mit Smaranda, die irgendwann ihre Freundin kennengelernt hatte, und teilte ihr die Schuldgefühle mit, die sie belasteten, weil sie sich nicht zeitgerecht über Meckys aussichtslose Lage informiert hatte.

In dem Augenblick, als sie das Krankenzimmer an jenem Tag betrat, befiel sie ein Zustand unerträglicher Angst und Panik.

Den ganzen Nachmittag saß sie wie auf Kohlen neben Mecky, bis diese sie anfuhr:

„Esther, hör auf, dich wie ein kleines Kind zu benehmen, dass vor Angst vor der zu erwartenden Strafe zittert. Du wirst feststellen, dass alles in Ruhe und Frieden ablaufen wird, genau wie bei jedem lang ersehnten Wiedersehen. Ich wollte mich von meinem Mädchen seelisch zufrieden und beruhigt verabschieden, und das bin ich nun, da ich es in Sicherheit weiß. Etwas anderes habe ich von Gott auch gar nicht für die Kleine erbeten. Seit sie auf der Welt ist, ist es das erste Mal, dass ich glücklich bin, dass sie am Leben geblieben ist. Ich bin sicher, dass ihr Weg nicht so voller Hindernisse und Dornen sein wird, wie es der meine war. Ist diese Gewissheit nicht die höchste Wohltat für einen Menschen in meiner Lage? Ich habe gute Zeiten erlebt, aber auch böse, ich fühle mich heute sehr müde und wünsche mir nichts Anderes als Ruhe. Du hast mir geholfen, so dass ich nicht verzweifelt von dieser Welt gehe, weil mein Kind wie ein Blatt im Wind dem Schicksal ausgeliefert ist. Dafür bin ich dir unendlich dankbar. Wenn es einen Himmel gibt, sei sicher, dass ich für dich beten und versuchen werde euch beide, vor allem Bösen auf der Welt zu beschützen."

Esther bemühte sich sehr, die Ruhe zu bewahren. Die folgenden Stunden verbrachte sie damit, diskret Mecky zu beobachten, die auf ihren ausdrücklichen Wunsch hin mit den fürchterlichen Schmerzen kämpfte, die ihren ausgemergelten Körper heimsuchten.

Bereits vor 8 Uhr erschienen Esthers Mutter, Melanie und Meckys Tochter im Krankenhaus. Ohne etwas zu sagen, machte Leah ihrer Tochter ein Zeichen, auf den Flur zu kommen. Melanie lehnte an der Wand neben der Tür zum Schwesternzimmer und erklärte, dass die kleine Esther sich in der Obhut einer Krankenpflegerin befinde.

Kurze Zeit später trafen auch Esthers beide Freundinnen ein. Angela war sehr erleichtert, denn durch Brunos Intervention hatte sie die Ausreisegenehmigung nach Australien erhalten. Auch Smaranda hoffte auf einen positiven Bescheid, um samt Familie Angela nach Australien zu folgen. Sie hatte bereits alle Untersuchungen, die die australische Einwanderungsbehörde verlangte, hinter sich gebracht. Das war für Esther ein winziger Lichtblick in der

Trostlosigkeit, in der sie sich befand, seit sie nach Rumänien gekommen war. Australien, die Heimat ihres Mannes, erwartete sie, wenn sie dort ankommen würde, mit einer kleinen rumänischen Insel, die von ihren Freundinnen aus der Kindheit bewohnt wurde. Bruno hätte ihr selbst in einer Wüste als Begleiter genügt, aber die Nähe der beiden Frauen würde für sie eine Quelle der Freude für ihre Seele bedeuten, die sich dem alten Kontinent so sehr entfremdet hatte.

Kurze Zeit, nachdem Mecky ihre Tochter gesehen hatte, gab es Anzeichen dafür, dass die endgültige Trennung bevorstand.

An einem der nächsten Tage, an dem Mecky aus dem Koma erwachte, erklärte Bruno, dass man sich auf ihren Tod gefasst machen müsse. Die ganze Familie samt den Angelas und Smarandas Angehörigen hatte sich im Krankenhaus versammelt. Esther blieb allein im Krankenzimmer bei Mecky. Sie betrachtete das Gesicht der Kranken, die zu schlafen schien. Plötzlich bewegte sie unruhig den Kopf auf dem Kissen:

„Esther…Ich glaube…Kannst du…Bitte bleib bei mir…Ich habe Angst…" murmelte die Sterbende.

Weinend fasste Esther ihre Hand und flüsterte:

„Ich weiß, Mecky…Ich weiß…Ich bleibe bei dir. Hab keine Angst, meine Liebe. Wir bleiben zusammen…Bis zum Schluss!"

Meckys angespanntes Gesicht verursachte Esther einen fast körperlichen Schmerz. Sie hörte sich plötzlich ganz schnell sprechen, ohne auf den Sinn der Wörter zu achten. Sie sagte Dinge, die sie vorher nie den Mut hatte jemandem anzuvertrauen:

„Du warst immer meine Familie, Mecky…du bist die einzige Schwester, die ich jemals hatte, ich leide sehr darunter, dass ich nicht bei dir war, als du mich gebraucht hast und so viel ausstehen musstest… ich werde für die kleine Esther sorgen, das verspreche ich dir…aber ich werde sie Mecky nennen, wie dich…sie wird alles bekommen, was du nie hattest, ich werde sie genauso mutig beschützen, wie du es getan hast, wenn es nötig ist..."

Das vom Schmerz verzerrte Gesicht der Kranken entspannte sich langsam, so dass Esther den Eindruck hatte, Mecky höre und verstehe sie, und deshalb fuhr sie überzeugt fort:

„Ich werde mit ihr überallhin reisen, ich werde ihr ferne, unbekannte Länder zeigen, sie wird Rom und Paris sehen...ich habe dir von Rom erzählt...von Bruno...wir werden nach Spanien fahren...in die skandinavischen Länder, dann werden wir nach Tasmanien zurückkehren, weit weg von den Menschen und von der Zivilisation...und zu Nikolaus werde ich ihre Schuhe mit herrlichen Sachen füllen...Bruno wird jeden Tag mit einer Überraschung für sie aus dem Krankenhaus kommen, so wie dein Vater es machte, als du klein warst...keine schwarzgekleidete Tante wird sie je erschrecken dürfen, niemand wird das tun dürfen, und wenn sie erwachsen ist, werde ich ihr von dir erzählen...ich werde sie nicht belügen...ich sage ihr, wie schön und frisch du damals am 2.Mai gewesen bist, in deinem weißen, von uns geschneiderten Stoffkleid ...ich werde ihr zeigen, wie schön du sticken konntest, die Servietten, die du gearbeitet hast, werde ich als Erbe von dir aufbewahren."

Esther war am Ende ihrer Kräfte, und trotzdem fuhr sie heftig weinend fort:

„Ich werde ihr das Balalaika Spiel beibringen, auf dem Instrument, das ich dir gekauft habe, als wir nach Lapusna zogen...und ich werde ihr das Paradies der Frauen zu lesen geben...Oh, Mecky...meine liebe Mecky..."

Das ruhige Gesicht der Sterbenden überzeugte Esther, dass sie alles hörte und verstand, was ihr gesagt wurde. Plötzlich bewegte sie die Lippen und flüsterte etwas. Erschrocken beugte sich Esther über sie und bat, das Gesagte zu wiederholen. Sie verstand nur undeutlich:

„Er...sprich von IHM..."

Esther verstand nicht gleich, wer das sein sollte, begriff aber dann, von wem Mecky sprach:

„Gott. Ihm sagst du ER, nicht wahr?"

Mecky lächelte müde mit geschlossenen Augen. Esther ergriff ihre Hand und murmelte verwirrt:

„Was kann ich dir über IHN sagen, Mecky? Weshalb habe ich bis nun nicht daran gedacht? Ein Priester…ja, ich versuche, einen Priester zu finden…"

Meckys knochige Hand drückte sie schwach, während sie zum Zeichen der Ablehnung den Kopf schüttelte. Wie eine Erleuchtung kam Esther der einer Entrückung vergleichbarer Zustand in den Sinn, den sie im Petersdom in Rom erlebt hatte. Wie ein Wasserfall ergossen sich die Worte aus ihrem Mund, als ob eine übernatürliche Kraft ihr einsagen würde, wie sie den Gott des Lichts beschreiben sollte, den sie damals leibhaftig neben sich gefühlt hatte.

„Gott ist Licht, Mecky. Ich habe dieses Licht ein einziges Mal in Rom gesehen, im Petersdom." Nachdem sie sich die Tränen vom Gesicht gewischt hatte, fuhr sie fort:

„Du warst tatsächlich seine Auserwählte, glaub mir. Nur Auserwählte opfern sich, um anderen zu helfen. In uns Menschen gibt es nichts Schöneres. Das Rechtschaffene und die Güte sind nichts Anderes als Gott. Ich weiß es besser als jede andere: Du bist gut wie das Brot…das, was du getan hast, war richtig…glaub mir. Dafür hat dich Gott nie zur Verantwortung gezogen und dafür wird er sich auch nie an deinem Mädchen rächen. Glaub mir, Mecky, glaub mir. Du weißt doch, dass ich dich nie belogen habe."

Das leichenblasse Gesicht der Freundin leuchtete in einem unwirklichen Licht, das den Zügen eine engelsgleiche Schönheit verlieh. Esther konnte ihre Blicke nicht mehr abwenden und wagte es nicht mehr, weiter zu sprechen. Nur zögernd fragte sie:

„Soll ich reden oder besser schweigen??"

Das kaum wahrnehmbare Lächeln und der schwache Druck der Hand deuteten darauf hin, dass Esther nicht aufhören sollte, mit der Freundin zu sprechen.

„Erinnerst du dich noch daran, wie glücklich wir waren, wenn es draußen regnete und der kalte Wind pfiff, wir aber durch das Fenster im warmen Zimmer hinausblickten. So stelle ich mir Gott vor, wie einen warmen Raum, von wo seine Auserwählten in tiefstem Seelenfrieden auf unsere ungerechte und leidgeprüfte Welt herabblicken. Hast du vergessen, wie du als Kind Abend für Abend mit deiner Mutter da droben im Himmel gesprochen hast? Glaubst du, dass sie dein jahrelanges Elend nicht mitangesehen hat an der Seite von…?" Als sie den Namen Costins aussprechen wollte, spürte Esther einen Knoten im Hals, denn es war, als ob sie den Satan am Bett einer Heiligen erwähnen müsste. „Jene, die dich für das, was du getan hast, verurteilt haben, werden dafür bezahlen. Das höchste Gut des Menschen, Mecky, ist die Gerechtigkeit, sie muss wie ein helles Licht leuchten. Leider hat die Rechtsprechung sie so sehr verdunkelt, dass es nur noch zum Flackern einer Kerze reicht", wiederholte Esther unter heftigem Schluchzen die Sätze, die sie in den letzten Tagen so oft formuliert hatte.

Als sie bemerkte, dass Mecky unruhig, stürzte sie auf den Flur und flüsterte mit tränenerstickter Stimme:

„Kommt…ich glaube, es geht zu Ende…Melanie, schlag die Bibel bei Psalm 71 auf…kniet alle um das Bett herum!"

Esther las heiser:

„Herr, auf dich traue ich, lass mich nimmermehr zuschanden werden. Errette mich durch deine Gerechtigkeit und hilf mir heraus, neige deine Ohren zu mir und hilf mir! Denn du bist meine Zuversicht, Herr, mein Gott, meine Hoffnung von meiner Jugend an. Auf dich habe ich mich verlassen vom Mutterleib an; du hast mich aus meiner Mutter Leib gezogen. Dich rühme ich immerdar." Auf Meckys Gesicht rannen zwei Tränen, ihre Lippen bewegten sich leicht und deuteten ein Lächeln an, dann tat sie ihren letzten Atemzug.

Wie auf einen Befehl begannen alle im Raum, das Vaterunser zu beten. Selbst Esthers Mutter und Tante Sarah murmelten andächtig das christliche Bekenntnis. Melanie hielt die Kerze, die man am Kopfende des Bettes angezündet hatte, in den Händen und schluchzte bitterlich. Als sich

Esther erhob, erschrak sie vor der Menge der Leute, die sich im Zimmer versammelt hatte. Es schien, als ob das gesamte Personal des Krankenhauses sich um Mecky in den letzten Augenblicken ihres Daseins geschart habe. Niemand bemühte sich, das verweinte Gesicht zu verstecken, während man sein Beileid ausdrückte. Alle verneigten sich andächtig vor der Entschlafenen, so als ob sie eine Heilige gewesen sei, und murmelten: „Ruhe sanft!" Allein Melanie kniete noch neben der Toten, ihr Gesicht berührte fast Meckys Wangen, in den Händen hielt sie noch immer die Kerze, die rauchend flackerte. Sanft beugte sich Esthers Mutter über sie, löschte die Kerze und hob die junge Frau vom kalten Zementboden.

Bruno näherte sich Esther, legte seinen Arm um ihre Schultern und sagte:

„Sie ist erlöst." Esther nahm den Stuhl, auf dem sie so viele Stunden neben Mecky gesessen hatte und nahm, ohne die Anwesenden zu beachten, am Kopfende des Bettes Platz. Sie erwartete, mit ihrer Freundin alleingelassen zu werden, weil es ihr bewusstwurde, dass sie Mecky noch so viel zu erzählen hatte. Wie immer, wenn sie jemanden verloren hatte, der ihr besonders nahestand, reagierte sie auch jetzt ganz seltsam. In ihrem Verstand war etwas durcheinandergeraten, Realität und Fantasie vermischten sich in so großem Maß, dass sie nicht mehr auseinandergehalten werden konnten. Mecky war noch nicht ganz tot. Esther betrachtete die Freundin, die nun ausgestreckt auf dem Bett lag, und erwartete, dass sie die Augen aufschlug und ihr zulächelte. Die anwesenden Leute störten sie, als ob sie die Tote daran hindern würden aufzuwachen. Bruno sah Esther beunruhigt zu, verstand aber, dass seine Frau selber Meckys Tod begreifen musste, um ihn später zu akzeptieren. Er überlegte, was zu tun sei, und erklärte seiner Schwiegermutter, wie sie vorzugehen hätten. Sie war damit einverstanden und bat die Trauernden höflich, den Raum zu verlassen, damit Esther sich von ihrer Freundin verabschieden könnte. Nach einer halben Stunde verließ Esther mit verweintem Gesicht das Zimmer, aber man merkte an der Art, wie sie sich bewegte, dass sie ihren Seelenfrieden wiedergefunden hatte. Sie wandte sich an die im Vorraum Versammelten und sagte:

„Ich möchte, dass wir sie nach Hause bringen. Die letzten Tage auf dieser Welt soll sie daheim im Kreise der Familie bleiben. Nur dort wird sie sich ungestört ihres Kindes erfreuen können", schloss Esther und wischte sich mit dem Handrücken die Tränen, die über ihr Gesicht flossen.

\*

„Mutter, was ist eigentlich eine Sylphide?"

Geraume Zeit erfolgte keine Antwort, aber dann erklärte die Mutter mit ihrer unsagbar sanften Stimme:

„In den letzten Tagen habe ich mich oft mit diesem Symbol beschäftigt. Deine Meisterin, meine Liebe, war mir sehr lebhaft in Erinnerung. Meckys Tragödie hat mich dazu gebracht, an sie zu denken. Vielleicht führen uns die Erklärungen anderer in die Irre, und deshalb begreifen wir nicht mehr, dass dieses Symbol, diese Illusion, gleich wie du es nennen willst, das Gute im Menschen darstellt. Im Falle der Fee ist es das Gute in der Frau. Ich habe alle deine Notizen gelesen, die du während der Kurse der Meisterin gemacht hast. Nach der Lektüre war ich von der Fülle der Informationen verwirrt. Ich habe mich dann gefragt, was pädagogisch und was echt leidenschaftlich an diesen ihren Kursen war. Sie bezog sich viel zu oft auf das Symbol der Fee und jedes Mal verband sie es mit einer Frau, die aber immer nur eine Ausnahmeerscheinung war, gleich ob es sie in Wirklichkeit gegeben hatte, oder ob sie von jemandem aufgebaut wurde. Anna Pavlova, Anna Karenina, Isadora Duncan, Maria Taglioni, alle Frauen deiner Meisterin waren gleichzeitig real und irreal, alle waren sie Sylphiden. Weißt du, was alle gemein haben? Das Leid. Jede ist mehr oder weniger das Symbol der Perfektion und des Schmerzes. Deine Meisterin, meine Lebe, war auch eine Sylphide, selbst wenn deine Vorstellung das nie wahrhaben wollte. Und weißt du, wer der Erste war, der das verstanden hat? Alexander."

Die Mutter schwieg und sah traurig zum Fenster hinaus.

Esther murmelte unsicher:

„Er hat einmal gesagt, dass du die Fee bist…"

„Das hat er sich gewünscht, meine Teure", entgegnete die Mutter schmerzlich berührt. „Sein immerwährendes Suchen, das ihn beherrschte, wollte er an jemandem festmachen, der auch eine wenig unwirklich war. Ich war für ihn eine Realität, die etwas Märchenhaftes hatte, deshalb glaubte er für kurze Zeit, in mir die Sylphide gefunden zu haben, der er schon so lange nachjagte. In seinem Abschiedsbrief stellte er jedoch Ich habe mir eine Sylphide immer als etwas fest, dass nicht du, sondern die Meisterin die wahrhaftige Fee gewesen war. Weil er dich so sehr liebte, ließ er dich auch als einfach Sterbliche in seiner Fantasie gelten. Eine Sylphide als Symbol der Perfektion und des Schmerzes war für ihn jedoch deine Meisterin. Das Kainsmal, meine Liebe, das Zeichen des Leides der Auserwählten, trugen nur er und deine Meisterin. Das hat er dir oft wiederholt, wenn du dich daran erinnerst."

Esther flossen die Tränen. Traurig flüsterte sie:

„Ich habe mir eine Sylphide immer als etwas traumhaft Schönes vorgestellt, das man gar nicht beschreiben kann…"

„Das ist der Fehler aller gewöhnlicher Menschen. Wir machen die Schönheit an einem Sterblichen fest und vergessen dabei, dass wir damit aus ihr eine vergängliche Darstellung schaffen, so wie nach einem Blitz alles im Dunkeln versinkt. Das Symbol muss nur angedeutet werden, sonst wird es etwas Gewöhnliches. Diejenigen, die das Zeichen des Leides tragen, von denen Alexander in seinem Brief sprach, suchen verzweifelt nach der Fee, oder erwecken sie, wie deine Meisterin sagte, in der Musik, in der Literatur oder in der Malerei zum Leben. Das Werk eines Genies ist die einzige wahre Sichtbarmachung einer Sylphide. Dann gibt es auch jene, die nichts schaffen, sondern ein Leben lang diesem Fantasiegebilde nachlaufen, voller Angst es zu verpassen. Das sind, glaube ich, die Unglücklichsten. Das sind die verdammten Auserwählten, stumm und blind, die nur die Sprache des Leidens verstehen."

„War dann nicht auch Mecky eine Sylphide?", fragte Esther unsicher.

„Doch. Das wollte ich dir sagen, als ich von deiner Meisterin sprach. Die Menschen, die der Gattung der Sylphiden angehören, bleiben in jeder Lebenslage gut und anständig. Weil aber die meisten Leute böse, oberflächlich und für irgendwelche Vorteile bestechlich sind, müssen die, welche das Kainsmal tragen, leiden und sind verflucht sterben. Mecky war eine Sylphide, wie auch die Meisterin und Alexander. Ich weiß, dass es dir wehtun wird, was ich dir sage, aber du bist ein glücklicher Mensch, weil wenigen von uns je eine Sylphide über den Weg läuft. Du bist bereits Dreien begegnet, deshalb hast du auch so viel gelitten. Ein Teil ihres Elend ist auf dich übergegangen, das ist der Preis dieses Glücks."

Die Mutter umarmte ihre Tochter liebevoll, um den Schmerz ein wenig zu lindern, der auf Esthers Brust lastete.

Die keine Esther schlief unterdessen ganz ruhig in Brunos Armen. Dan sah in die schwarze Unendlichkeit, während Philipp in einem alten Familienalbum blätterte.

Der schwere Metallvogel entfernte sich rasend schnell aus dem grauen Novemberland, wo sich die Sylphiden zur Ruhe begeben hatten, die Esthers Wege in einem Meer von Leid durchkreuzt hatten. Sie nahm in das Land jenseits der Berge bloß die kleine Esther mit, um das Waisenkind mit den samtenen Augen für das unermessliche irdische Leid zu entschädigen, das sie zwischen den Menschen erdulden musste. Die Sylphide der Meisterin sollte tatsächlich weiterhin unsterblich bleiben, weil die Reinheit und die absolute Schönheit von einem gewöhnlich Sterblichen nie besudelt werden kann. Über den Wolken schwebend begriff Esther, dass die Sylphide Mecky eigentlich nicht tot war, weil sie als Unsterbliche gar nicht zu Staub werden konnte. Dieser Gedanke ließ sie versöhnt lächeln, und voller

Dankbarkeit ergriff sie die Hand ihrer Mutter und küsste sie andächtig. Als sich ihre Blicke trafen, wussten sie beide, dass der gute Geist, der die Seele der Meisterin, Alexanders und Meckys gewesen war, stets über ihnen und ihren Liebsten wachen werde. Das Leid der Sylphide verwandelte sich in dem Augenblick in unaussprechliche Seligkeit für Mutter und Tochter.